10대라면 반드시 알아야 할
조선시대 인물사

10대라면 반드시
알아야 할

조선시대 인물사

팬덤북스

이 책을 처음 쓰기 시작한 건 2년 전쯤이었습니다. 역사 교과서를 개발하는 일을 마무리하던 중이라 한창 분주한 시기였죠. 주말에도 출근해야 할 만큼 눈코 뜰 새 없이 바빴습니다. 그럼에도 무거운 몸을 이끌고 꾸준히 글을 써 내렸어요. 출퇴근하는 버스에서 논문을 읽으며 글의 줄거리를 잡았고, 집에 돌아오면 언제라도 몸을 뉘일 수 있는 포근한 침대를 애써 외면한 채 책상 앞에 앉았습니다. 일과를 마친 컴컴한 밤에도 나른한 졸음이 밀려오는 주말 낮에도 흰 바탕에 깜빡이는 커서를 보며 홀로 씨름하는 날들이 이어졌습니다.

돌아보면 참 힘든 시간이었습니다. 글이 잘 풀리지 않을 때면 이쯤에서 그만둘까 생각도 많이 했어요. 그럴 때마다 이 글을 쓰기 시작한 초심을 떠올리며 마음을 다잡으려 애썼습니다. 앞서 잠시 소개해 드렸듯 이 글을 쓸 때 전 역사 교과서를 만들고 있었습니다. 학부와 대학원에서 조선시대를 공부한 덕분에, 조선 역사를 다루는 단원들을 고스란히 담당하게 되었죠. 제 특기를 맘껏 발휘해 볼 수 있는 감사하고도 소중한 경험이었습니다.

하루하루를 좋아하는 일로 꽉꽉 채우고 있었는데 이상하리만치 마음 한 켠이 허전했습니다. 왜 그럴까 곰곰이 생각해 보니, 이유는 역사 교과서가 지닌 한계에 있더라고요.

몇백, 몇천 년에 이르는 방대한 시간을 한정된 페이지에 꽉꽉 눌러 담고 있는 역사 교과서는 지루할 수밖에 없습니다. 시간순으로 죽 나열된 사건들이 지면을 가득 메우고 있는 걸 보고 있으면 어느새 아찔해지죠. '이 많은 걸 언제 다 외우나' 싶어 막막해지기 때문일 거예요. 그런데 내용이 지루하다고 해서 마음껏 이런저런 이야기를 담을 수도 없습니다. 교과서는 수많은 논의를 거쳐 정해진 교육과정에 발맞춰 만들어야 하는 콘텐츠이기 때문입니다.

교과서가 완성되어 갈수록 점점 더 조바심이 났습니다. 연도와 사건만으로는 결코 다 담을 수 없는 다채로운 이야기들이 자꾸만 마음에 걸렸거든요. 교과서 문장 사이사이에는, 우리와 비슷한 일상을 살아가며 저마다의 이야기를 써 내려간 수많은 사람들이 숨어 있다는 사실을 꼭 전해 주고 싶었습니다.

그래서 오늘날 우리에게 익숙한 'MBTI'를 바탕으로 조선시대 인물들 한 사람, 한 사람의 이야기를 풀어내 보기로 했습니다. '나와 똑같은 MBTI인 조선 인물은 누굴까?', '이름은 많이 들어 본 인물이었는데 MBTI는 정말 의외네?'하며 가볍게 다가가다 보면 오랜 시간차를 뛰어넘어 많은 분들이 역사와 좀 더 친밀해질 수 있지 않을까 생각했어요.

한 사람, 한 사람의 이야기를 써 내려갈수록 확신은 더 깊어졌습니다. 교과서에 이름이 실릴 만큼 위대한 인물이든, 교과서에 나오지 않더라도 어디선가 한 번쯤 들어봤을 유명한 인물이든, 결국은 오늘날의 우리들처럼 평범한 일상을 살아낸 평범한 사람들이었거든요.

그런데 이 책에 등장하는 서른두 명의 인물 모두가 해피엔딩으로 각자의 이야기를 끝맺은 건 아니었습니다. 누구보다 고귀하게 태어났으나 비극적인 죽음을 맞이한 이도 있었고, 누구보다 힘들고 어려운 환경 속에서도 반전을 이루고 끝내 찬란한 업적을 남긴 이도 있었습니다. 하루하루 누구에게나 공평하게 주어지는 그 시간을 어떻게 살아내느냐에 따라 그들의 이야기는 저마다 고유하고 특별해졌어요.

이 책을 편 여러분이 인생의 어떠한 챕터에 있든, 이 서른두 명의 이야기에 가만히 귀를 기울여 보시면 좋겠습니다. 그러곤 한 치 앞도 내다볼 수 없는 이 엉망진창인 세상 속에서 어떻게든 살아갈 용기를 얻게 되시길, 진심으로 바랍니다. 이 책을 쓰며 제가 그랬던 것처럼요.

사적으로 보는
조선 인물들의
발자취

철원 — 임꺽정(고석정)
황진이(박연폭포) — 개성
율곡 이이(자운서원) — 파주
숙종(명릉) — 고양
광해군(광해군의 묘)
남양주
강릉 — 허난설헌(초당동 고택)
서울
구리
태조 이성계(건원릉)
김정희(과지초당) — 과천
원주
평창 — 세조(상원사)
김홍도(김홍도미술관) — 안산
임윤지당
(임윤지당기념관)
영월 — 김삿갓(김삿갓 묘역)
용인
정조(수원화성) — 수원
조광조(심곡서원)
단양
정도전(도담상봉)
천안
안동
퇴계 이황(도산서원)
세종(경복궁 수정전)
홍대용(홍대용과학관)
연산군(창덕궁 희정당)
사도세자(창경궁 문정전)
소현세자(삼전도비)
한명회(압구정)
정선(인왕산)
정여립(죽도) — 진안
창녕 — 곽재우(망우당)
함양
홍길동(홍길동 생가) — 장생
박지원(연암물레방아공원)
김해 — 남명 조식(산해정)
하동
정기룡(경충사)
통영 — 이순신(제승당)
정약용(다산초당) — 강진
제주 김만덕(김만덕 묘비)

1장

조선을 움직인 왕들

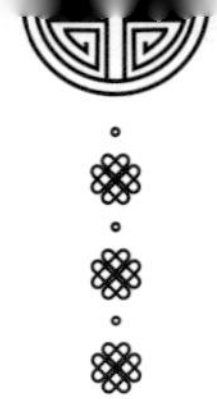

태조 이성계

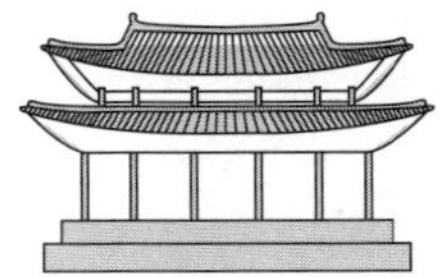

경기도 구리시에는 조선의 역대 왕과 왕비, 후비의 릉이 모여 있는 동구릉이 있습니다. '동구릉'이라는 이름은 서울 북동쪽 동에 아홉 개구의 무덤릉이 모여 있다는 뜻입니다. 동구릉을 거닐다 보면 릉 하나가 유독 눈길을 사로잡습니다. 500여 년 동안 이어진 조선 왕조를 세운 태조 이성계의 릉, 건원릉입니다. '건원'은 근본을 세웠다는 뜻이지요.

건원릉을 살펴보세요. 수많은 억새풀이 하늘을 향해 솟아 있어 다른 릉과는 사뭇 다른 분위기를 자아냅니다. 억새풀은 태조의 다섯 번째 아들이자 조선의 세 번째 임금인 태종 이방원이 한반도의 북쪽 끝단, 함경도에서 가져왔다고 전해집니다. 태조는

억새풀이 인상적인 건원릉의 풍경(국가유산청)

살아생전 늘 고향인 함경도를 그리워했습니다. 태종은 그런 아버지를 안타깝게 여겨 아버지의 무덤 위에 함경도의 억새풀을 손수 심었다고 합니다.

🪐 동북면 출신의 시골 장수 이성계

이 대목에서 생각해 보아야 할 점이 있습니다. 조선 역대 왕들의 성씨는 전주 이씨가 아니던가요? 그렇다면 전라북도 전주가 태조 이성계의 고향이 되어야 마땅합니다. 그런데 갑자기 함경도라니요.

이성계의 본관은 전라북도 전주가 맞습니다. 본관은 흔히 조상의 조상, 시조가 터를 잡은 장소를 일컫습니다. 이성계의 고향이 함경도로 뒤바뀐 이유는 그의 고조할아버지인 이안사가 거처를 옮겼기 때문이었습니다. 이안사가 머나먼 북쪽의 땅으로 떠날 수밖에 없었던 까닭은 명확하게 밝혀지지 않았습니다. 전주에서 살던 이안사가 전주 관청의 관리와 갈등을 겪게 되었고, 그 후에 잠시 강원도 삼척에서 머물다가 다시 평안도 의주로 이주했다는 이야기가 전할 뿐입니다.

이성계가 나고 자란 함경도는 전쟁이 잦은 험악한 변경 지역이었습니다. 고려는 전국을 5도로 나누고, 북쪽 땅은 서쪽과 동쪽 두 구역의 '양계'라는 군사행정 지역으로 따로 구분했습니다. 그만큼 외적의 침입이 잦았기 때문입니다. 함경도는 양계 가운데 '동북면'에 속했습니다. 그런데 전쟁이 일상일 수밖에 없는 동북면의 환경은 아이러니하게도 이성계에게는 크나큰 기회가 되었습니다.

어려운 시대는 영웅을 알아보는 법입니다. 이성계가 태어났던 당시 고려는 안으로도 밖으로도 큰 어려움을 겪고 있었습니다. 북쪽에서는 중국 원나라의 반란세력인 홍건적이, 남쪽에서는 일본의 해적집단인 왜구가 날이면 날마다 침략해 왔지요. 그러나 고려 조정은 국방을 엄히 다스릴 힘이 없었습니다. '송곳을 꽂을 수 있는 한 뼘의 땅조차 없다.', 당시 고려 백성 사이에서 유행하는 말이었습니다. 나라의 운영을 책임져야 하는 관리들은 가난으로 울부짖는 백성들을 가혹하게 수탈하며 날로 부를 쌓아가는 일에만 여념이 없었습니다. 정치가 제자리를 찾지 못하니 외

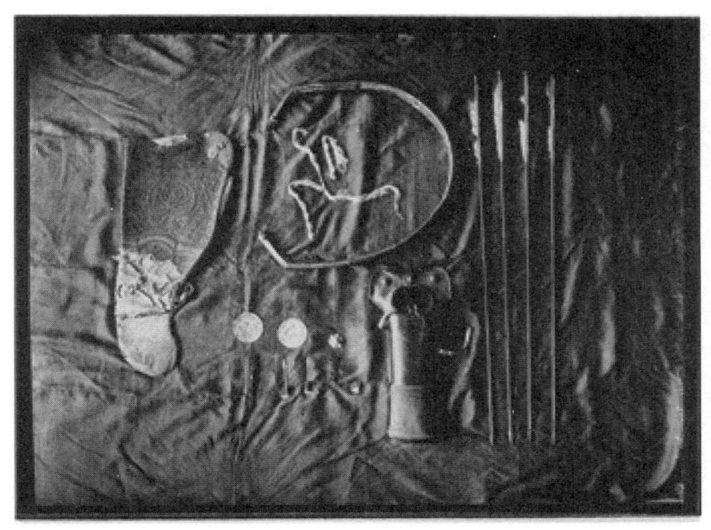

이성계가 동북면에서 활동하던 시절 사용했던 활과 화살(국립중앙박물관)

적의 잦은 침략을 막아내는 것은 불가능에 가까웠습니다. 이러한 이유로 외적의 침입을 당한 지방 곳곳은 조정의 도움 없이 저마다의 힘으로 국방을 지켜낼 수밖에 없었습니다.

그렇게 혼란하던 시절, 말을 타고 자유자재로 적진을 누비며 국경을 철통같이 지켜내는 이가 있었습니다. 바로 이성계입니다. 이성계는 백성들에게 영웅, 그 자체였습니다. 신장이 190cm에 달했다는 이성계는 매 전투마다 귀신 같은 활 솜씨로 승리를 거머쥐었습니다. 백성들은 그를 '신궁신처럼 활을 잘 쏘는 존재'이라 불렀습니다.

적장의 투구 끈을 활로 맞춘 신궁

1380년 우왕 6년 500여 척의 배를 타고 온 대규모의 왜구가 오늘날 충청남도 서천군 장항읍 부근에 침입한 사건이 일어났습니다. 고려 조정은 최무선을 보내 왜구가 타고 온 배를 모두 물리치도록 했습니다. 최무선은 우리나라에서 화약을 최초로 발명한 인물입니다. 진포에 나간 최무선은 화포를 이용하여 왜구의 배를 모조리 침몰시켜 버렸습니다. 살아남은 왜구는 급히 육지로 도망쳤지요. 그러다가 미리 상륙하여 마을을 약탈하고 있던 왜구와 합류했습니다. 그렇게 수를 불린 왜구는 전라도와 경상도를 마구 휩쓸며 큰 피해를 주었습니다. 마을은 텅 비었고 거리에는 죽은 백성의 시체가 넘쳐났습니다. 사람들은 왜구의 침략이 이만큼 심한 때가 없었다며 모두 혀를 내둘렀지요.

나라가 심각한 위기에 처하자 고려 조정은 이성계를 찾아 나섰습니다. 이미 북쪽에서 홍건적의 침입을 여러 차례 막아내며 공을 세운 이성계를 고려 조정도 눈여겨보고 있었던 것입니다. 그러나 천하의 이성계도 이번 전투는 쉽지 않았습니다. 왜구를 이끄는 적장은 10대에 지나지 않았지만 무예 실력만은 결코 얕잡아 볼 수 없었습니다. 적장의 이름은 아지발도 阿只拔都. 아지발도는 용맹한 발도 청년 아지 이라는 뜻입니다. 백마를 탄 아지발도는 그 이름답게 창을 휘두르며 전장을 자유로이 누비고 있었지요.

이성계는 무예가 뛰어난 아지발도를 생포하여 부하로 삼고 싶은 욕심에 그와의 결전을 미루고 또 미루었습니다. 그러던 중

다리에 화살을 맞고 몇 번이나 죽을 고비를 넘기기도 했습니다. 점차 아군의 피해가 늘어가자 더 이상 시간을 끌 수 없었습니다. 결국 굳은 결심을 한 이성계는 활을 들었습니다. 이윽고 이성계의 활이 아지발도의 투구 끈을 정확히 꿰뚫었습니다. 당황한 아지발도는 투구를 고쳐 쓰려 했지만 이내 두 번째로 날아온 화살이 반대편 끈마저 끊어버렸지요. 이성계의 부하 이지란은 때를 놓치지 않고 칼을 휘둘렀습니다. 한순간에 대장을 잃은 왜구의 기세는 크게 꺾였고, 이성계는 크게 승리했습니다. 이 전투가 바로 '황산대첩'입니다. 황산에서 크게大 이겼다捷 는 뜻이지요.

황산에서 승리하고 돌아온 이성계를 고려 조정은 환대했습니다. 당시 고려 조정의 실세였던 최영도 많은 관리들을 거느리고 나아가 친히 이성계를 맞이했습니다. 이제 이성계의 명성은 하늘을 찌를 듯 더욱 높아졌습니다.

🌈 셀럽이 된 이성계와 그를 의심하는 고려 조정

황산대첩으로 이성계의 몸값은 한없이 높아졌습니다. 그런 이성계를 바라보는 고려 조정의 시선은 곱지만은 않았습니다. 수차례 나라를 지켜낸 영웅이라고는 해도 이성계가 백성 사이에서 누리고 있던 인기가 부담스러웠던 것이지요. 이성계가 거느리는 사병인 '가별초'의 군사력은 당시 고려 내에서 최고였다고도 말할 수 있습니다. 만약 이성계가 고려 조정에 다른 마음을 품고 반기를 든다면 어떻게 될까요? 고려 조정의 입장에서는 상상하고 싶지 않은 최악의 시나리오였습니다.

사실 고려 조정의 의심이 근거가 전혀 없다고도 할 수 없었습니다. 이성계의 집안은 이의방과 친척지간이었습니다. 이의방은 고려 사회를 큰 혼란에 빠트렸던 무신정변의 주동자 가운데 한 명이었지요. 이의방이 살해된 이후 이성계 집안은 어려운 시기를 보낼 수밖에 없었습니다. 이성계의 고조할아버지 이안사가 본관 전주에서 관리와 갈등을 겪었다는 이야기는 앞서 전해드렸습니다. 머나먼 북방으로 거처를 옮긴 이안사는 중국의 새로운 패권자로 부상한 원나라에 투항하여 관직을 얻었습니다.

이처럼 원나라에 줄을 선 이성계 집안이 다시 고려 조정의 편에 서게 된 시점은 이성계의 아버지, 이자춘 때부터입니다. 이자춘은 원나라의 시대가 머지않아 끝날 것이라고 예견했던 모양입니다. 당시 고려의 왕은 공민왕이었습니다. 공민왕은 원나라와 친하게 지내던 관리들을 조정에서 내치는 등 적극적인 반원 정책을 펼치고 있었지요. 이자춘은 그런 공민왕에게 충성을 맹세했습니다. 공민왕의 최대 업적인 쌍성총관부를 되찾아 오는 일에도 이자춘은 적극 동참했습니다. 이때의 공을 인정받아 이자춘은 동북면을 다스리는 관리가 되었고, 그 관직은 고스란히 이성계에게로 이어졌습니다.

그럼에도 고려 조정은 이성계 집안에 대한 의심의 눈초리를 쉽게 거두지 않았습니다. 충성을 맹세했다고는 해도, 이성계 집안이 지나온 과거의 그림자가 이성계 뒤를 짙게 드리우고 있었던 것이지요. 이성계도 고려 조정이 자신을 달가워하지 않는다는 점을 알고 있었습니다. 이성계가 당시 권세 있는 가문인 성주 이 씨와 여흥 민씨 등과 혼인관계를 맺었던 건 바로 이 때문이었습니다. 앞날이 창창한 정치세력과 연결되고자 꾸준히 노력했던 것이지요. 그러나 고려 조정는 좀처럼 이성계의 마음을 몰라주었습니다. 그렇게 초조한 나날을 보내던 어느 날, 범상치 않은 한 사내가 이성계를 찾아옵니다.

🌀 결국 위화도에서 말머리를 돌리다

"이만한 군대로는 못할 일이 없다." 이성계의 막사를 찾아온 사내는 의미심장하게 운을 띄웠습니다. 그의 이름은 정도전, 흔히 '조선을 세운 설계자'라는 별명으로 알려져 있지요. 정도전은 전도유망한 청년이었습니다. 과거시험에 합격한 뒤로 고려 조정을 위해 일하고자 했지만, 원나라와의 국교 단절을 주장하다가 그만 미운털이 박히고 말았습니다. 전라도로 유배 길을 떠난 뒤로 정도전은 기약 없이 전국 각지를 떠돌 수밖에 없었습니다. 그런 정도전이 이성계의 높은 명성을 듣고 찾아온 것이었지요. 그러나 이때만 해도 정도전은 이성계의 마음을 사로잡지는 못한 것 같습니다. 사실 고려 조정에 대한 이성계의 충심을 뒤바꾼 사건은 따로 있었습니다.

어느 날, 고려 조정은 이성계의 충심을 시험해 보기로 합니다. 함경도의 북쪽에 있는 중국의 영토, 요동을 정벌하는 일에 이성계를 앞세운 것이지요. 수많은 전투를 경험한 이성계는 이 싸움이 얼마나 가망이 없는 일인지 대번에 알아차립니다. 최영과 논쟁까지 벌여가며 반대의 뜻을 분명히 전했지만, 소용이 없었습니다. 결국 이성계는 승리할 가능성이 희박한 전장으로 마지못해 나설 수밖에 없었습니다.

이때 이성계는 자신의 운명을 뒤바꿀 일생일대의 결단을 내립니다. 위화도 회군. 전쟁을 포기하고 위화도에서 군대를 돌려 되돌아온 것입니다. 외적을 겨누었던 이성계의 칼날은 이제 고려 조정를 향하게 되었습니다. 개경으로 돌아온 이성계는 곧바로 최영을 유배 보내고 실권을 장악했습니다. 그렇게 조선 왕조의 서막이 서서히 오르고 있었습니다.

🏛 새로운 왕조의 빛과 그림자

그후 실권을 장악한 이성계는 정도전을 비롯한 몇몇 관리들의 도움으로 개혁을 이루기 시작했습니다. 당시 고려 사회에서 가장 시급한 문제는 앞서 이야기했듯 땅 문제였습니다. 먼저 부당하게 땅을 소유한 자들을 찾아내 벌을 주었습니다. 토지제도를 바로 세운 것이지요. 이렇게 경제적 기틀을 마련한 이성계는 얼마 지나지 않아 고려 궁궐의 앞뜰에서 여러 사람들의 성원에 힘입어 새로운 나라, 조선의 왕으로 추대되었습니다.

그러나 왕이 된 후 이성계의 삶은 편할 날이 없었습니다. 앞서 건원릉의 억새풀을 심은 이성계의 다섯 번째 아들, 이방원을 기억하시나요? 이방원은 새로운 나라를 세우는 일에 어떻게 보면

태조의 어진을 보관하기 위해 세운 전주 경기전(국가유산청)

경기전 안에 있는 태조 어진(국가유산청)

아버지 이성계보다도 더 적극적이었습니다. 아들 가운데 유일하게 과거시험에 합격할 정도로 똑똑했던 이방원을 이성계도 자랑스러워했었지요.

그렇게 좋았던 부자관계가 틀어지기 시작한 건 정몽주가 선죽교에서 이방원에게 죽임을 당한 이후부터였습니다. 정몽주는 고려의 마지막 충신으로 유명한 인물입니다. 이성계는 정몽주가 자신과 함께 나라를 세우는 데 반대했다고는 하나, 정몽주를 마음속 깊이 존경하고 있었습니다. 이방원은 아버지의 우유부단함 때문에 일이 잘못될까 봐 날마다 조바심을 냈습니다. 그러다 결국 아버지의 허락 없이 정몽주를 제거하기로 결단을 내렸던 것입니다.

이번 일로 이성계의 눈 밖에 난 이방원은 나라를 세운 공을 제대로 인정조차 받지 못했습니다. 나아가 이성계는 이방원을 제치고 막내아들 이방석을 자신의 왕위를 이어갈 세자로 점찍었지요. 분노에 휩싸인 이방원은 결국 다시 칼을 잡습니다. 아버지의 권위를 넘어 새 나라에서 제 자리를 직접 찾을 셈이었습니다. 그렇게 두 차례의 왕자의 난이 벌어집니다. 이성계는 자신의 왕위를 두고 아들들 사이에서 벌어지는 피가 난무하는 전투들을 묵묵히 지켜볼 수밖에 없었습니다.

처참한 심정이었을 겁니다. 이성계는 둘째 아들 이방과정종에게 왕위를 물려주고는 고향으로 잠적해 버렸습니다. 이후 정종에게 왕위를 물려받은 이방원태종이 아버지의 마음을 돌리고자 무진 애를 썼지만 소용없었습니다. 함흥차사, 태종의 명으로 이성계가 머무는 함흥에 찾아갔던 신하들이 이성계의 활을 맞아 돌아오지 못했다고 하여 만들어진 말입니다.

이성계는 어려운 시대에 영웅으로 등장하여 500여 년의 역사를 쓰게 될 새로운 나라, 조선을 세웠습니다. 그러나 찬란할 것만 같았던 그의 말년은 그 누구보다 쓸쓸하고 비참했지요. 이처럼 파란만장했던 이성계의 일생은 오늘날에도 여러 콘텐츠에서 회자되며 많은 이들의 꾸준한 사랑을 받고 있습니다.

MBTI로 살펴본 조선시대 인물
태조 이성계 : ESFP

지금까지 건원릉의 이야기를 시작으로 태조 이성계의 삶을 짧게나마 돌아보았습니다. 변방의 시골 장수였지만 늘 주변의 사람을 끌어모으는 힘이 남달랐고 많은 이들의 인기를 한 몸에 받았던 이성계E, 스스로의 명성을 고려의 충신이라는 타이틀 아래 유지하고자 하였으나 변해가는 시대를 읽어내며 현실적인 판단을 내린 이성계S, 냉철한 판단력을 앞세울 줄 알면서도 자신과 의견을 달리했던 주변 사람을 쉽게 내치지 못하는 성정이었던 이성계F, 새로운 나라를 세우는 데 성공하였다고는 하나 아들들 사이에 벌어질 피의 서사시는 미처 예고하지 못한 이성계P.

이러한 사실들로 미루어 보아 태조 이성계, 그의 MBTI는 엣프피 ESFP 가 아니었을까 합니다.

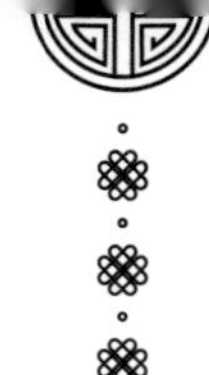

글공부에 소질이 남달랐던 왕자,

세종

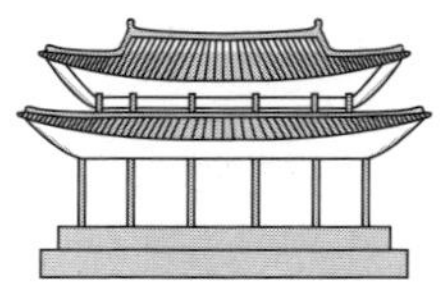

광화문 거리를 걸어본 적이 있나요? 당당한 풍채로 광화문 앞을 지키고 있는 이순신 동상을 넘어 조금만 더 걸으면 바로 마주하게 되는 또 다른 동상이 있습니다. 한 손으로는 책을 펴 들고 다른 한 손은 마치 모두를 환영한다는 듯이 앞으로 쭉 뻗고 있습니다. 온화하고 인자한 얼굴은 아마 많은 이들이 상상해 온 그의 모습과 비슷하지 않을까 싶어요. 밑에는 '세종대왕', 반듯한 필치의 한글이 크게 쓰여 있습니다. 동상 앞에는 세종대왕이 살았던 시절 백성들의 일상을 훤히 밝혀 주었던 해시계 앙부일구가 놓여 있네요.

조금만 더 앞으로 걸어가 봅시다. 최근 광화문 앞에 월대가 복원되었습니다. 세종은 드라마 〈뿌리 깊은 나무〉에서처럼 이 월대에서 백성에게 훈민정음의 존재를 알렸을까요? 평생을 바쳐 만든 새 글자를 처음 세상에 내보이는 순간, 그 심정은 어땠을까요? 벅차고, 또 벅차오르지 않았을까요?

경복궁의 정문인 광화문을 지나고 중간문 홍례문을 지나면 조선시대 왕과 신하들이 연일 정치를 의논하던 곳이었던 근정전을 만나게 됩니다. 그 시절엔 2층 규모의 화려한 근정전이 오늘날 잠실 롯데타워에 버금가는 고층 건물이었을 겁니다. 그러나 목적지는 이곳이 아닙니다. 왼쪽으로 돌아 들어가면 왠지 모르게 작고 쓸쓸해 보이는 건물 하나를 마주하게 됩니다. 수정전, 세심하게 보지 않으면 아마 그 존재조차 눈치채기 어려울 겁니다.

🌊 세종의 꿈이 서린 곳, 집현전

"신하들 가운데 행실이 바르고 재주가 있는 이들을 따로 뽑아 이곳에서 학문을 연구하게 할 것이다." 조선의 공부벌레 중에서도 제일이라고 할 수 있는 세종, 그가 왕위에 오른 지 얼마 지나지 않아 드러낸 야심 찬 포부였습니다. 수정전은 갓 왕위에 오른 젊은 왕 세종의 꿈이 담긴 곳이었습니다. 수정전의 옛 이름은 집현전입니다. 집현전은 어질고 현명한 이들현이 모이는집 곳전이라는 뜻입니다.

집현전 학자들의 입장에서 세종은 꽤나 혹독한 상사였을 겁니다. 낮이고 밤이고 학문과 정치밖에 모르는 워커홀릭이었던

경복궁 수정전 내부(국가유산청)

세종을 신하들이 따라가기가 여간 쉽지 않았을 테니까요. 세종이 조선을 다스렸던 31년 7개월 동안 일일이 줄 세우기에도 힘들 정도로 많은 업적들이 우르르 쏟아져 나온 것을 보면, 신하들의 볼멘소리도 그렇게 근거가 없어 보이지 않습니다. 이런 탓에 세종의 가장 찬란한 업적, 훈민정음 창제는 세종이 집현전 학자들을 말 그대로 들들 볶아 탄생한 게 아니냐는 농담 섞인 이야기도 자주 접할 수 있습니다. 그런데 과연 그럴까요?

지금까지 전해지고 밝혀진 자료에 의하면, 훈민정음은 세종 홀로 철저히 비밀리에 추진한 사업인 게 분명해 보입니다. 물론 세종의 뒤에서 비밀스럽게 도움을 주었던 사람들이 존재했을 가능성도 아예 생각하지 않을 수는 없습니다.

'대왕'이라는 수식이 전혀 어색하지 않게 눈부시고 찬란한 시대를 일궈 낸 세종, 그런데 그는 사실 왕이 될 운명이 아니었습니다. 세종은 두 차례의 왕자의 난을 통해 왕좌를 움켜쥔 태종 이방원의 아들이었습니다. 적장자왕과 왕비 사이에서 난 첫째 아들 계승의 원칙을 따르는 조선에서 세종은 두 번째도 아니고 무려 세 번째 아들이었지요. 이 때문에 사실상 세종이 태종의 뒤를 이을 가능성은 아주 적었습니다. 도대체 어떤 사연이 있었던 걸까요?

형을 제치고 왕위에 오른 공부벌레 왕자

태종은 아버지 이성계의 뜻을 거스르고 많은 이들의 피로 물든 왕좌를 쟁취했습니다. 그런 태종이 자신의 왕위를 이을 첫째 아들, 세자에게 거는 기대는 얼마나 컸을까요? 자신의 과오를 덮고도 남을 만큼, 새 나라의 기틀을 확실하게 다져 나갈 수 있는 의젓하고 능력 있는 세자가 되기를 바라고 바라지 않았을까요?

하지만 태종의 기대와 다르게 세자는 자꾸만 비뚤어져만 갔습니다. 글공부보다는 놀이와 무예에 훨씬 관심이 많았지요. 형제들 중 유일하게 과거시험에 합격한 학자 체질의 아버지 태종보다는 귀신 같은 활 솜씨를 자랑했던 무인 체질의 할아버지 태조를 더 닮았던 탓이었을까요? 세자 외에 방법이 아예 없었다면 태종도 쉽게 포기할 수 있을 텐데, 자꾸만 셋째 아들 충녕대군에게 눈길이 갑니다. 글공부에 남다른 소질을 보였던 충녕대군의 모습에 태종은 흡족해 하면서도 꽤나 복잡한 심정을 드러냈습니다. 충녕대군이 태종 앞에서 어려운 경전을 척척 풀이했던 어느 날이었습니다. 태종은 충녕대군을 크게 칭찬했지만, 동시에 "너는 할 일이 없으니 평안하게 즐기거라."라며 차갑게 선을 그었습니다. 자신의 적장자가 아닌 다른 아들에게 왕위를 넘겨준다면, 본인이 지나온 핏빛 과거가 되풀이되지는 않을까 태종은 걱정이 많았던 것 같습니다.

세자도 동생 충녕대군의 재능을 모르지 않았습니다. 동생의 총명함을 인정하면서도 늘 경계심을 늦추지 않았지요. 실록에는 늘 바른 소리로 세자의 비행을 꾸짖는 충녕대군과 그런 동생에게 노여움을 표하는 세자의 일화가 종종 등장합니다. 외할머니의 제사를 마친 세자가 지인들과 함께 바둑을 두고 있었을 때였습니다. 지나가던 충녕대군은 형에게 날카로운 한마디를 던집니다. "한 나라의 세자가 나쁜 무리들과 놀음을 하는 것도 옳지 못한 일인데, 더군다나 오늘은 제사가 있는 날"이라는 것이었죠. 세자는 "너는 가서 잠이나 자라."며 퉁명스레 대꾸합니다.

세자의 비행이 나날이 심해지자 태종의 마음도 서서히 돌아서기 시작했습니다. 태종의 불편한 속마음은 세자와 충녕대군이 한자리에 함께 있을 때면 자주 비집고 튀어나왔습니다. 태종은 충녕대군의 학문을 칭찬하면서 세자에게는 "너의 학문은 어째서 이만하지 못하냐?"며 쏘아붙이곤 했습니다. 그러던 어느 날 태종이 결심을 굳히게 된 결정적인 사건이 터집니다. 세자가 태종의 뜻을 저버리고 한 번도 아닌 두 번이나 신하의 부인과 연을 통해 아이까지 가지게 한 것입니다. 태종은 세자가 뉘우친다면 용서해주겠다는 뜻을 드러냈지만, 세자는 '다시는 아버지의 마음을

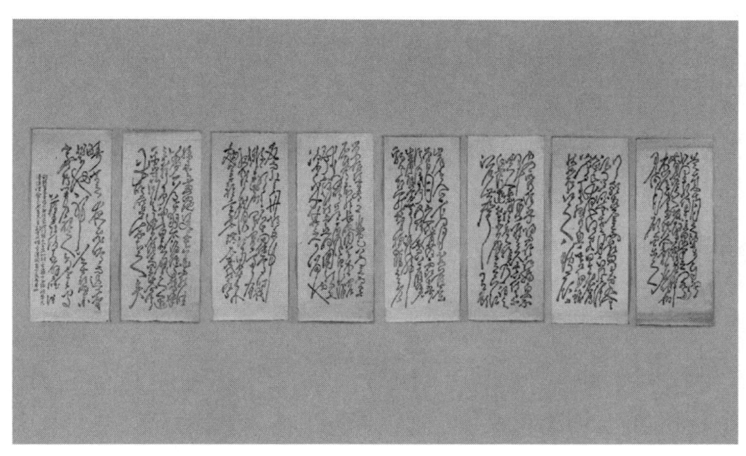

양녕대군의 글씨체(국립전주박물관)

얻으려 하지 않을 것'이라는 상당히 불경한 내용의 반성문을 올렸습니다. 결국 태종은 세자에 대한 기대를 모두 내려놓고 충녕대군을 새로운 세자로 책봉합니다.

그렇게 세자는 '양녕대군'이라는 이름으로 오늘날까지 남게 되었습니다. 하루아침에 세자 자리에서 쫓겨난 양녕대군의 심정도 좋지 않았겠지만 아들을 쫓아낸 아버지의 심정은 어땠을까요? 태종은 세자를 쫓아내던 날 '통곡해 흐느끼다가 목이 메었다.'고 합니다. 과거 자신이 아버지에게 저지른 불효가 떠올랐던 걸까요?

그러나 태종이 내린 가슴 아픈 결단은 아이러니하게도 태종의 가장 큰 업적이 되고 말았습니다. 세종은 오늘날까지 성군_{훌륭한 업적을 세운 왕} 중의 성군으로 칭송받고 있으니까요. 더군다나 태종의 걱정이 무색하게 세종은 왕위에 오른 뒤에도 형 양녕대군을 정성스레 모셨습니다. 1년에 한 번씩은 꼭 형을 만나 우애를 나누었고, 양녕대군이 역모를 꾀하고 있다는 등 좋지 않은 소문에 휘말릴 때에도 변함없이 형을 지지하고 믿어 주었습니다. 형제의 아름다운 결말에 태종도 마음 놓고 눈을 감았을 겁니다.

🌊 조선의 하늘을 수놓은 세종의 마음

세종하면 떠오르는 업적은 단연코 훈민정음입니다. 그런데 세종은 훈민정음 창제 이전에도 백성을 위한 여러 과업을 이루었습니다. 세종은 특히 천문학에 큰 관심을 보였습니다. 조선의 하늘을 손바닥 들여다보듯 훤히 알 수 있다면, 백성에게 큰 도움이 될 수 있으니까요.

조선의 백성은 대부분 농사를 지으며 생계를 이어 갔습니다. 적절한 시기에 씨를 뿌리고, 또 벼를 제때 수확하는 일은 날씨의 변화와 계절의 주기를 얼마만큼 정확하게 파악했는가에 달려 있었습니다. 그렇다면 당시 백성에게 날씨와 계절의 변화를 알려 주는 존재는 누구였을까요? 바로 왕입니다. 조선의 왕은 하늘을 대신하여 백성을 다스리는 존재로 여겨졌습니다. 왕이 왕답게 인정받기 위해서는 백성의 기상청 역할을 똑똑히 해내야만 했던 것이지요. 만약에 백성이 홍수나 가뭄 등 기상이변으로 피해를 받는 일이 벌어지면 그건 곧 왕의 잘못이었습니다.

그런데 세종은 그런 왕의 책임을 다하지 못하고 있었습니다.

당시 조선은 명나라에서 들여온 역법을 사용하고 있었기 때문입니다. 역법이란 하늘의 별을 세밀하게 관측하여 시간과 날짜를 정하는 방법을 말합니다. 명나라의 하늘을 보고 만든 역법으로 조선의 절기계절을 나누는 기준 를 알아낸다는 건 불가능한 일이었습니다.

이에 세종은 특별한 대책을 세웁니다. 조선판 천문학 연구 프로젝트를 시작한 것이지요. 세종은 당대 최고의 기술자, 장영실을 명나라로 보냈습니다. 오늘날로 말하면, 장영실은 왕에 의해 뽑힌 국비 유학생이었던 셈입니다. 노비 출신이었던 장영실은 세종의 특별한 명령을 성실히 따르고자 명나라에서 천문학을 열심히 연구하고 돌아옵니다. 신분보다는 자신의 능력을 믿어 준 왕에게 보답하기 위해서였을까요? 조선으로 돌아온 장영실은 곧 눈부신 성과를 이루었습니다. 조선의 하늘을 관측하는 최첨단 과학 기구인 혼천의와 간의를 개발하는 데 성공한 것입니다.

세종은 크게 기뻐하며 혼천의와 간의를 궁 안에 설치하고, 관리들에게 날마다 하늘을 관측하게 합니다. 그렇게 여러 날이 지나고, 드디어 한양오늘날 서울 의 하늘을 기준으로 한 역법서《칠정산》이 탄생했습니다. 칠정산이란 해일 와 달월 을 포함하여 화성, 수성, 목성, 금성, 토성 총 7개의 별을 계산하는 방법이라는 뜻입니다.

조선의 하늘을 수놓은 별의 움직임을 바로 알게 되자, 절기뿐 아니라 시간도 정확히 알 수 있게 되었습니다. 천문학의 발달을 바탕으로 장영실은 다시금 여러 종류의 시계를 발명했습니다.

양부일구(국립고궁박물관)

마치 솥뚜껑을 거꾸로 뒤집어 놓은 것 같은 모양의 앙부일구는 해의 움직임에 따라 바뀌는 그림자로 시간과 절기를 알 수 있는 해시계였습니다. 세종은 앙부일구를 사람들이 자주 다니는 길목에 설치하여 백성들이 어느 때나 편리하게 시간을 알 수 있도록 해 주었습니다.

얼마 지나지 않아 장영실은 다시 조선의 자명종, 자격루를 발명했습니다. 자격루는 부력의 원리를 이용한 물시계였습니다. 일정한 속도로 물이 수통을 채우면, 특정 시간이 되었을 때 나무 인형이 튀어나와 시간을 알려 주는 구조였습니다. 자격루 덕분에 조선의 일상은 더욱 밝아졌습니다. 해가 비추지 않는 흐린 날과 한밤중에도 정확한 시간을 알 수 있게 되었기 때문입니다.

백성을 가르치는 바른 소리

즉위 후 이런저런 성과를 올리던 세종도 곧 탈이 났습니다. 30여 년, 세종은 참 긴 세월 동안 왕좌에 있었습니다. 눈 건강이 나빴던 세종은 종종 세자에게 나랏일을 맡기고 자주 온천에 요양을 다녀오곤 했습니다. 그런 와중에 세종이 신하들에게 덜컥 놀라운 소식을 전합니다. 백성을 위해 친히 새로운 문자를 만들었다는 것이었지요.

귀신이 곡할 노릇이었습니다. 건강도 좋지 않은 나이 많은 왕이 다른 것도 아니고 문자를 발명했다니요. 그러나 대부분의 신하들은 세종이 고생하고 고생하여 만든 새 문자를 두 팔 벌려 환영하지 않았습니다. 오히려 단호하게 반대했습니다.

그중에서도 세종이 아꼈던 신하, 최만리의 반대가 심했습니다. 최만리는 집현전에서 20여 년이 넘게 일해 온 세종이 아끼는 충신 중의 충신이었습니다. 집현전의 시작을 함께한 최만리가 세종의 마음을 이토록 몰라주다니요. 그렇다면 최만리는 도대체 왜 새 문자의 존재를 환영하지 않았던 걸까요?

"새 문자를 백성에게 알리면 모두가 어려운 한문은 멀리하고 쉬운 새 문자만 배우려 할 것입니다. 이는 유학의 가치에서 멀어지는 일입니다. 또 만약에 명나라가 알게 된다면, 비난을 피하기가 어렵습니다." - 《세종실록》

오늘날의 우리가 본다면 고개를 갸우뚱할 수밖에 없는 논리입니다. 최만리는 왜 중국의 눈치를 보았던 걸까요? 사실 그보다 최만리가 정말 말하고 싶었던 건 새 문자를 배우다 보면 유학 공부에 소홀해질 수 있다는 것에 있었습니다. 한문을 배워 본 적이 있나요? 한자는 한글이나 영어와 달리 글자 하나하나가 뜻을 담고 있습니다. 한자가 적힌 글을 막힘없이 읽으려면 여러 문장을 많이 보고 익혀야 합니다. 그래야 어떠한 문장을 보더라도 한자 하나하나의 뜻을 요리조리 적절하게 조합하여 해석할 수 있으니까요.

조선은 유학을 나라의 뿌리로 삼았습니다. 오늘날의 우리가 자본주의 체제 안에서 살고 있듯 조선은 유학을 모든 사람이 지녀야 할 가치와 이념이라고 여겼던 것이지요. 유학에서 중요하게 여긴 가치는 임금에 대한 충성, 어버이에 대한 효도, 예의와 인덕 등입니다. 이러한 유학의 참된 뜻을 깨우치려면 공자, 맹자 등 앞선 학자들이 쓴 책을 마르고 닳도록 읽어야 하지요. 그래야 경전 속 한문의 뜻을 바르게 알고 실천할 수 있으니까요. 오늘날 우리가 자본돈의 흐름을 알기 위해 기업의 재무제표와 부동산 이슈, 세계 경제 이슈에 귀를 기울이는 것과 비슷한 맥락입니다.

그러나 세종은 카리스마 있는 한마디로 반대 의견을 물리쳤습니다.

"네가 운서韻書, 한자의 음을 정리한 책를 아느냐, 내가 운서를 바로잡지 않으면 누가 이를 바로잡을 것이냐? 내가 《삼강행실도》를 새 문자로 번역하여 백성에게 알리면, 백성 중에 충신, 효자, 열녀가 무리로 나올 것이다."

– 《세종실록》

참 대단한 자신감입니다. 학문에서는 자신을 따라올 자가 그 아무도 없다는 말이니까요. 당대 조선의 신하들도 경쟁률이 어

《삼강행실도언해》(국립한글박물관)

마어마한 국가고시를 뚫고 들어온 인재였을 텐데 말입니다.

세종은 한문을 배우는 데 새 문자가 큰 도움이 되리라 생각했습니다. 중국에서 온 한자를 저마다 틀린 음으로 다르게 읽는 문제를 새 문자로 바로잡는다는 게 그의 큰 그림이었지요.

나아가 세종은 《삼강행실도》를 새 문자로 쉽게 풀어쓴 책을 만들 계획도 갖고 있었습니다. 《삼강행실도》는 유학에서 이야기하는 생활윤리를 그림과 이야기로 쉽게 설명한 책입니다. 그런데 글을 배운 적도 없는 백성들에게 한자로 쓰인 이 책은 무용지물에 지나지 않았지요. 《삼강행실도》에 새 문자로 해석을 달아 놓은 책인 《삼강행실도언해》는 세종이 세상을 떠나고 조선의 다섯 번째 임금으로 즉위한 성종 때 완성되었습니다.

경기도 여주에 있는 세종대왕의 릉(국가유산청)

세종이 만든 새 글자, 바로 훈민정음입니다. 훈민정음訓民正音
은 백성民을 가르치는훈 바른정 소리음 라는 뜻을 담고 있었습
니다. 이처럼 훈민정음은 온갖 우여곡절 끝에 오늘날 우리의 곁
으로 왔습니다. 매일매일 무감각하게 쓰고 있는 이 문자 속에는
수많은 사연이 숨어 있는 것이지요. 혼자서 은밀하게 문자 연구
를 긴 세월 동안 이어온 세종, 그리고 많은 이들의 반대를 무릅쓰
고 훈민정음을 백성의 품에 안겨 준 세종, 그가 그토록 열심이었
던 이유는 무엇이었을까요? 세종이 나라를 다스리는 철학은 단
순하면서도 분명했습니다. 오직 백성, 백성만이 그의 중심에 있
었지요.

MBTI로 살펴본 조선시대 인물
세종대왕 : INTJ

지금까지 수정전 이야기를 시작으로 짧게나마 세종의 삶을 돌아보았습니다. 사람들과 어울려 노는 일보다는 글공부를 누구보다 사랑했던 세종I, 당시 사람들이 기상천외하게 여길 정도였던 새 문자를 발명하는 일을 상상하고 또 실행에 옮긴 세종N, 비행을 일삼는 큰 형에게나, 자신의 뜻을 가로막는 신하들에게나 그들의 눈치를 보기보다는 늘상 자신감 있는 팩폭을 남발한 세종T, 긴 시간 동안 남몰래 훈민정음 창제라는 어마어마한 일을 철저한 계획 끝에 이루어낸 세종J.

이러한 사실들로 미루어 보아 세종대왕의 MBTI는 인티제INTJ가 아니었을까 합니다.

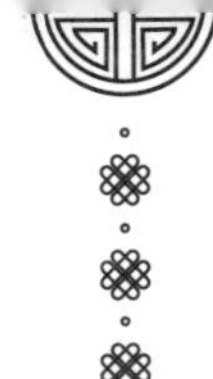

수양대군

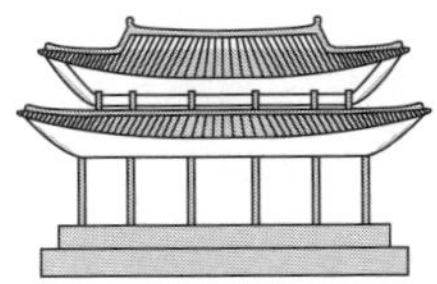

　오대산 선재길은 하늘 높은 줄을 모르고 쭉쭉 뻗어 있는 전나무숲으로 유명합니다. 드라마 촬영지로 유명해져 한참 동안 사람들의 특별한 관심을 받았지요. 이 나무, 저 나무를 헤치며 조금씩 오르다 보면 오대산 사고史庫 터도 만날 수 있습니다.

　기록의 나라 조선은 역대 왕의 통치를 시간순으로 정리하여 역사책을 펴냈습니다. 바로 그 유명한 《조선왕조실록》입니다. 조선 조정은 행여나 예상치 못한 화재나 사고로 귀한 기록이 사라질까 걱정하며 전국에 무려 4곳의 사고를 지었습니다. 오대산 사고가 그 가운데 하나입니다. 깊은 산중에 우뚝 선 사고를 지나 다시 길을 재촉하다 보면 아담한 절, 상원사에 도착합니다.

🐚 부처를 사랑한 왕

치악산 남대봉 아래에 자리한 상원사는 신라시대 때 지어진 먼 옛날의 절입니다. 조선의 7번째 임금, 세조^{수양대군}가 사랑한 절로도 유명하지요. 세조는 말년에 심한 피부병을 앓았습니다. 병에 시달릴 때마다 세조는 상원사로 행차하여 요양하곤 했다고 전해집니다. 세조가 목욕할 당시 옷을 걸어 두었다는 관대 걸이도 오늘날까지 남아 있습니다.

이러한 특별한 인연 덕분일까요. 상원사에는 세조와 관련된 이야기가 둘이나 전해 옵니다. 하나는 상원사를 방문한 세조를 어떤 자객이 들이닥쳐 살해하려 했는데, 어디선가 고양이가 나타나 세조의 옷깃을 끌어당겨 구했다는 일화입니다. 고양이를 기특하게 여긴 세조는 상원사가 있던 지방에 묘전^{고양이의 땅}이라는 이름의 땅을 내려 주었습니다. 다른 하나는 상원사 앞 계곡에서 목욕하던 세조가 문수동자를 만나면서 피부병이 깨끗이 나았다는 이야기입니다. 문수동자는 불교에서 '지혜'를 상징하는 보살입니다. 보살은 극락^{불교의 이상 세계}에 가는 걸 포기하고 이 세상에 남아 가엾은 중생들이 깨달음을 얻을 수 있도록 도와주는 존재이지요.

의아한 일입니다. 왜 상원사에는 세조와 관련된 이야기가 이렇게나 많이 전하는 걸까요? 세조는 병을 고치기 위해서 왜 다른 곳도 아닌 부처를 모시고 있는 절로 갔을까요? 조선은 유학을 통치이념으로 삼았던 나라가 아니었던가요?

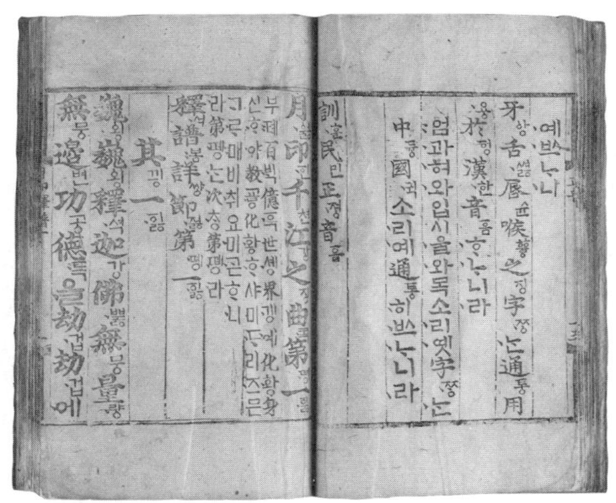

《석보상절》(국립한글박물관)

사실 세조는 독실한 불교 신자였습니다. 왕위에 오르기 전에는 "불교가 공자의 도보다 뛰어나다."라고 주장할 정도였지요. 어머니 소원왕후가 세상을 떠났을 때에는 어머니를 추모하는 마음으로 부처의 일대기를 정리한 책을 펴내기도 했습니다. 훈민정음이 세상에 나온 직후에 훈민정음으로 발간된 《석보상절》이라는 책입니다. 물론《석보상절》은 아버지 세종의 명령으로 만들었지만, 부처를 따르는 세조의 마음은 누구보다 진심이었던 것 같습니다.

왕위에 오른 뒤에도 세조의 불교에 대한 사랑은 식을 줄을 몰랐습니다. 전국에 있는 불경불교 관련 책 을 모으고 펴내는 일을 담당하는 관청인 간경도감을 설치하여 여러 불경을 훈민정음으로 번역했습니다. 또한 신하들에게는 틈틈이 불경의 중요성을 강조하곤 했습니다. 한번은 신하들에게 《능엄경》에 대해 설명하게 했는데, 불경을 잘 모르는 신하가 해석을 매끄럽게 해내지 못하자 몽둥이 형벌을 내릴 정도였지요.

이러한 세조의 행동은 종종 논란을 불러왔습니다. 전 왕조 고려가 꾸준히 믿어 온 불교를 물리치고 유학의 나라 조선을 세웠는데, 지금까지의 모든 일을 수포로 돌아가게 할 수는 없었습니다. 새 왕조의 존재가 뿌리째 흔들릴 수도 있는 일이었습니다.

세조가 왕위에 오르는 데 큰 공을 세웠던 신하, 신숙주도 세조가 불교를 높이는 일을 벌일 때마다 완강하게 반대하곤 했습니다. 하지만 그 아무도 세조의 고집을 꺾을 수는 없었습니다. 때마다 세조는 "나는 불교를 믿지만 후대의 왕들은 나를 본받지 말라."는 의미심장한 말만 되풀이했습니다. 사실 세조가 불교에 깊이 심취하게 된 데에는 사연이 있었습니다. 왕좌에 앉은 세조는 종종 자신의 젊은 날을 돌이켜보며 후회하곤 했습니다. "내가 차례도 아니면서 외람되게 큰 자리를 물려받았다."라는 것이었지요.

🌈 왕이 되지 못할 운명의 왕자

수양대군은 세조가 왕위에 오르기 전 왕자 시절의 호칭이었습니다. 수양대군의 이름은 아버지인 세종이 직접 지어 주었습니다. '수양'은 먼 옛날 중국 역사에서 충신 중의 충신으로 꼽히는 백이와 숙제가 세상을 떠난 곳의 이름입니다. 백이와 숙제는 자신들이 충성을 다하던 상나라가 망하자 수양산으로 들어가 모든 음식을 끊고, 굶어 죽었습니다. 세종은 수양대군이 백이와 숙제처럼 충신이 되어 주기를 바랐던 것 같습니다. 종종 수양대군에게 그의 친형인 세자 훗날 문종 를 잘 보필하라는 당부와 함께 형제의 우애를 강조하곤 했지요. 세종은 혹시 가까운 미래에 벌어질 비극을 예감하고 있었던 걸까요?

수양대군, 하면 떠오르는 유명한 대사가 있습니다. "내가 왕이될 상인가." 그만큼 수양대군을 주제로 한 오늘날의 콘텐츠에서는 그의 야망을 강조합니다. 수양대군은 세종의 둘째 아들로 태어났습니다. 수양대군이 어떠한 성향을 타고난 왕자였는지는 여러 기록이 전해주고 있습니다.

대군은 체구가 크고 활쏘기와 말 달리기가 남보다 뛰어났다. 나이 16살에 세종을 따라 왕방산에서 사냥을 하는데 하루아침에 사슴과 노루수십 마리를 쏘아서 피 묻은 털이 바람에 날아와 겉옷을 다 붉게 물들였다. 늙은 무사 이영기 등이 보고 눈물을 흘리면서 "태조 대왕의 신무 신과 같은 무예 **를 오늘 다시 보게 될 줄은 몰랐습니다."했다.**

－《세종실록》

세종의 뒤를 이은 문종은 왕위에 오른 지 3년도 되지 않아 세상을 떠났습니다. 그 뒤를 잇게 된 건 10대를 갓 넘긴 문종의 아들, 단종이었습니다. 어린 왕이 왕좌에 앉자, 정치는 곧 혼란에빠졌습니다. 조정은 수양대군 쪽과 세종의 셋째 아들인 안평대군 쪽으로 나뉘어 치열한 경쟁을 벌였습니다. 한편 세종 때 정치를 주름잡았던 신하들인 김종서, 황보인 등의 입김도 커집니다.
이러한 상황을 빠르게 정리하여 최후의 권력을 잡게 된 건 바로
수양대군이었습니다.

🌊 계유년의 해는 저물고

수양대군은 자신을 따르는 무인들과 함께 김종서의 집을 찾아
가 그와 그의 아들 승규를 살해했습니다. 그 뒤 곧바로 궁궐을 찾
아온 수양대군에게 단종은 "숙부, 나를 살려 주시오."라며 애원
했지요. 어린 조카 앞에서 수양대군은 자신을 반대하던 신하들
을 하나, 둘, 쇠몽둥이를 휘둘러 처리했습니다.

결국 겁에 질린 단종은 수양대군이 모든 소란을 잠재워 주
었다는 내용의 교서를 내립니다. 이 사건이 바로 계유정난입
니다. 계유년1453 에 있었던 혼란난 을 진정시켰다는 뜻이지요. 얼
마 뒤 힘없는 어린 왕은 결국 자신보다 24살이나 많은 숙부에게
왕위를 물려주고는 상왕으로 물러났습니다. 이렇게 하루아침에
세조의 시대가 열렸습니다.

수강궁창경궁 에 머물게 된 단종은 하루하루 피를 말리는 듯한
불안에 시달렸습니다. 계유정난은 누가 보아도 수양대군이 힘을
이용해 강제로 왕위를 빼앗은 파렴치한 사건이었습니다. 곧 신
하들 사이에서 단종을 다시 왕위에 올리려는 움직임이 나타났습
니다. 사육신死六臣 에 대해 들어보셨나요? 단종을 위해 목숨을 바
친사 여섯 명육 의 신하신 입니다. 이처럼 존재만으로도 세조에게

영월 청령포(국가유산청)

큰 위협이 되었던 단종은 결국 저 멀리 강원도 영월로 귀양을 가게 됩니다.

귀양을 떠나는 단종의 곁에는 그의 왕비도, 그를 모실 상궁과 나인 한 명도 남지 못했습니다. 단종은 홀로 낡은 가마를 타고 군사들 50여 명의 철통같은 감시를 받으며 먼 길을 떠나야만 했지요. 도착한 곳은 절벽을 등지고 삼면이 강으로 둘러싸여 있어 마치 섬과 같은 형상을 하고 있는 청령포였습니다. 외롭고 쓸쓸한 이곳에서 단종은 스스로 죽음을 택했습니다. 세종의 여섯째 아들 금성대군이 단종을 복위시키려다 실패한 지 얼마 지나지 않아 벌어진 일이었지요. 세조가 내린 사약은 단종이 이미 세상을 떠난 후에야 도착했습니다.

🌊 하늘이 벌을 내리다

원하던 왕좌를 손에 거머쥔 세조는 과연 만족스러운 삶을 살게 되었을까요? 하늘이 벌을 내린 것인지 세조의 집안에는 짙은 그림자가 드리웠습니다. 세조의 첫째 아들 의경세자는 세조가 왕위에 오른 지 2년 만에 20살의 나이로 세상을 떠났습니다. 세조의 뒤를 이어 왕위에 올랐던 둘째 아들 예종도 똑같이 20살의 나이에 생을 마감했고, 예종의 아들도 갓난아이 때 숨을 거두었지요.

아들을 먼저 떠나보낸 세조는 후회로 얼룩진 세월을 보냈습니다. 사실 세조가 유학보다 불교를 굳게 믿게 된 이유도 이러한 비극적인 이야기와 관련이 있습니다. 정상적으로 왕위를 물려받은 게 아니었던 세조는 늘 정통성 권력을 갖는 논리적인 근거 문제에 시달려야만 했습니다. 이에 세조는 불교와 부처의 힘을 빌어 단종이 아닌 자신이 왕위를 이은 게 정당하다는 걸 만천하에 드러내야 했지요.

이러한 세조의 뜻은 세조가 일본 국왕에게 보낸 외교 문서의 내용에도 잘 나타나 있습니다. 외교 문서에는 자신이 여러 지방을 두루 다니는 과정에서 불교와 관련된 여러 신비한 일들이 일어났다는 사실이 크게 강조되어 있습니다. 세조는 자신을 부처와 같이 훌륭하고 이상적인 존재로 자리매김하고 싶었던 것이지요.

세조는 왕위에 있는 동안 몇 차례의 역모 사건을 경험하기도 했습니다. 특히 이시애가 일으킨 난은 세조의 마음을 지칠대로 지치게 만든 사건이었습니다. 사건을 조사하는 도중에 자신과 함께 계유정난을 주도했던 신하 신숙주와 한명회가 역모에 가담했다는 믿을 수 없는 소문이 귀에 들어왔기 때문이었습니다.

다행히도 소문은 사실이 아닌 것으로 밝혀졌지만, 세조는 완전히 마음을 놓을 수 없었습니다. 이시애의 난이 일어나기 얼마 전 계유정난의 2등, 3등 공신들이 실제로 역모를 꾀한 사건이 일어났었기 때문입니다. 당시 세조의 마음은 얼마나 착잡했을까요? 이처럼 세조는 그가 거머쥔 왕좌에서 결코 편하지만도 만족스럽지만도 않은 힘든 세월을 지내온 것 같습니다.

역사는 반복된다고들 하지요. 세조의 계유정난 역시 낯설지 않습니다. 왕이 될 운명이 아니었지만 많은 이들의 피 위에서 왕좌에 오른 인물, 혹시 태종 이방원이 떠오르지 않으셨나요? 조선이 세워진 직후 세종 대의 찬란한 업적이 빛나던 시절도 있었지만, 왕위를 둘러싼 치열한 싸움 역시 이처럼 끊이지를 않았습니다. 새로운 왕조가 뿌리를 내리는 과정에서 겪는 피할 수 없는 성장통이었을까요?

MBTI로 살펴본 조선시대 인물
세조 : ENTJ

지금까지 상원사 이야기를 시작으로 짧게나마 세조의 삶을 돌아 보았습니다. 거부할 수 없는 리더십으로 여러 사람들을 모아 자신이 원하는 왕좌를 쟁취해 낸 세조E, 현실에 안주하기보다는 자신의 운명이 아니었던 자리를 꿈꾸고, 또 꿈꿔 결국 이뤄낸 세조N, 원하는 걸 이루기 위해 주변 사람들에게 냉혹하고, 나아가 잔인하였다고까지 할 수 있는 세조T, 철저한 계획을 바탕으로 왕위에 오르고, 그 뒤에는 여러 불교 사업을 벌여 자신의 입지를 굳건히 다져 간 세조J.

이러한 사실들로 미루어 보아 수양대군, 세조의 MBTI는 엔티제 ENTJ가 아니었을까 합니다.

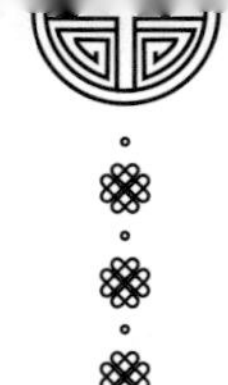

연산군

　광화문 우측으로 길게 난 길을 쭉 따라 걷다 보면 또 다른 궁궐로 통하는 문을 만나볼 수 있습니다. 바로 창덕궁의 정문 돈화문입니다. 경복궁이 새 나라 조선이 세워졌을 때 건립된 위풍당당 법궁이라면, 창덕궁은 조금 더 특별한 목적에서 건립된 이궁離宮이었습니다. 이궁이란 왕이 법궁에서 머물다가 사정이 생겼을 때 임시로 거처하며 정치를 돌볼 수 있도록 세운 궁궐을 말합니다.

　창덕궁은 태종이 세웠습니다. 형제의 피로 물든 왕좌를 쟁취한 태종은 왕자의 난이 일어난 경복궁을 꺼려했습니다. 이 때문에 고려의 수도였던 개경으로 잠시 거처를 옮겼던 적도 있었지요. 그러나 얼마 지나지 않아 한양으로 돌아와야만 했습니다. 이후로도 계속 마음이 편치 못했던 태종은 결국 새로운 거처를 마련하라는 명을 내립니다. 그렇게 창덕궁이 탄생하게 되었습니다. 태종의 뒤를 이은 조선의 왕들도 경복궁보다 창덕궁에 머무는 일이 많았습니다.

🌊 연산군의 미움이 깃든 곳, 희정당

창덕궁 안으로 난 길을 걷다 보면 웅장하고 화려한 건물인 희정당을 만나볼 수 있습니다. 희정당에는 조선의 10번째 왕, 연산군의 특별한 사연이 숨어 있지요. 희정당의 본래 이름은 수문당修文堂이었습니다. 학문文을 열심히 닦는修 곳堂이라는 뜻입니다. 수문당은 학문을 숭앙하는 곳이라는 뜻에서 '숭문당'이라는 별칭으로 불리기도 했습니다.

희정당은 왕이 신하들과 함께 정치를 논하는 편전의 역할을 했

희정당 현판(국가유산청)

희정당 전경(국가유산청)

습니다. 하지만 숭문당이라고 불리던 그 이전 시기에는 왕이 잠을 자고 생활하는 침전이었다는 설이 있습니다. 연산군의 아버지 성종도 숭문당에서 무려 26년이나 머물렀다고 전해집니다. 그런데 연산군은 아버지의 뒤를 이어 왕위에 오른 지 2년이 되자 돌연 숭문당의 이름을 희정당으로 바꾸어 버립니다. 단순하게 해석하면 희정당은 기쁘게희 정치하는정 곳당 이라는 뜻으로 볼 수 있습니다. 신하들은 숭문당이 정치를 돌보는 곳일 뿐 아니라, 학문을 연구하는 곳이라며 연산군의 갑작스러운 결정에 반대했지요.

단순한 일화에 지나지 않는 것 같지만 무언가 찜찜합니다. 연산군은 아버지의 흔적이 남아 있는 이곳에 어떤 불만이라도 있었던 걸까요? 한편에서는 숭문당에 불이 나는 바람에 건물을 다시 짓는 과정에서 단순히 이름을 바꾼 것일 뿐이라는 이야기도 전해집니다. 하지만 지금 남아 있는 자료만으로는 그 정확한 이유를 알 수 없습니다.

연산군이 아버지 성종에게 좋지 않은 감정을 갖고 있었다는 사실만큼은 여러 사료에서 분명하게 확인됩니다. 연산군은 성종이 세운 옛 법을 모두 없애는가 하면, 성종에게 제사 지내는 사람들을 처벌하기도 했습니다. 나아가 성종의 기일에 사냥을 가거나 성종의 무덤인 선릉에서 연회를 베풀기도 했지요. 이뿐만이 아니었습니다. 성종의 반신을 그린 영정초상화 을 향해 화살을 쏘거나 손으로 걸어 때리고, 성종의 후궁을 궁 안에서 죽이기까지 했습니다. 기이하다고까지 할 수 있는 연산군의 아버지에 대한 미움은 효를 강조하는 유학의 나라 조선에서 감히 상상조차 할 수 없는 일이었습니다.

🌀 비운의 씨앗, 어머니 윤씨의 죽음

연산군이 아버지에게 이토록 악감정을 품게 된 이유는 무엇일까요? 이와 관련하여 연산군이 세자였던 시절의 일화 하나를 소개해 드리겠습니다.

세자가 "거리에 나가 놀다 오겠습니다."하니 성종이 허락하였다. 저녁 때 세자가 궁으로 돌아오자 성종이 "오늘 거리에 나가 놀 때 무슨 일이 있었느냐?" 물으니, 세자는 "구경할 만한 것은 없었습니다. 다만 송아지 한 마리가 어미 소를 따라가는데, 어미 소가 소리를 내면 송아지도 소리를 내며 응했습니다. 어미와 새끼가 함께 살아 있으니 부러웠습니다."하였다. 성종은 이를 듣고 슬피 여겼다.

- 이긍익, 《연려실기술》

연산군은 아주 어린 시절에 친어머니 윤씨를 잃었습니다. 연산군의 아버지에 대한 미움은 물론, 오늘날까지 많은 이들 사이에서 회자되고 있는 연산군의 폭정도 윤씨의 사연을 빼놓고 설명하기는 어렵습니다. 각종 드라마와 영화가 그리고 있는 것처럼 윤씨는 성종의 신뢰를 잃어버린 후 궁 밖으로 쫓겨나 비참한 최후를 맞이한 비운의 여인이었습니다.

성종의 글씨체를 확인할 수 있는
부채(국립중앙박물관)

성종이 세상을 떠난 뒤 그의 공덕을 기리며
제작한 도장(국립고궁박물관)

처음 중전이 되었을 때 윤씨는 매우 총명하고 슬기로운 인물이었다고 전해집니다. 그런데 점차 남편 성종의 행보에 지나친 질투와 시기를 보였고, 어느 날에는 성종의 얼굴을 할퀴는 잘못을 저지르고 말았습니다. 결국 이 사건을 계기로 윤씨는 중전의 자리에서 내쳐졌고, 성종이 내린 사약을 받아야 했지요. 윤씨가 세상을 떠날 때 연산군은 7살의 앳된 아이에 지나지 않았습니다.

윤씨가 궁에서 쫓겨날 때 연산군은 고작 3살이었습니다. 아주 어릴 때 어머니와 헤어진 연산군은 어머니 윤씨가 아버지 성종의 사약을 받고 세상을 떠났다는 사실을 미처 알지 못했습니다. 좋지 않은 일이었으니 궁 안의 사람들도 어린 세자에게는 윤씨의 이야기에 대해서는 쉬쉬했을 겁니다. 그럼에도 어머니의 부재는 어린 연산군의 마음속에 깊은 상처가 되었던 것 같습니다. 성종도 그런 연산군을 안타깝게 여겼지요.

성종은 윤씨가 낳은 세자, 연산군만큼은 끝까지 지켜주고자 했습니다. 어찌 되었든 연산군은 성종의 적장자였으니까요. 조선은 적장자가 왕위를 이어받는다는 원칙을 따랐던 나라였습니다. 그러나 조선 왕조가 이어지는 내내 적장자가 아버지의 왕위를 물려받은 사례는 그리 많지 않았습니다. 27명의 조선의 왕 가운데 적장자는 문종, 단종, 연산군, 인종, 현종, 숙종, 순종 7명뿐 입니다. 이러한 사실은 왕위 계승에 수많은 변수가 있었음을 보여 줍니다.

적장자가 아버지의 뒤를 잇게 되면, 그 왕의 앞길은 순탄할 수밖에 없었습니다. 어린 시절 세자로 책봉되면, 왕이 되기 위한 교육과 훈련을 척척 받으며 성장하기 때문에 훗날 왕위에 오르면 그 존재 자체가 떳떳한 권력을 상징하게 되니까요.

의경세자의 둘째 아들이었던 성종에게는 적장자 콤플렉스가 있었습니다. 세조의 아들 의경세자는 이른 나이에 갑작스레 세상을 떠나는 바람에 왕위를 잇지 못했습니다. 이에 의경세자의 친동생이었던 예종이 즉위하게 되지요. 만약 의경세자가 왕이 되었다고 해도, 그의 둘째 아들인 성종은 왕위는 먼 이야기나 다름이 없었습니다.

그런데 예종도 왕위에 오른 지 얼마 지나지 않아 세상을 떠나면서, 성종이 왕위 계승 후보로 신하들의 입에 오르내리기 시작했습니다. 그러다 결국 성종은 자신의 친형이자 의경세자의 첫째 아들인 월산군을 제치고 왕좌에 앉게 되지요. 성종이 제 형을 뛰어넘어 왕이 될 수 있었던 결정적인 이유는 장인이었던 한명회의 입김 때문이었습니다. 한명회는 세조가 계유정난을 통해 왕위에 오를 때 큰 공을 세운 공신으로, 예종과 성종의 장인이 되어 막대한 부와 권력을 누린 인물입니다.

이처럼 우여곡절 끝에 왕위에 오른 성종은 왕위 문제까지 쥐락펴락할 수 있을 만큼의 강한 권력을 가진 한명회를 경계하기 시작합니다. 한명회를 비롯한 세조 때 큰 권력을 쥐게 된 인물들을 점차 멀리하면서 신하들 사이의 균형을 이루며 정치를 펴고자 노력했지요. 성종이 윤씨와의 갈등에도 불구하고, 윤씨의 아들이자 자신의 적장자인 세자 연산군을 끝까지 지켜낸 이유 역시 이러한 정치적 배경과 깊은 관련이 있었습니다.

이러한 성종의 결정은 과연 옳았던 걸까요? 연산군은 왕이 되기 전까지 어머니 윤씨의 죽음에 얽힌 가슴 아픈 사연을 알지 못했습니다. 이윽고 왕위에 오른 직후 아버지의 묘지명을 읽게 된 연산군은 뭔가 이상한 점을 발견합니다. 그러고는 어머니와 관련된 서술에 오류가 있다며 신하에게 확인해 보라고 지시하지요. 그런데 잘못된 건 묘지명의 내용이 아니라 자신이 알고 있던 사실이었습니다. 마침내 어머니의 죽음에 관한 진실을 알게 된 연산군은 큰 충격을 받고 그날 밥상마저 물렸지요.

🌊 무오사화가 일어나다

그러나 흔히 알려진 것처럼, 연산군이 어머니가 궁에서 쫓겨나 비운의 죽음을 맞이했다는 사실을 알자마자 곧바로 폭군이 된 것은 아니었습니다. 그는 아버지 성종과는 다른 정치철학으로

창덕궁의 정문인 돈화문(국가유산청). 돈화문은 높은 관직의 신하들만 드나들 수 있는 문이었다. 하지만 3사의 관리들에게는 특별히 이 문을 이용할 수 있는 권한이 주어졌다.

나라를 다스리고 싶어 했습니다. 앞서 이야기했듯이, 성종은 세조 대에 커진 공신들의 권력을 경계하며 많은 노력을 기울였습니다. 대를 이어 권력을 장악한 이 공신들은 '훈구勳舊'라고 불렸습니다. '훈'은 공로, '구'는 오랜 집안을 의미합니다. 쉽게 말해 공을 세운 가문의 사람들을 뜻하지요. 역사 교과서에서도 자주 등장하는 단어입니다.

훈구의 권력이 점점 더 커지자, 성종은 이를 견제할 새로운 정치 세력으로 사림士林을 주목했습니다. 사림은 '선비士 들의 집단림'이라는 뜻으로, 고려 말 새 나라 조선을 세우는 일에 반대하며 지방으로 내려갔던 이들을 일컫습니다. 성종은 사림을 적극적으로 등용하여 훈구와 균형을 맞추려 했습니다.

사극을 보다 보면 "전하, 아니 되옵니다!"라며 바른말을 외치는 신하들이 등장하지요. 이들은 사헌부, 사간원, 홍문관의 소속으로, '3사'라 불리는 기관의 관리들입니다. 3사는 오늘날 언론이 하는 역할을 맡아 왕과 신하들의 잘못을 감시하고 비리를 고발하는 역할을 했습니다. 성종은 사림을 3사의 관리로 임명하여 훈구의 잘못을 철저히 감시하도록 했습니다. 이러한 성종의 강력한 지원을 바탕으로 3사의 권한은 점차 막강해지게 되었지요.

그런데 연산군은 세자 시절부터 3사를 탐탁지 않게 여겼습니다. 무리로 다니며 이 사람, 저 사람을 비판하고 나서는 3사의 모습에 늘 불편한 감정을 드러냈죠. 왕위에 오른 뒤에도 연산군의 생각은 바뀌지 않았습니다. "너희는 문서나 담당하는 관리이다.", "주인이 이렇게 해야겠다고 하는데, 종이 불가하다고 맞서는 일이 있어서는 안 된다."라며 강하게 꾸중할 정도였습니다. 3사에 대한 성종의 생각과 연산군의 생각이 이처럼 크게 달랐던 것입니다. 연산군은 3사를 훈구뿐 아니라 왕권까지 위협할 수 있는 존재로 여겼습니다. 3사에 대한 연산군의 본심을 알아챈 훈구는 이때다 싶어 틈틈이 기회를 엿보고 있었지요.

그렇게 불안한 긴장감이 이어지던 어느 날, 결국 일이 터지고야 말았습니다. 연산군이 왕위에 오른 지 4년째가 되는 해였습니다. 사건은 사림 세력을 이끌어 온 김종직이라는 인물이 생전에 쓴 〈조의제문〉이라는 글이 계기가 되어 시작되었습니다. 김종직의 제자 김일손이 〈조의제문〉을 실록에 실으려 한 게 비극의 씨앗이었지요.

〈조의제문〉은 먼 옛날 중국의 왕조였던 초나라의 황제 의제를 기리는 내용이었습니다. 의제는 숙부에게 왕위를 빼앗기고 비극적인 최후를 맞게 된 인물이었지요. 훈구는 김종직이 이 글을 통해 세조를 비판하려 했다고 주장했습니다. 의제를 단종에 빗대, 계유정난으로 왕위에 오른 세조를 비난하려 했다는 것이었지요. 결국 〈조의제문〉을 실록에 기록하려 했던 김일손의 행동은 불경죄로 간주되었고, 이로 인해 많은 사람이 큰 벌을 받게 되었습니다. 이 사건을 1498년연산 4년 무오년에 사림이 화를 입었다고 하여 '무오사화'라고 부릅니다.

그러나 무오사화 이후, 훈구도 예상하지 못한 연산군의 이상한 행보가 시작됩니다. 연산군은 무오사화를 통해 자신을 가로막던 사림 세력이 모두 사라졌다고 여기며, 더욱 강한 왕권을 세워 절대적인 권력을 손에 쥐려 했습니다. 왕과 같은 배를 탔다고 여겼던 훈구는 점점 더 이상해지는 연산군의 행동을 이해할 수 없게 되었고, 당혹스러워할 수밖에 없었습니다.

뒤틀린 미움으로 폭정을 이어가다

연산군이 왕권을 강화하여 이루고자 했던 건 오로지 사치와 놀이뿐이었습니다. 연산군은 무리한 공사를 벌이거나 궁궐 주변에 있던 백성들의 집을 강제로 철거하여 사냥터를 늘려갔습니다. 그러고는 이곳저곳에 금표를 세워 왕의 영역을 정하고, 함부로 그 영역을 침범하는 자는 엄벌에 처했습니다. 백성들은 왕의 폭

연산군이 백성의 출입을
금지하기 위해 세운
금표비(국가유산청)

주로 하루아침에 살아갈 곳을 잃고 말았지요.

**왕이 말을 타고 마을 거리를 마구잡이로 돌아다니고자 백성의 집들을
남김없이 몰아냈다. 처녀들은 맨발로 뛰어 달아나 돌아갈 길을 잃었
고, 신하들도 왕을 멀리 피하였다. -《연산군일기》**

기상천외한 연산군의 행동에 몇몇 신하들은 목숨을 걸고 반대
했습니다. 아버지 성종을 본받아 옳은 정치를 펼쳐야 한다는 조
언이었습니다. 성종과 자신을 끝도 없이 비교하는 신하들 앞에
서 연산군은 자주 열등감 섞인 말을 내뱉곤 했습니다. 자신은 성
종처럼 훌륭한 왕이 될 수 없다는 것이었지요. 그렇게 쌓인 열등

감은 곧 아버지에 대한 뒤틀린 미움으로 바뀌어 갔습니다.

뒤숭숭한 분위기가 계속되던 가운데, 연산군은 자신의 친어머니 윤씨의 복수를 하겠다며 또다시 사화를 일으켰습니다. 이 사건을 1504년연산 10년 갑자년에 벌어진 사화라 하여 갑자사화라고 합니다. 갑자사화 때는 무오사화 때보다 훨씬 더 많은 피해자가 발생했습니다. 이미 세상을 떠난 신하들마저도 벌을 피해 갈 수 없었지요. 관 속의 뼈를 꺼내어 부수고는 바람에 흩날리는 끔찍한 벌이었습니다.

많은 이들의 피로 얼룩진 갑자사화가 끝나고, 마침내 연산군이 바라고 바라던 시대가 온 듯했습니다. 광기 어린 왕 앞에서 모든 신하는 입을 꾹 다물고 침묵만을 지킬 뿐이었습니다. 연산군은 날마다 연회를 열었고, 그 비용을 마련하기 위해 백성들에게 가혹한 세금을 부과하며 수탈했습니다. 한 해의 세금도 버거운 백성들에게 연산군은 2년, 3년 치의 세금을 미리 거두어들이라는 어마어마한 명령을 내리기도 했지요.

한편 사냥터를 더욱 넓히기 위해 경기도 지역에 있는 백성들의 집도 마구잡이로 없애 버립니다. 벼랑 끝으로 내몰린 백성들은 임금의 악행을 폭로하는 내용의 벽서를 이곳저곳에 붙이며 소극적으로 저항했습니다. "우리 임금은 신하를 파리 죽이듯이 하고, 날마다 연회를 열고 즐기느라 올바른 마음을 잃어버렸다."라는 내용이었지요. 이에 분노한 연산군은 백성들이 훈민정음을 사용하지 못하도록 금지하기까지 했습니다.

스스로를 사랑하지 못한 폭군의 최후

이처럼 막무가내로 폭정을 이어가던 연산군도 자신의 최후가 순탄하지 않을 것임을 예감하고 있었던 듯합니다. 연산군은 왕위에서 쫓겨날까 늘 두려워하며, 경계를 늦추지 않았습니다. 왕을 호위하는 군사의 수를 늘리는 한편, 궁궐 문을 지키는 수문장에게는 사흘에 한 번씩 경호 상황을 보고하도록 했지요. 나아가 신하들과 상인들의 행적까지 철저히 감시하며 단속했습니다.

이윽고 연산군이 두려워하던 일이 현실이 되고 말았습니다. 결국 반정反正이 일어난 것입니다. 자신을 몰아낼 군사가 몰려온다는 소식을 들은 연산군은 활과 화살을 가져오라 명했지만, 이미 그의 옆에는 아무도 남아 있지 않았습니다. 곤룡포도 제대로 갖춰 입지 못하고, 붉은 옷에 허리띠를 두른 채 허겁지겁 도망가던 연산군은 얼마 가지 않아 결국 붙잡히고 말았습니다. "내가 큰 죄를 지었는데도 특별히 임금의 은혜를 입어 죽지 않았습니다." 새로운 왕으로 즉위하는 중종에게 연산군이 남긴 마지막 말이었습니다.

연산군이 귀양길에 오르자, 백성들은 앞다투어 나와 손가락질하며 통쾌해했다는 기록이 전해집니다. 그는 좁고 긴 울타리로 둘러싸여 햇빛조차 제대로 볼 수 없는 귀양지에서 지내다, 얼마 지나지 않아 병을 얻어 세상을 떠났습니다.

성종의 적장자로 탄탄대로만 걸을 줄 알았던 연산군의 뒤안길은 이처럼 쓸쓸하기 그지없었습니다. 누구보다 유리한 환경을

서울 도봉구에 있는 연산군과 중전 신씨의 무덤(국가유산청)

타고났지만, 어린 시절의 결핍을 이겨내지 못한 연산군의 뒤틀린 미움은 결국 누구도 아닌 스스로의 목을 조르고 말았습니다. 한편 오랫동안 이어진 연산군의 폭정으로 새 왕조 조선은 때 아닌 위기를 맞이하게 되었지요.

MBTI로 살펴본 조선시대 인물
연산군 : INTP

지금까지 희정당 이야기를 시작으로 짧게나마 연산군의 삶을 돌아보았습니다. 누구에게도 견제받지 않는 절대 권력을 누리고자 소통보다는 수많은 이들을 죽음으로 내모는 길을 택한 연산군I, 현실에 대해서는 눈을 질끈 감고, 자신의 끝없는 욕망과 쾌락을 좇으며 치세 대부분을 보낸 연산군N, 목숨을 걸고 바른말을 하는 신하들에게 잔인한 형벌을 내렸을 뿐 아니라, 백성들의 고통에도 공감할 줄 몰랐던 연산군T, 오랫동안 대책 없이 폭정을 이어가다가 결국 중종에게 왕위를 넘겨야 했던 연산군P.

이러한 사실들로 미루어 보아 연산군의 MBTI는 인팁INTP 이 아닐까 합니다.

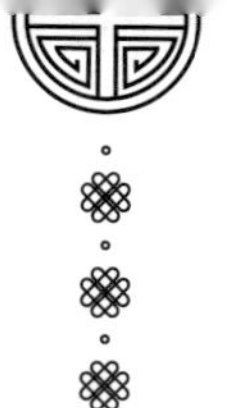

광해군

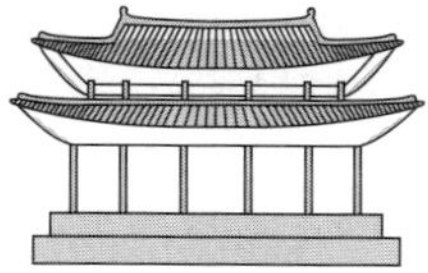

　조선시대 왕족의 무덤은 그 지위에 따라 호칭을 달리했습니다. 왕과 왕비의 무덤은 '릉陵', 왕세자와 왕세자빈의 무덤은 '원園', 왕족이기는 하지만 왕의 직계 가족이 아닌 이의 무덤은 '묘墓'라고 부릅니다. 명칭만 달랐던 게 아닙니다. 무덤을 지키는 석상의 배치와 개수 등에도 엄연한 차이를 두었습니다. 이는 무덤의 주인에 따라 위계를 확실하게 구분하여 그에 맞는 예법으로 제사를 지내기 위함이었습니다. 조선 사람들은 죽어서도 살아생전의 신분과 권위가 사후 세계에서도 그대로 이어진다고 믿었습니다.

　경기도 남양주에는 이러한 구분법을 따르지 않은 특별한 무덤

광해군과 그 부인의 묘(국가유산청)

광해군묘 옆에 서 있는
석상(국가유산청)

이 있습니다. 바로 광해군의 묘입니다. 광해군은 아버지 선조의
뒤를 이어 조선의 15대 왕으로 당당히 즉위했습니다. 그런데 그
의 무덤에는 '릉'이 아니라, 그보다 격이 낮은 '묘'라는 호칭이 붙
었습니다.

'묘'의 위계에 따랐기 때문에 규모도 여타 다른 왕들의 릉보다
훨씬 작습니다. 둥글게 쌓아올린 봉분은 볼품없이 작을 뿐 아니
라, 석상도 양쪽으로 서 있는 무인석, 문인석 각각 한 개씩이 전
부이지요. 이런 탓에 고요한 정적으로 둘러싸인 그의 무덤 주위
를 걷다보면 무척 쓸쓸한 마음이 듭니다. 심지어 오늘날 광해군
묘는 국가유산청의 별도 허가 없이는 출입조차 하지 못하게 되
어 있지요.

왜 광해군의 무덤은 '릉'이 아니라 '묘'가 되었을까요? 그 이유
는 광해군이 왕이 된 지 15년만에 왕좌에서 쫓겨났기 때문이었
습니다. 전쟁의 소용돌이에 휘말린 나라를 구하고 그 공으로 왕

이 되었지만 여생은 세상의 철저한 외면 속에서 쓸쓸히 보내야 했던 광해군, 그에게는 어떤 일들이 있었던 걸까요? 지금부터 그의 슬픈 이야기 속으로 들어가 보려 합니다.

하루아침에 세자가 된 왕자

조선에서는 첫째 부인에게서 태어난 첫아들이 왕의 후계자가 되도록 정해져 있었습니다. 그러나 선조는 첫째 부인인 의인왕후와의 사이에서 끝내 아들을 얻지 못했습니다. 대신 여러 후궁과의 사이에서 열두 명의 아들을 두었지요. 광해군도 그 가운데 중 한 명이었습니다. 광해군은 1575년 선조 8년, 선조와 후궁인 공빈 김씨 사이에서 둘째 아들로 태어났습니다. 위로는 친형 임해군도 있었기 때문에 광해군에게 왕좌는 아주 먼 이야기처럼 보였습니다.

대구광역시 북구에 있는 광해군의 태실(국가유산청)

더군다나 선조도 후궁의 아들을 자신의 후계자로 삼을 생각이 전혀 없었습니다. 그 이유는 선조 자신도 적장자가 아닌 후궁의 아들로서 왕위를 물려받았기 때문이었습니다. 선조는 적장자가 아닌 서자 출신이 왕이 되었을 때 정치적으로 얼마나 큰 혼란이 일어날 수 있는지 몸소 경험했습니다. 그렇기에 자신의 뒤를 이을 후계자만큼은 출신 문제로 고민하지 않고 당당히 왕권을 행사할 수 있는 왕이 되기를 간절히 바라고 있었습니다.

이러한 이유로 선조는 신하들이 서둘러 세자를 책봉해야 한다는 말을 꺼낼 때마다 예민한 반응을 보였습니다. 〈관동별곡〉을 쓴 작가로 우리에게 친숙한 송강 정철도 세자 이야기를 섣불리 꺼냈다가 선조의 노여움을 사게 되어 멀고 먼 함경도로 귀양을 가게 되었지요. 그 뒤로 신하들은 선조 앞에서 후계자에 대한 이야기를 감히 꺼내지 못하게 되었습니다.

그로부터 1년 뒤 상황은 완전히 달라졌습니다. 선조는 울며 겨자

부산을 침략한 일본군의 모습(육군박물관)

먹기로 자신의 아들들 중 가장 총명하다고 이름나 있었던 광해군을 세자로 세웠습니다. 1592년 선조 25년 4월, 무수한 일본군들이 부산에 상륙했다는 소식을 들은 지 얼마 되지 않았을 때의 일이었습니다. 임진왜란, 조선이 세워진 지 200여 년 만에 처음으로 터진 큰 전쟁이었습니다. 수도 한양을 떠나 북쪽으로 피난 갈 결심을 한 선조에게 신하들은 조심스레 세자 책봉 이야기를 꺼냈습니다. 나라의 운명을 한 치 앞도 모르는 상황에서 왕의 후계자가 없으면 안 된다는 생각에서였지요. 그렇게 광해군은 하루 아침에 조선의 세자가 되었습니다.

🌊 의주로 향하는 선조와 백성들의 분노

우여곡절 끝에 세자가 되었지만 광해군은 제대로 된 책봉 의식도 치를 수 없었습니다. 신하들의 인사를 받은 지 채 하루도 지나지 않아 다음 날 새벽에 선조를 따라 곧장 피난길에 올라야 했기 때문이었습니다. 백성들에게 광해군이 조선의 세자가 되었다는 사실을 알리는 책봉 교문은 8일이 지나 평양에 도착한 뒤에야 반포되었습니다. 하지만 혼란한 전쟁 상황 속에서 백성들은 그 내용을 제대로 알기 어려웠지요. 당시 백성들은 한양을 떠난 임금이 무사한지조차 알 수 없는 상황이었으니까요.

평양에서 머물기로 한 선조는 자신이 왔으니 안심하라며 인근의 백성들을 타일렀습니다. 하지만 그 말이 무색하게 얼마 지나지 않아 선조는 다시금 북쪽으로 피난길을 재촉합니다. 일본군이 코앞에 왔다는 소식을 듣고는 명나라와 국경을 맞대고 있는 의주로 떠나기로 결심한 것이지요. 며칠 사이에 말을 바꾼 임금에게 백성들은 분노했습니다. 이러한 상황은 임진왜란 당시 영의정을 지냈던 류성룡이 남긴 기록이 잘 보여 줍니다.

길가에는 부녀자들과 아이들이 모여 분노에 찬 얼굴로 떠들고 있었다. "성을 버리고 도망칠 거였다면, 애초에 왜 우리를 성안으로 불러 들여 죽게 만든 겁니까?" 성문 가까이에는 피란민들이 길을 가득 메우고 있었고, 저마다 웃옷을 벗어 던진 채 칼이나 몽둥이를 들고 있었다. "저희는 나라에서 성을 버린다는 말을 듣고 너무 분하고 답답해서 이렇게 이성을 잃고 행동하는 것입니다."

– 류성룡, 《징비록》

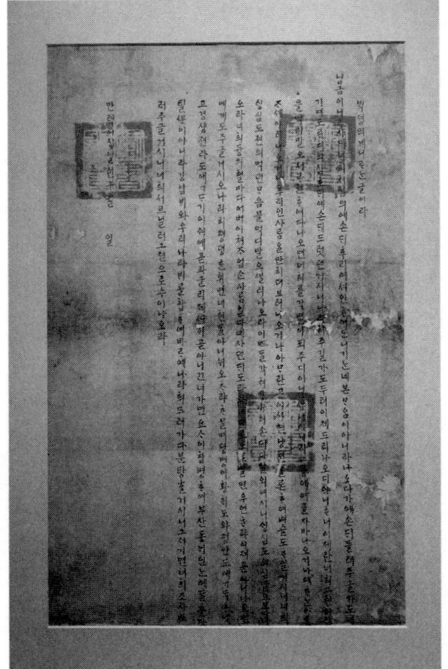

일본군에게 가담한 백성들을 타이르기 위해 선조가 훈민정음으로 작성한 교서(김해한글박물관)

이처럼 크게 분노한 평양 백성들 때문에 왕을 모시는 궁인들은 물론, 신하들까지 크게 다치는 일이 발생하기도 했습니다. "거리마다 칼과 창이 늘어서 있고 고함 소리로 땅이 진동하였는데, 모두 왕이 탄 가마가 성을 나가지 못하도록 했다.”는 실록의 기록도 이날의 상황을 생생하게 전하고 있습니다.

가까스로 의주로 피신한 선조는 아예 명나라로 망명할 계획까지 세웁니다. 신하들은 한 나라의 국왕이 다른 나라로 몸을 피한다는 것은 있을 수 없는 일이라며 크게 반대했습니다. 하지만 선조도 쉽게 뜻을 굽히지 않았지요. 조정을 반으로 나누어 세자 광해군에게 맡긴 다음, 자신은 천자天子, 하늘의 아들을 일컫는 말로 명나라 황제를 뜻함 의 나라로 가서 훗날을 기약하겠다는 게 선조의 계획이었습니다.

많은 이들의 반발로 명나라 망명 계획은 무산되었지만, 광해군은 둘로 나뉜 조정 '분조分朝'를 이끌게 되었습니다. 분조는 남쪽으로 내려가 임금과 신하들이 무사하다는 사실을 알리고 백성들의 사기를 올려 일본군에 맞설 병사를 모은다는 중대한 임무를 띠었지요.

🌀 높아지는 아들의 위상과 추락하는 아버지의 권위

그렇게 하루아침에 세자가 된 광해군은 다시 얼떨결에 선조를 대신하여 왕의 역할까지 도맡게 되었습니다. 선조와 이별하며 광해군은 소리 없이 눈물을 흘렸고, 그를 따라 내려가게 된 신하들도 덩달아 눈물을 보였습니다. 한 치 앞도 내다볼 수 없는 상황에서 시작된 분조 활동은 그야말로 고생의 연속이었습니다. 험한 산길을 누비며 노숙도 마다하지 않아야 했지요. 광해군을 따라 나선 신하 중의 한 명이었던 정탁은 '산길이 매우 험하여 열 걸음을 걸으면 아홉 번을 넘어져 일행 모두가 매우 고생하였다.'라는 기록을 남기기도 했습니다.

평생을 왕족으로 살아오며 안락한 생활을 누리던 광해군에게 이러한 궂은 환경은 결코 쉽지 않았을 것입니다. 그런 광해군의 마음을 다잡아 준 건 선조의 편지였습니다. 편지에는 "내가 살아서는 망한 나라의 왕이 되었고, 죽어서는 다른 나라 땅의 귀신이 되겠구나. 아버지와 아들이 서로 헤어져 있으니, 다시 볼 날이 없을 듯하다. 바라건대, 세자는 옛 강토를 다시 회복하여 위로는 조상들의 영혼을 위로하라. 눈물이 앞을 가려 어떻게 말을 더 해야 할지 모르겠노라."라는 가슴 절절한 문장들이 적혀 있었습니다.

자신을 향한 아버지의 믿음을 확인하고 힘을 얻은 광해군은 사방이 적으로 둘러싸인 전장을 누비며 자신들을 따르는 신하들에게 탁월한 리더십을 보여 주었습니다. 그렇게 광해군이 조선 팔도를 돌며 왕과 조정이 무사하다는 사실을 알리자, 피난을 떠났던 관리들과 병사들도 그의 주위로 속속 모여들기 시작했습니다.

평양을 지키지 못한 이후부터 온 나라 백성들이 대가大駕, 임금이 탄 가마**가 있는 곳을 알지 못하여 크게 슬퍼하고 있다가, 세자께서 오셨다는 소식을 듣고 인심이 기뻐하며 마치 다시 살아난 것 같았습니다.**

세자께서 오셨다는 소식을 듣고 감격하지 않은 이가 없으며 심지어

눈물을 흘리는 자들도 있습니다. 경기도의 의병들이 곳곳에서 일어나 서로 앞다투어 적과 싸우기 시작하여 적의 사기가 조금씩 꺾이고 있습니다.

- 정탁, 《피난행록》

시간이 갈수록 세자의 위상은 하늘을 찌를 듯 높아졌습니다. 그러나 이러한 아들의 활약이 선조에게는 그리 달갑지만은 않았습니다. 반대로 선조의 권위는 바닥으로 추락했기 때문입니다. 유생들은 의주에 머물고 있었던 선조에게 "광해군에게 왕위를 물려주라."라는 당돌한 내용의 상소를 올렸습니다. 심지어 충청도에서 반란을 꾀하다 붙잡힌 송유진이라는 인물은 "임금이 제 잘못을 뉘우치고 반성하게 한 뒤, 세자에게 왕위를 물려주도록 하려고 했다."라는 진술을 하기도 했지요.

조선을 도와주기 위해 온 명나라 장수들 가운데 한 명이었던 송응창마저도 "선조는 전쟁이라는 위기를 맞이해서도 걱정하고 반성하는 기미를 찾아볼 수 없는데, 광해군은 영웅의 풍채를 갖추었고 재능도 뛰어나다는 소문이 있다."라는 말을 서슴지 않았습니다. 이러한 주변의 시선 때문에 선조와 광해군 사이에는 점점 어두운 그림자가 드리워지기 시작했습니다.

차디찬 바닥 위의 세자

더는 물러설 곳이 없었던 선조가 꺼내든 마지막 카드는 '선위

禪位'였습니다. 일부 사람들의 바람대로 왕위를 광해군에게 넘기겠다는 것이었지요. 신하들은 마음속 생각이 어떻든, 선조의 뜻에 두 손 들어 반대할 수밖에 없었습니다. 선조의 말이 진심인지, 아니면 신하들의 충성을 시험하려는 것인지 도무지 알 수 없었기 때문입니다.

이는 광해군도 마찬가지였습니다. 험난한 분조 활동을 마치고 몸이 쇠약해진 광해군은 선조의 선위 선언에 찬 바닥에 무릎을 꿇어야 했습니다. 열흘이고 한 달이고 식사를 거르면서까지 매일 땅에 엎드려 명을 거두어 달라고 빌었지요.

이처럼 불안했던 아버지와 아들의 관계는 7년의 전쟁이 마무리 된 뒤에도 끝날 줄을 몰랐습니다. 광해군은 자신을 차갑게 지켜보는 선조 앞에서 늘 살얼음판을 걷는 듯했습니다. 분조 활동을 성공적으로 마무리했지만, 돌아오는 건 아버지의 칭찬이 아닌 의심뿐이었습니다.

나아가 선조는 전장을 누빈 광해군보다, 자신을 곁에서 보좌해 온 다른 왕자들을 더 높이 평가했습니다. 그런 아버지의 냉정한 태도 앞에서 광해군은 억울하고 분한 마음이 들었겠지만, 차마 아무 말도 하지 못했습니다.

🌀 배다른 동생 영창대군의 탄생으로 맞이한 또 다른 위기

그러던 어느 날, 광해군에게 더 큰 위기가 찾아왔습니다. 위기는 선조의 첫째 부인 의인왕후가 세상을 떠나면서 시작되었습니다. 의인왕후는 광해군이 태어난 지 얼마 안 되어 세상을 떠난 친어머니 공빈 김씨의 빈자리를 따뜻하게 채워 주던 인물이었습니다. 의인왕후의 죽음을 슬퍼할 새도 없이 광해군은 곧 더 안 좋은 소식을 접해야만 했습니다. 선조가 새로운 중전을 맞이한다는 소식이었지요. 만약 광해군의 새어머니가 덜컥 아들을 출산하기라도 한다면, 그야말로 광해군의 간담을 서늘하게 하는 상상이었습니다.

슬픈 예감은 어째서 틀리지 않는 걸까요. 선조의 새 중전이 된 인목왕후는 얼마 지나지 않아 정말 아들을 보게 됩니다. 세자 광해군의 발목을 잡고도 충분히 남을 적장자 영창대군의 탄생이었습니다. 실제로 선조와 광해군의 사이가 좋지 않다는 걸 눈치채고 있었던 일부 신하들은 영창대군을 앞세워 세자 광해군의 지위를 흔들었습니다.

날이 갈수록 선조는 광해군을 더욱더 홀대했고, 그런 아버지를 바라보는 광해군의 심정은 타들어 가는 듯했습니다. 광해군이 선조를 문안할 때면 선조는 "명나라에게 세자로 책봉을 받지도 못했는데, 왜 나에게 문안 인사를 하느냐."라며 핀잔을 주었지요.

실제로 명나라는 1594년부터 1604년까지 광해군을 세자로 책봉해 달라는 조선의 간청을 번번이 거절했습니다. 전쟁 당시 광해군을 치켜세우며 높이 평가했던 명나라의 태도가 왜 갑자기 이렇게 변했을까요? 그 이유는 당시 명나라 내부의 복잡한 상황에 있었습니다. 명나라 황제 만력제는 적장자보다 총애하던 둘째 아들을 황태자로 책봉하고자 했지만, 신하들은 훗날 큰 혼란이 발생할 수 있다며 강하게 반대했습니다. 이런 상황에서 후궁의 둘째 아들인 광해군을 조선의 후계자로 책봉한다면, 명나라 신하들은 만력제의 의견을 반대할 명분을 잃게 되는 것이었습니다.

시간이 갈수록 광해군은 점점 더 궁지로 몰렸습니다. 스트레스가 얼마나 극심했던지, "세자가 바닥에 엎드려 피를 토했다."라는 기록마저 전해지고 있지요. 그런데 하늘이 광해군을 도왔습니다. 선조가 예상보다 빨리 세상을 떠나게 된 것입니다. 무사히 왕좌를 물려받은 광해군은 지나간 슬픈 과거는 뒤로하고 새로운 세상을 여는 데 온 힘을 쏟고자 했습니다.

전쟁의 폐허 속에서 백성을 위한 정치를 펴다

힘들게 얻은 왕좌인 만큼 광해군은 이 귀한 시간을 허투루 보내고 싶지 않았습니다. 곧 전쟁의 여파로 신음하고 있는 백성들을 위한 여러 정책을 펼치기 시작했지요. 당시 백성들을 가장 힘들게 하는 건 '공납'이었습니다. 공납은 각 지역에서 나는 특산물을 정해진 수량만큼 조정에 납부하는 세금이었습니다. 그런데 전쟁으로 쑥대밭이 된 땅에서 특산물이 잘 자란다는 건 있기 어려운 일이었지요.

이러한 문제를 해결하고자 광해군은 '선혜법宣惠法'을 실시했습니다. '은혜를 베푸는 법'이라는 뜻인 선혜법은 특산물 대신 일

광해군 대에 완성된
《동의보감》(국립중앙박물관)

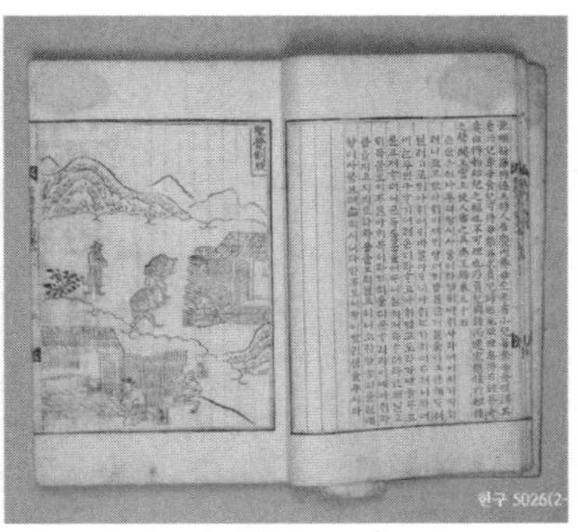

광해군 대에 다시 편찬된
《삼강행실도》(국립한글박물관)

정량의 쌀을 거두는 새로운 제도였습니다. 일부 신하들의 반대로 경기도에서 시행되는 데 그쳤지만, 이 법으로 어려운 생계에 지친 많은 백성들이 한숨 돌릴 수 있게 되었습니다. 효과가 확실히 증명된 선혜법은 훗날 숙종 대에 이르러 대동법이라는 새로운 이름으로 전국에 확대 시행되기에 이릅니다.

이뿐만이 아니었습니다. 의원 허준이 선조 때부터 정리하기 시작한 《동의보감》이 마침내 완성되었습니다. 《동의보감》의 편찬은 전쟁으로 소실된 의학 서적의 빈자리를 메우기 위한 작업이었습니다. 허준은 조선의 환경에 맞춰 여러 병의 종류와 그에 따른 처방을 체계적으로 다시 정리했습니다. 나아가 의학서의 어려운 한자 표현을 일반 백성들도 이해할 수 있도록 우리말로 풀어 썼지요. 이처럼 허준이 방대한 연구를 무사히 마무리할 수 있었던 데에는 광해군의 전폭적인 지지가 큰 힘이 되었을 것입니다.

이 밖에도 광해군은 한양의 주요 성곽을 다시 쌓고 군사 훈련을 강화하며 국방에도 힘쓰는 한편,《삼강행실도》를 다시 펴내어 전쟁으로 무너진 사회질서를 바로잡고자 했습니다. 다방면에 걸친 광해군의 노력 덕분에 전쟁의 상처로 신음하던 조선 사회는 서서히 제자리를 찾아가는 듯 보였습니다.

🌀 불효자라는 지울 수 없는 두 번의 낙인

하지만 모든 일이 순탄하지는 못했습니다. 세자 시절 광해군의 발목을 잡았던 영창대군의 존재가 기어코 골치 아픈 문제로 다시 떠오른 것입니다. 1613년 광해 5년, 부산에서 7명의 서얼들이 역모를 꾀하는 사건이 발생했습니다. 수사 과정에서 박응서라는 인물이 "역모의 우두머리는 영창대군의 외조부인 김제남이고 그가 영창대군을 왕위에 올릴 계획이었다."라고 진술하면서 사건은 걷잡을 수 없이 커졌지요.

결국 광해군은 김제남에게 사약을 내리고, 여덟 살 난 영창대군을 강화도로 유배를 보냈습니다. 얼마 지나지 않아 영창대군은 유배지에서 비극적으로 세상을 떠났습니다. 왕위에 오르자마자 친형 임해군을 반란죄로 처형할 수밖에 없었던 광해군은 그렇게 또 한 번 자신의 혈육을 죽음으로 내몰게 되었습니다.

그 소식을 들은 광해군의 의붓어머니이자 영창대군의 친어머니인 인목대비는 덕수궁에 갇힌 채 피눈물을 흘려야 했지요. 이 사건으로 광해군에게는 '어린 동생을 죽이고 새어머니를 가둔

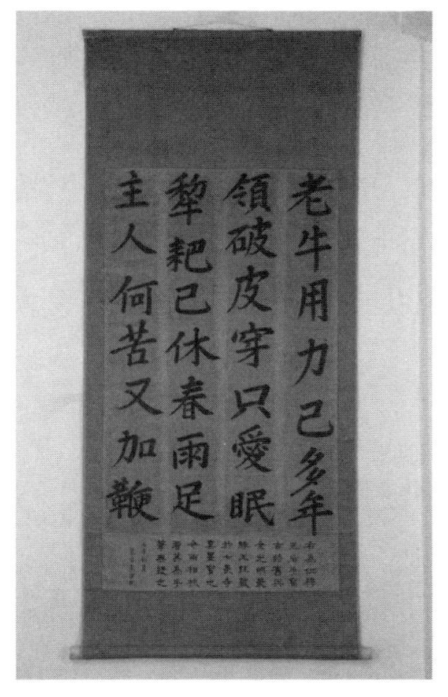

인목대비가 덕수궁에 갇힌
자신의 슬픈 처지를 한탄하며
쓴 시(국가유산청)

불효자'라는 낙인이 찍히고 말았습니다.

그런데 고난은 여기에서 그치지 않았습니다. 북쪽 정세에 심상치 않은 움직임이 일어나고 있었던 것입니다. 문제는 임진왜란의 혼란을 틈타 힘을 키운 여진족이 1616년 '후금'이라는 새 나라를 세우면서부터 시작되었습니다. 점점 더 힘을 키운 후금은 중국의 주인이 되고자 명나라와 전쟁을 벌였고, 명나라는 조선에게 임진왜란 때 도와준 사실을 들먹이며 원군을 요청해 왔습니다.

신하들은 명나라의 은혜를 갚아야 한다며 강력하게 파병을 주장했지만 광해군은 쉽사리 결정할 수 없었습니다. 섣불리 군사를 보냈다가는 조선까지도 전쟁에 휘말릴 수 있었기 때문이었습니다. 세자 시절 맨몸으로 전장을 누벼 본 광해군은 누구보다 전쟁의 참상을 잘 알고 있었습니다. 광해군은 "힘없는 논리만으로는 칼날을 막을 수 없다."라며 신하들에 맞섰지만, 결국 거센 여론을 이기지는 못했습니다. 이 일로 광해군에게는 부모의 나라인 명나라의 은혜를 저버린 왕이라는 또 다른 낙인이 찍히게 되었지요.

🐚 15년 만에 왕좌에서 쫓겨난 혼군

1623년, 결국 광해군은 15년 만에 왕좌에서 내려올 수밖에 없었습니다. 광해군을 끌어내리고 즉위한 조카 인조는 광해군의 죄목을 '폐모살제廢母殺弟, 어머니를 가두고 형제를 죽였다'라고 공포했지요. 그리고는 새 조정의 외교 방침을 '친명배금親明排金, 명과 친밀하게 지내고 후금을 배척한다'으로 정했습니다.

그뒤로 광해군은 세상을 어지럽힌 왕이라는 뜻의 '혼군昏君'으로 불렸습니다. 애석하게도 광해군의 본래 이름은 '이혼

국보로 지정된 《광해군일기》(국립중앙박물관). 광해군이 왕위에서 쫓겨나면서 그가 조선을 다스린 기간의 역사는 실록이 아닌 '일기'로 기록되었다.

李琿’이었습니다. 여기에서 ‘혼琿’은 옥을 뜻하는 글자였지요. 그러나 세상은 왕위에서 쫓겨난 그를 ‘옥’이 아닌, 어두움과 어리석음을 뜻하는 ‘혼昏’으로 기억하게 된 것입니다.

광해군은 1641년 인조 19년 67살의 나이로 유배지 제주도에서 홀로 쓸쓸히 세상을 떠났습니다. 왕좌에서 쫓겨난 지 18년 만의 일이었습니다.

바람 잘 날 없던 생을 살아온 그가 마지막 눈 감는 날 어떠한 생각을 하게 되었는지는 알려져 있지 않습니다. 다만 강화도에서 제주도로 유배지를 옮기던 중 남겼다는 구슬픈 시구만이 그의 심정을 짐작하게 할 뿐입니다.

더운 바람이 비를 몰고 성 꼭대기를 스쳐 지나가고,
바다에서 불어오는 기운이 백 척 높이의 누각을 흔들며 끓어오르는 듯하네.
푸른 바다의 성난 파도가 몰아치며 어둠을 불러오고,
푸른 산의 근심 어린 빛이 맑은 가을을 흘려보내네.
돌아가고픈 마음은 매번 풀잎에 맺히지만,
나그네의 꿈은 자주 물가에서 깨어나네.
고국의 흥망은 소식조차 끊긴 채 알 길이 없고,
안개가 피어오르는 강가에서 외로운 배에 누워 있네.

– 홍만종, 《소화시평》

MBTI로 살펴본 조선시대 인물
광해군 : ISFP

지금까지 광해군 묘의 이야기를 시작으로 짧게나마 광해군의 삶을 돌아보았습니다. 아버지 선조와의 갈등 속에서 숨죽이며 자신의 안위를 지켜온 광해군 I, 조선의 현실을 생각하며 실리적인 외교 방침을 세우고자 한 광해군 S, 전쟁의 상처를 어루만져 주고자 백성을 위한 여러 정책을 힘써 시행한 광해군 F, 그러나 자신의 비극적인 최후만은 미처 예견하지 못한 광해군 P.

이러한 사실들로 미루어 보아 광해군의 MBTI는 잇프피 ISFP 가 아닐까 합니다.

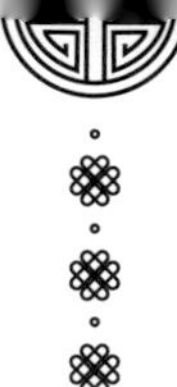

소현세자

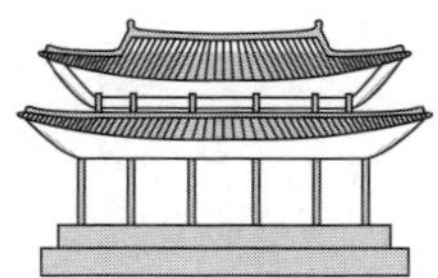

　서울시 송파구 잠실동, 석촌 호수를 중심으로 넓게 난 산책길을 유유히 걷다 보면 특별한 비석을 만날 수 있습니다. '대청황제공덕비 大淸皇帝功德碑'라는 이름의 비석이지요. '위대한 청나라 황제의 공덕을 기리는 비석'이라는 뜻입니다. 높이는 키 170㎝인 성인 약 두세 명이 줄지어 서야 닿을 만큼 꽤 큽니다. 가까이 다가가 보니 비석에는 한자뿐 아니라 만주어와 몽골어도 적혀 있네요. 이는 청나라 황제가 만주족 출신이기 때문입니다.

삼전도비(국가유산청)

　비석의 받침돌은 귀여운 거북이 형상으로 만들어졌습니다. 오래 사는 거북이처럼 비석도 영원히 전해지기를 바라는 마음을 담은 것입니다. 하지만 귀여운 외형과 달리, 비석에 새겨진 내용은 무겁고 심각합니다. 요약하면, "조선이 청나라와 맺은 강화조약을 깨는 바람에 청나라 황제가 군대를 이끌고 들어와 조선을 정벌하고자 했지만, 조선 백성들을 불쌍히 여겨 황제가 조선 임금의 항복을 받아 주었다."라는 내용입니다.

　조선시대 한강으로 통하는 나루터였던 삼전도에 세워져 '삼전도비'라고도 불리게 된 이 비석은, 병자호란이 끝난 뒤 약 2년 후에 세워졌습니다. 병자호란에서 패배한 임금 인조와 신하들이 청나라 황제 홍타이지의 강요에 못 이겨 눈물을 삼키고 직접 비석의 내용을 작성해야 했지요. 그렇게 세워진 삼전도비는 조선 사람들에게 1637년 인조 15년 1월 30일 삼전도에서 있었던 굴욕적인 기억을 끊임없이 되새기게 했습니다.

🌊 인조의 씻을 수 없는 상처, 삼전도의 기억

대체 무슨 일이 있었던 걸까요? 1637년, 300여 년 전의 그날로 시간을 되돌려 보겠습니다.

푸른빛의 옷을 입은 임금이 흰말을 타고 성을 나갔는데, 그 뒤를 왕세자와 50여 명의 신하들이 따랐다. 뒤처진 자들은 성안에서 가슴을 치고 뛰며 통곡하였다. 멀리 청 황제가 앉아 있고 그 좌우에는 갑옷을 입고 활과 칼을 찬 군사들이 서 있었다. 임금이 군사들 앞에 이르자, 황제는 "지난날의 일을 말하려면 길다. 이제 항복하러 왔으니 참 다행스럽고 기쁘다."라고 말했다. 임금은 "천은이 망극합니다."라고 대답한 뒤, 세 번 절하고 아홉 번 머리를 조아리는 예를 행하였다. 임금이 밭 가운데 앉아 황제의 명을 기다렸는데 해 질 무렵이 된 뒤에서야 도성으로 돌아가라는 명령이 떨어졌다. 왕세자와 빈궁, 대군과 부인은 모두 청나라로 데리고 가기 위해 모두 그 자리에 머무르게 하였다.

- 《인조실록》

친명배금을 명분으로 내세워 광해군을 왕좌에서 쫓아내고 왕

경복궁 뒤편에 자리 잡고 있는 창의문(국가유산청). 인조와 그를 따르는 신하들은 이 문을 부수고 궁궐로 침입해 반정에 성공하였다.

위에 오른 인조에게 이날은 유독 길게 느껴졌을 것입니다. '친명배금'이란 '명나라와는 친하게 지내고 금나라는 배척해야 한다'라는 뜻입니다. 조선은 나라를 세운 뒤로 명나라를 스승 혹은 아버지의 나라로 섬겨왔습니다. 이후 왜란이 일어나자 명나라가 조선에 대규모 군대를 보내 도와주면서 이 관계는 더욱 친밀해졌지요.

그러나 명나라의 동쪽이자 조선의 북쪽에 살고 있던 여진족이 왜란이 일어난 틈을 타 크게 성장하면서 조선과 명나라의 관계는 흔들리기 시작합니다. 강성해진 여진족이 먼 옛날 고려 왕조의 골칫거리였던 금나라의 후예라는 의미로 나라 이름을 '후금'으로 바꾼 뒤 곧 중국 대륙을 장악하기 위해 명과의 전쟁을 시작했기 때문입니다. 후금의 침략을 받은 명나라는 조선에게 도움을 요청합니다. 왜란 때 명나라에게 진 빚을 갚으라는 것이었습니다.

　당시 국왕이었던 광해군은 줄곧 소극적인 태도를 보이며 크게 망설였습니다. 조선이 또다시 전쟁에 휘말리면 백성에게 큰 피해가 갈 것이라고 판단했기 때문입니다. 이런 광해군의 태도를 강하게 비판하며 그의 왕위를 빼앗은 인물이 바로 인조였습니다.

　하지만 세상은 인조의 편이 아니었습니다. 광해군을 몰아내고 위풍당당하게 왕좌에 앉았지만, 인조의 앞날은 결코 편안하지 못했습니다. 심지어 명나라조차 인조를 '광해군의 왕위를 빼앗은 인물'이라고 평가했지요. 한편 후금도 명나라와의 의리를 들먹이며 자신들을 오랑캐라고 멸시하는 조선을 골칫거리고 여기고 있었습니다.

남양부사 윤계가 남한산성에 있는 인조를 구하러 가다가 청군에 잡혀 죽임을 당한 일을 그린 그림(육군박물관)

결국 1627년과 1636년, 두 차례에 걸쳐 후금이 조선을 침략해 왔습니다. 1636년에는 나라 이름을 후금에서 청으로 바꾸고, 스스로를 중국의 황제라 칭한 청 황제 홍타이지가 직접 군사를 이끌고 들어왔지요. 조선에서는 정묘년과 병자년에 일어난 이 두 전쟁을 오랑캐ㅎ가 일으킨 난란이라는 뜻에서 각각 정묘호란, 병자호란이라 불렀습니다.

1636년 겨울, 홍타이지가 조선에 침입했다는 소식을 들은 인조는 정묘호란 때처럼 강화도로 피신하려 했지만, 청나라 군대가 강화도로 가는 길목을 차단하는 바람에 결국 남한산성으로 들어가게 되었습니다. 남한산성에 고립된 인조를 구하기 위해 근왕병들이 속속 모여들었지만, 막강한 청나라 군대 앞에서 별다른 힘을 쓰지 못한 채 연이어 패하고 말았지요.

남한산성에 모인 신하들은 청나라와 강화를 맺고 훗날을 도모하자는 주화파와, 오랑캐인 청나라와 끝까지 싸워야 한다는 척화파로 나뉘어 치열한 논쟁을 벌였습니다. 그렇게 애꿎은 시간

산등성이를 따라 높게 쌓은 성벽 덕분에 '천험의 요새'라고 불렸던 남한산성(국가유산청)

병자호란 당시 인조가 들어갔다고 전해지는 남한산성 지화문(국가유산청)

만 흘러가고 40여 일이 지난 1637년 1월, 결국 삼전도에서 조선의 운명이 결정되고 말았습니다. 인조가 청 황제 홍타이지 앞에 무릎을 꿇은 뒤, 조선은 오랑캐라 여겼던 청나라를 황제의 나라로 섬기는 신하의 나라가 되고 말았지요.

항복의 예를 마치고 수도 한양으로 돌아가기 위해 배에 오른 인조를 향해 백성들은 울부짖었습니다. 청나라의 노예로 끌려가게 된 포로들이었지요. "저를 버리고 가지 마십시오."라는 처절한 절규 앞에서, 패배한 임금 인조는 아무것도 할 수 없었습니다.

◉ '세 번' 책봉된 세자

이러한 인조의 수모를 곁에서 고스란히 목격한 인물이 있었습니다. 바로 인조의 큰아들, 소현세자입니다. 마침내 인조가 청 황제에게 무릎을 꿇게 되었을 때, 그 옆에 서 있던 세자는 어떤 생각을 했을까요? 아버지의 굴욕을 차마 지켜볼 수 없어 고개를 돌렸을까요? 마음속 깊은 곳에서 치밀어 오르는 분노와 슬픔을 애써 뒤로 하고, 한 치 앞도 내다볼 수 없게 된 조선의 미래를 고민했을지도 모릅니다.

그런데 그런 걱정을 할 틈도 없이, 세자는 친동생인 봉림대군을 비롯한 여러 신하들과 함께 청나라의 볼모로 끌려가게 되었습니다. 청나라 입장에서는 이번 전쟁으로 조선이 무릎을 꿇었다 해도, 그동안 조선의 태도를 돌이켜 보면 쉽게 믿기 어려웠던 것이지요. 이런 상황에서 인조의 뒤를 이을 소현세자를 볼모로 삼는 것은, 오래도록 청나라를 오랑캐라 무시하고 얕잡아 본 조선을 완전히 굴복시키는 확실한 방법이었습니다.

그렇게 인조는 갑작스레 아들과 생이별을 하게 되었습니다. 소현세자를 배웅하러 나온 인조는 그동안의 자존심을 모두 내려놓은 채 나이 어린 청나라 장수의 손을 덥석 잡았습니다. "궁궐에서만 지내오던 아들이 전쟁 때문에 여러 날 노숙을 하게 되어 몸이 좋지 않으니 길에서 재우지 말고 꼭 방에서 재워 달라."라는 간절한 부탁을 전하기 위해서였습니다. 그러고는 자신을 향해 엎드려 있는 세자를 돌아보며 가까스로 슬픔을 억누른 채, "화를 내지 말고, 경솔하게 행동하지 말라."라며 당부의 말을 했습니다. 하루 아침에 익숙한 고향을 떠나 오랑캐의 나라로 가게 된 소현세자, 이때 그는 자신이 그곳에서 무려 8년이라는 긴 세월을 머물게 될 줄은 전혀 알지 못했습니다.

1612년 광해 4년에 인조의 아들로 태어난 소현세자는 1625년 인조 3년 세자로 책봉되었고, 1634년에는 명나라로부터 조선의 정식 세자로 인정받았습니다. 그러나 병자호란 이후 청나라에 끌려간 그는 1639년, 청나라 황제에게 또다시 세자로 책봉받았습니다. 이처럼 두 명의 황제에게 각각 다른 책봉 교서를 받은 세자는 조선 역사상 처음이자 마지막이었습니다. 소현세자는 그렇게 당시 조선이 처해 있었던 급박하고도 복잡한 외교 현실을 고스란히 보여주는 상징적인 인물이 되었습니다.

🌊 패배한 나라의 세자로 살아가는 일

소현세자가 심양에서 생활할 당시, 세자시강원에서 그의 일상을 기록한
일기(국립고궁박물관)

한겨울 날씨에 발걸음을 재촉하여 도착한 곳은 청나라의 수도
심양이었습니다. 세자 일행은 삼전도에서 인조가 그랬던 것처럼
청나라 황제가 있는 북쪽을 향해 세 번 절하고 아홉 번 머리를 조
아리는 의식을 치렀습니다. 그러고는 자신들을 위해 황제가 지
어 준 집으로 이동했습니다.

그런데 집의 상태가 형편없었습니다. 낮은 지형 위에 지어
진 집은 좁고 습했을 뿐만 아니라 여름에는 무덥고 겨울에는 몹
시 추울 수밖에 없는 구조였지요. 원래부터 건강이 좋지 않았던
세자는 이러한 열악한 환경 속에서 잦은 질병에 시달려야 했습
니다. 심지어 심양에 도착한 지 얼마 지나지 않아 친어머니인 인

열왕후가 세상을 떠났다는 소식마저 들려왔지요. 낯선 타국에서 고된 생활을 이어가며 몸과 마음이 지친 세자는 종종 신하들 앞에서 눈물을 보이기도 했습니다.

소현세자를 더욱 비참하게 만든 것은 패배한 나라의 세자로서 느껴야 했던 깊은 무력감이었습니다. 청나라의 노예가 된 조선의 백성들을 가까운 곳에 두고도 해 줄 수 있는 게 아무것도 없다는 사실이 세자의 마음을 사무치도록 아프게 했습니다.

황제가 조선 포로들의 매매를 허락하자, 청나라 사람들이 포로 수만 명을 성문 밖에 모아 놓았다. 그 속에서 어머니와 아들이 다시 만나고 혹은 형제가 서로를 알아보아 부둥켜안으며 울부짖으니, 그 곡소리가 하늘과 땅을 진동하게 하였다.

-《심양일기》

이러한 세자의 마음을 아는지 모르는지, 황제는 사냥을 나설 때마다 세자 일행을 자주 불러들였습니다. 유목 민족의 전통을 이어받은 청나라 황실은 험난한 길도 마다하지 않고 곳곳을 누비며 사냥을 즐겼습니다. 사냥에서 동물을 잡으면 모닥불을 피우고 둘러앉아 잔치를 벌이곤 했지요. 그러나 말 타는 것에 익숙하지 않았던 세자에게 사냥은 늘 곤혹스러운 일이었습니다. 조선과는 너무도 다른 청나라의 문화를 따라가기 버거웠던 세자는 종종 말에서 떨어지거나 넘어지기까지 했지요.

사냥보다 더 힘들었던 것은 청나라 군대를 따라 전쟁터에 나서야 했던 일이었습니다. 평생을 아버지처럼 섬겨온 명나라의 쇠퇴와 몰락을 두 눈으로 지켜보며, 세자는 타들어가는 마음을 애써 감춰야 했습니다. 심지어 전장을 둘러보던 중, 공중에서 날아온 포탄에 목숨을 잃을 뻔한 일도 있었습니다.

나아가 세자는 청나라의 승리를 기념하는 연회에 초대될 때마다 황제의 비위를 맞춰야만 했습니다. 연회에서는 전쟁 중 잡혀온 각국의 포로들이 흥을 돋우기 위해 공연을 펼치곤 했습니다. 그 가운데는 조선의 악사들도 있었는데, 춤추고 노래하는 그들의 모습을 알아본 세자는 차마 눈을 마주칠 수조차 없었습니다. 악사들 역시 눈물을 훔치며 불편한 공연을 이어갔지요. 이러한 세자의 고통스러운 볼모 생활은 1644년 인조 22년, 마침내 명나라가 멸망하고 청나라가 중국 대륙의 주인이 될 때까지 계속되었습니다.

🌈 심양에서 싹튼 희망의 씨앗

비가 온 뒤에는 땅이 단단하게 굳는 법, 절대로 적응할 수 없을 것만 같았지만 어느 순간 세자는 심양 생활에 서서히 정을 붙이게 되었습니다. 자신이 머물던 심양 집을 고치기 위해 직접 발 벗고 나서기도 했지요. 세자는 여름에는 덥고 겨울에는 추운 집의 구조를 개선하고자 이런저런 공사를 벌였습니다. 통풍이 잘 되도록 작은 문과 창을 내거나 생활에 조금이라도 편리하도록 담을 새로 쌓기도 했습니다.

세자가 머무는 집에는 어느덧 각양각색의 손님도 들기 시작했습니다. 하지만 신하들은 세자가 화가를 집으로 들여 청나라의 그림을 즐기고, 외국인들과 많이 접촉하는 것을 못마땅하게 여기며 간언했습니다. "지금이 어느 때라고 이처럼 백해무익百害無益, 해롭기만 하고 이로운 점은 하나도 없음 한 일을 하십니까?"라는 것이었지요.

이밖에도 세자는 심양에서 먹을 곡물과 채소를 직접 가꾸기도 했습니다. 이는 식량을 직접 구해서 쓰라는 청나라 조정의 방침 때문이었습니다. 처음 이 소식을 들었을 때 앞이 깜깜하기만 했던 세자는 곧 마음을 고쳐먹고 부인인 세자빈 강씨와 함께 어려움을 적극적으로 헤쳐 나가기 시작했습니다. 세자는 청나라 사람의 권유를 받아들여 조선 포로들을 농사꾼으로 고용했습니다. 조선으로 귀국할 때는 이들을 데려가도 좋다는 조건과 함께였습니다.

또한 조선에서 청나라에 군량을 바치기 위해 보낸 소를 농사에 활용하기도 했습니다. 그렇게 3년이 지나자 농사는 차츰 성과를 보였습니다. 농지를 가꾸는 조선 포로들을 모두 먹이고 심양 생활에 필요한 식량을 쓰고도 남을 만큼 풍성한 수확물을 거두게 된 것입니다.

🌈 북경에서 만난 진귀한 인연

이처럼 가까스로 심양에 적응하게 되었지만 세자는 곧 먼 곳

아담 샬의 초상화(위키백과)

으로 이사해야 했습니다. 1644년 4월 명나라가 멸망하자, 청나라가 수도를 심양에서 명나라의 수도였던 북경으로 옮겼기 때문이었습니다.

이곳에서 세자는 평생 잊지 못할 귀한 인연을 만나게 됩니다. 그는 바로 북경에서 활동하던 독일 출신 신부 아담 샬이었습니다. 아담 샬은 1622년에 처음 중국으로 들어와 활발한 선교 활동을 펼치고 있었습니다. 천문학에 뛰어났던 그는 청나라의 달력을 만드는 데 크게 기여하기도 했지요. 홍타이지의 뒤를 이어 청나라의 두 번째 황제로 즉위한 순치제는 그런 아담 샬의 공을 높이 평가하며 그의 바람대로 북경 안에 천주당을 지어 주었습니다.

소현세자가 아담 샬을 언제 어떻게 만나게 된 건지, 그 자세한 경위는 알 길이 없습니다. 다만 둘의 특별한 인연을 증언하는 여러 기록을 통해 당시의 상황을 짐작해 볼 수 있을 뿐이지요. 중국인 신부 황비묵은 자신의 저서에 다음과 같은 기록을 남겨 놓았습니다.

1644년에 조선의 세자가 북경에 볼모로 잡혀 와 있으면서 아담 샬이 훌륭하다는 말을 듣고 때때로 천주당에 찾아와 천문학을 배웠다. 아담 샬도 세자가 거처하는 곳을 자주 방문해서 오랫동안 이야기를 나누었는데, 두 사람의 뜻이 잘 맞았다.

– 황비묵, 《정교봉포》

둘의 사이가 얼마나 각별했던지, 아담 샬과 헤어지던 날 세자는 눈물을 흘릴 정도였다고 합니다. 아담 샬이 선물을 건네자 세자는 이에 대한 답례로 정성스럽게 쓴 한문 편지를 남겼고, 그 편지는 오늘날까지 전해지고 있습니다.

제게 선물로 보내주신 천주 동상, 역법서와 서학서 등을 받고 얼마나 감격했는지 상상도 못 하실 겁니다. 신부님께 큰 빚을 졌습니다. 몇몇 서책을 살펴보니 저희가 이제까지 몰랐던 내용들을 다루더군요. 저희 나라가 아직까지 알지 못하던 것들이 많았습니다. 조선에도 역법서가 있긴 하지만 오류투성이라 몇백 년 전부터 자주 틀리곤 했습니다. 그러니 이 소중한 선물을 받고 어찌 기뻐하지 않을 수 있겠습니까? 제가 조선에 돌아가면 여러 선비들에게 이를 널리 알리겠습니다. 우리는 먼 바다를 사이에 두고 태어났지만, 이 외국 땅에서 우연히 만나 마치 형제처럼 되었습니다.

– 아담 샬, 《중국포교사》

그러나 아담 샬이 전해 준 지식을 조선에 널리 알리고 싶어 했던 세자의 꿈은 끝내 이루어지지 못했습니다. 꿈에 그리던 고향에 돌아간 지 얼마 지나지 않아, 안타깝게도 세상과 이별하고 말았기 때문입니다.

🌊 아버지와의 갈등 속에서 맞이한 갑작스러운 죽음

1644년 2월, 청 황제의 허락으로 세자는 자그마치 8년 만에 그리고 그리던 고향으로 돌아갈 수 있게 되었습니다. 그렇게 부푼 마음을 안고 한양에 들어섰지만, 이상하게도 인조는 마중조차 나오지 않을 만큼 냉담한 태도를 보였습니다. 8년 전 세자가 볼모로 끌려갈 때 아들을 걱정했던 자상하고 따뜻한 아버지의 모습은 온데간데없었지요.

사실 인조는 세자가 심양에서 보여 준 행동들에 대해 큰 불만을 갖고 있었습니다. "모든 것을 청나라 사람이 하는 대로 따라하고, 사냥터와 전쟁터를 돌아다니며 학문에 힘쓰지 않았다."라는 것이었습니다. 세자는 억울했습니다. 오로지 살아남기 위해 먼 타지에서 갖은 고생을 했는데, 아버지는 자신의 속은 모르고 되려 꾸짖기만 하는 것이지요.

그런데 인조가 세자를 미워하게 된 데에는 그보다 더 복잡한 이유가 있었습니다. 인조는 세자가 조선에 귀국한다는 소식을 들었을 때부터 청나라의 의도를 의심했습니다. 둘째 아들인 봉림대군의 귀국은 허락하지 않고, 세자만 먼저 보내는 이유가 혹 자신을 왕위에서 끌어내린 후 세자를 왕좌에 앉히려는 계략이 아닐까 하는 생각이었지요.

인조가 이렇게 예민해진 데에는 그만한 이유가 있었습니다. 실제로 청나라는 인조가 마음에 들지 않는 행동을 할 때마다 세자를 들먹이며 위협했기 때문입니다. 조선을 방문한 청나라 사신은 "그때 삼전도에서 왕을 바꾸었어야 했다."는 막말까지 서슴지 않을 정도였지요.

아버지의 냉대 속에 세자는 몸도 마음도 더욱 병들어 갔습니다. 그러다 귀국한 지 1년이 조금 넘은 시점에 갑작스레 세상을 떠나게 되었지요. 당시 세자의 죽음에 대해 실록은 이렇게 기록하고 있습니다.

세자가 타국에서 온갖 고생을 겪고 본국에 돌아온 지 겨우 수개월만에 병이 들었는데, 의관들이 함부로 침을 놓고 약을 쓰다가 끝내 죽었다. 온 나라 사람들이 세자의 죽음을 슬프게 여겼다.

-《인조실록》

의관들이 진료를 함부로 보았다니, 도대체 어떤 일이 있었던 걸까요? 실록에는 '죽은 세자의 몸이 온통 검었고, 이목구비에서는 피가 흘러나왔다.'라는 다소 의문스러운 기록마저 전해지고 있습니다.

세자가 죽자 인조는 서둘러 장례를 치르고 다음 후계자로 봉림대군을 지목했습니다. 세자에게는 무려 세 명의 아들이 있었

경기도 고양시에 있는 소현세자의
묘소 소경원(국가유산청)

아직까지 복원되지 못한 소경원의
정자각터(국가유산청)

는데도 말입니다. 한편 세자빈 강씨에게는 역모를 꾸몄다는 혐의를 씌워 사약을 내렸습니다. 소현세자의 아들들을 앞세워 자신의 왕위를 넘보았다는 게 그 이유였습니다.

허무하게도 소현세자는 그렇게 조선 왕실에서 서서히 잊혀갔습니다. 그의 아들들이 유배지에서 억울한 누명을 벗고 명예를 되찾는 데에도 오랜 시간이 걸렸습니다. 훗날 봉림대군이 조선의 17대 왕 효종으로 즉위하고, 또 그 아들인 현종이 왕위에 오른 뒤의 일이었지요. 두 차례의 호란이 불러온 소현세자의 비극적인 삶과 죽음은 조선 역사에 지울 수 없는 상처로 남게 되었습니다.

MBTI로 살펴본 조선시대 인물
소현세자 : ISFP

지금까지 삼전도비의 이야기를 시작으로 짧게나마 소현세자의 삶을 돌아보았습니다. 청나라에 볼모로 끌려간 이후 황제의 눈치를 보며 조용히 처신해야만 했던 소현세자I, 갖은 고생을 하면서도 심양 생활에 어떻게든 적응해 가려 노력했던 소현세자S, 함께 심양으로 끌려간 조선의 백성들을 걱정하며 시름한 소현세자F, 청나라와 아버지 인조 사이에서 어떠한 뾰족한 대책도 세우지 못한 채 고심하다가 귀국 후 갑작스러운 죽음을 맞이하게 된 소현세자P.

이러한 사실들로 미루어 보아 소현세자의 MBTI는 잇프피ISFP 가 아닐까 합니다.

숙종

경기도 고양시 용두동은 독특한 어원을 가진 동네입니다. '용두'는 용의 머리라는 뜻인데요. 이곳의 지형이 용의 머리를 닮았다 하여 붙여진 이름입니다. 용은 조선의 왕실을 상징하는 상상 속의 동물이었습니다. 그 이름에 걸맞게 용두동에는 조선 왕실 가족들이 영원히 잠들어 있는 특별한 장소, 서오릉이 있습니다. 서오릉은 조선의 수도인 한양의 서쪽에 5개의 릉이 있다고 하여 붙여진 이름이지요. 울창한 숲길을 따라 다섯 개의 릉이 만들어내는 고즈넉한 풍경을 천천히 감상하다 보면, 마치 과거와 현재의 경계에 와 있는 듯한 착각에 빠져들게 됩니다.

서오릉에는 총 14명의 왕과 세자, 왕비와 후궁이 잠들어 있습

서오릉 명릉 정자각(국립문화재연구소)

명릉에 나란히 묻혀 있는 숙종과 연현왕후
(국립문화재연구소)

니다. 그중에서도 서오릉의 가장 넓은 면적을 차지하고 있는 이들은 조선의 19대 왕 숙종과 그의 여인들입니다. 숙종 본인과 함께 그의 세 왕비, 그리고 한 후궁이 안장되어 있지요.

그중에서 숙종과 같은 묏자리에 묻히게 된 부인들은 두 번째 왕비 인현왕후 민씨와 세 번째 왕비 인원왕후 김씨입니다. 반면 숙종보다 먼저 세상을 떠난 첫 번째 왕비 인경왕후 김씨와 숙종에게 사약을 받고 비극적인 죽음을 맞이해야 했던 희빈 장씨는 각기 다른 묏자리에 묻혔지요.

문득 숙종과 그의 여인들의 이야기가 궁금해집니다. 숙종은 어떤 이유로 세 번이나 다른 왕비를 맞이하게 된 걸까요? 그리고 한때나마 절절하게 사랑했던 희빈 장씨에게는 왜 끝내 사약을 내리는 극단적인 결정을 한 걸까요? 이제부터 숙종과 세 여인이 얽힌 역사 속으로 한 걸음 들어가, 그들의 사연을 차근차근 알아보겠습니다.

숙종의 태를 묻은 장소를 기록한 태지석과 태를 보관한 태항아리(국립고궁박물관)

1661년현종 2년 현종이 왕위에 오른 지 두 해가 되던 무렵, 왕실에 기쁜 경사가 찾아왔습니다. 이제 막 만 스무 살이 된 현종과 한 살 연하인 그의 부인 명성왕후 김씨 사이에서 첫아들이 태어난 것입니다. 후궁을 단 한 명도 두지 않은 현종에게 명성왕후는

숙종을 세자로 책봉하면서 제작한 도장을 보관하는 상자(국립고궁박물관)

숙종이 세자 시절에 사용한 옥인(국립고궁박물관)

그의 유일한 배우자였습니다. 그런 부인이 낳은 귀한 외동아들이었으니, 기쁨은 배가 될 수밖에요.

그렇게 세상에 나온 현종의 외동아들이 바로 숙종입니다. 왕의 적장자로 태어난 그의 앞날은 탄탄대로와도 같았습니다. 1667년 **현종 8년** 만 5살이 된 숙종은 현종의 왕위를 이을 왕세자로 책봉되었고, 그 뒤로 나라를 경영하는 법에 대해 차근차근 배워 나갔습니다. 그리고 8년 뒤에는 창덕궁 인정전에서 조선의 19대 왕위로 즉위하며 자신만의 새로운 시대를 열게 되었지요.

사실, 조선시대를 통틀어 적장자의 신분으로 왕위를 이은 사례는 그리 많지 않습니다. 총 25명의 왕 가운데 문종, 단종, 연산군, 인종, 현종, 숙종까지 단 6명뿐이지요. 이는 왕의 정실부인**첫째 부인**에게서 태어난 첫째 아들이 왕위를 이어받는 일이 얼마나 드물고도 특별한 일이었는지를 보여 줍니다.

이러한 이유로 현종의 적장자로 당당히 왕좌에 오른 숙종은 그 존재만으로 특별한 권위를 상징했습니다. 더군다나 형제가 없는 숙종은 현종의 유일한 외동아들이었기에, 그의 존재는 더욱 고귀하게 여겨질 수밖에 없었습니다. 명성왕후는 그런 귀한 아들이 혹여 잘못될까 노심초사하며 숙종을 애지중지 키워 왔습니다. 숙종은 어릴 때부터 병치레가 잦았기 때문에 명성왕후의 이러한 걱정도 무리는 아니었지요. 모두의 사랑과 기대를 한 몸에 받으며 왕위에 오르게 된 숙종, 그는 과연 어떠한 치세를 펼쳐 나갔을까요?

🌈 아버지 현종의 시대가 드리운 그림자

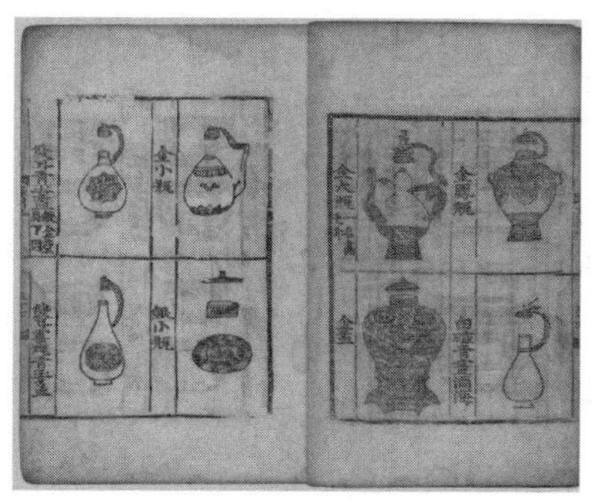

국가 의례의 매뉴얼이었던
《국조오례의》(국립중앙박물관)

숙종은 존재만으로도 신하들을 휘어잡을 수 있는 힘을 지닌 왕이었지만, 그의 시작은 결코 순탄하지 못했습니다. 그 이유는 아버지 현종 때 두 차례나 일어났던 '예송'이라는 사건 때문이었습니다. 예송 禮訟 이란, 쉽게 말하면 '의례를 둘러싸고 벌어진 논쟁'이라는 뜻입니다. 유학을 나라를 운영하는 철학으로 삼은 조선은 무엇보다 '예의'에 기초한 의례를 중시하는 나라였습니다. 그런 조선에서 장례 중 상복을 입는 기간을 두고 격렬한 논쟁이 벌어지게 된 것이지요.

이러한 논쟁이 벌어지게 된 이유는 현종의 아버지인 효종이 인조의 적장자가 아닌 둘째 아들이었다는 점에 있었습니다. 당시 서인과 남인으로 나뉘어져 있었던 신하들은 효종과 효종의 왕비가 세상을 떠났을 때 상복을 입는 기간을 두고 서로 다른 주장을 펼쳤습니다.

서인은 효종이 둘째 아들이라는 점에 주목해, 상복을 짧은 기간 동안 입는 것이 옳다고 주장했습니다. 반면 남인은 비록 효종이 둘째 아들이지만 인조의 뒤를 이어 왕위에 오른 만큼, 그 위엄을 존중해 상복을 오래 입어야 한다고 맞섰지요. 이처럼 겉으로는 상복 예법을 둘러싼 논쟁처럼 보이지만, 그 이면에는 왕권을 바라보는 관점의 차이가 자리하고 있었습니다.

날로 깊어지는 서인과 남인의 갈등에, 현종도 곤혹스러워했습니다. 아버지의 왕권을 드높이려는 남인의 주장에 마음이 더 기울 수밖에 없었지만, 정치를 운영하는 일은 생각처럼 쉬운 일이 아니었지요. 왕은 두 세력 사이의 갈등을 조정하며 권력의 균형을 이루어야 할 책임이 따르는 자리니까요. 그래서 현종은 1659년 현종 즉위년 에 일어난 기해예송 때는 서인의 손을, 1674년 현종 16년의 갑인예송 때는 남인의 손을 들어주었습니다.

예송으로 극심한 스트레스를 겪던 현종은 갑인예송이 일어난 이듬해, 33살의 이른 나이로 그만 세상을 떠나고 말았습니다. 예송의 여파는 현종의 뒤를 이어 14살의 어린 나이로 왕위에 오른 숙종에게 고스란히 전해졌지요.

당시 청나라 황제 강희제가 조선을 두고 "왕이 신하보다 약하다."라는 말을 두 차례나 공공연하게 할 정도로, 숙종이 즉위한 직후의 정치 상황은 몹시 어수선했습니다.

🌈 냉혹한 권력의 세계에 발을 들이다

그러나 숙종에게는 다행히도 믿는 구석이 있었습니다. 바로 '삼복' 형제라 불리던 그의 당숙들이었습니다. 삼복 형제는 조선의 17대 왕 인조의 셋째 아들인 인평대군의 세 아들, 복창군 이정, 복선군 이남, 복평군 이연을 말합니다. 그들은 현종이 세상을 떠나기 직전 두 번째로 벌어진 예송에서 왕권을 지키는 든든한 지원군 역할을 해 주었습니다.

숙종의 친할아버지인 효종은 오래전부터 삼복 형제를 아꼈습니다. 인평대군이 세상을 떠난 후 그들을 궁궐에서 아들처럼 길렀기 때문에 현종도 이들을 마치 친형제처럼 가깝게 여기게 되었지요. 숙종 역시 세자 시절부터 당숙들과 자주 어울렸습니다. 이처럼 효종 때부터 궁궐에 수시로 드나들며 현종, 숙종과 깊은 관계를 맺은 삼복 형제는 자연히 정치에도 깊이 관여할 수 있는 권력을 얻게 되었습니다.

왕위에 오른 뒤에도 숙종의 삼복 형제에 대한 총애는 각별했습니다. 어머니 명성왕후는 아들의 이런 편애를 종종 우려하곤 했지요. 그러던 어느 날, 결국 사건이 터지고야 말았습니다. 명성왕후의 아버지 김우명이 삼복 형제의 비리를 고발한 것입니다. 복창군 이정과 복평군 이연이 궁녀를 사적으로 불러들였다는 이야기였죠. 왕을 모시는 궁녀와 사적인 관계를 맺었다는 것은 자칫 왕권에 대한 도전으로 비춰질 수 있었습니다. 결국 이 일로 이정과 이연은 귀양을 가게 되었지만, 숙종은 얼마 지나지 않아 그들을 용서하며 변함없는 총애를 드러냈습니다.

그로부터 5년이 흐른 후 당숙들에게 굳건한 믿음을 품고 있던 숙종에게 믿을 수 없는 소식이 들려옵니다. 삼복 형제가 허견이라는 인물과 함께 반역을 모의했다는 것이었지요. 허견은 당시 정치를 이끌고 있었던 남인의 우두머리 허적의 서자였습니다.

숙종은 마치 등에 칼을 맞은 것만 같은 깊은 배신감을 느꼈습니다. 고심 끝에 숙종은 당숙들을 멀리 유배 보낸 뒤 사약을 내렸습니다. 이때 그의 심정이 어땠는지는 오늘날 전해지는 기록만으로는 알 길이 없습니다. 그렇게 이제 갓 십 대 후반의 나이를 지난 숙종은 영원한 아군도, 영원한 적도 없는 냉혹한 권력의 세계에 발을 들여놓게 되었습니다.

청년 숙종의 첫사랑, 장옥정

1961년에 편찬된 숙종과 장희빈을 주인공으로 한 역사 소설(국립한글박물관)

1680년은 이제 막 스무 살이 된 숙종에게 참 가혹한 해였습니다. 자신의 손으로 아끼던 당숙들을 죽음으로 내몰아야 했고, 세자 시절에 만난 첫째 부인 인경왕후 김씨를 병으로 먼저 떠나보내야 했기 때문입니다. 그러나 인생이란 늘 어둡지만은 않은 법, 허망한 마음으로 괴로운 나날을 보내던 숙종에게도 좋은 날은 찾아옵니다.

알록달록 옷을 입은 잎들이 하나둘 저물던 어느 가을날, 숙종은 운명처럼 한 궁녀를 만나게 되었습니다. 그의 이름은 장옥정, 실록에서는 그에 대해 '얼굴이 매우 아름다웠다.'라고 전하고 있습니다. 장옥정을 본 숙종은 그에게 첫눈에 반하게 됩니다. 오래 지나지 않아 둘은 연인의 깊은 정을 나누게 되었지요. 그러나 어머니 명성왕후는 장옥정을 탐탁지 않게 생각했습니다. "주상숙종은 감정의 기복이 심한 편인데, 간사하고 악독한 장옥정이라는 여인의 꾐에 넘어간다면 나라에 큰 화가 미칠 것이다."라는 게 명성왕후의 생각이었지요.

명성왕후가 이토록 장옥정을 부정적으로 본 이유는 무엇일까요? 한창 정치를 돌보는 데 힘을 써야 할 숙종에 대한 걱정도 한몫했겠지만, 장옥정의 출신도 못마땅하게 여긴 것으로 보입니다. 명성왕후는 뼈대 있는 서인 명문 가문의 출신이었습니다. 반면 대대로 통역관을 역임한 인물들을 배출해 온 평범한 중인 집안 출신인 장옥정은 상대적으로 남인과 가까웠지요.

명성왕후의 강한 반대에 부딪힌 숙종은 결국 눈물을 머금고 장옥정을 궁 밖으로 내칠 수밖에 없었습니다. 그러고는 어머니가 정해 준 서인 집안 출신의 인현왕후와 부부의 연을 맺게 되었지요. 그러나 장옥정의 천하는 이제부터 시작이었습니다.

🌀 정치에 부는 피바람, 환국의 시작

인조반정 이후 권력의 중심에 선 서인은 '국혼을 다른 세력에게 빼앗기지 말 것勿失國婚, 물실국혼'이라는 슬로건을 내세우며 왕실과의 혼인에 강한 집착을 보였습니다. 그 이유는 세조가 왕좌에 앉을 수 있도록 도우며 공신이 된 한명회가 예종과 성종의 장인이 되어 더 막강한 권력을 누리게 된 사례를 생각해 보면 짐작해 볼 수 있지요. 서인 역시 왕실의 외척이 되어 권력을 안정적으로 유지할 작정이었던 것입니다. 이런 이유에서라도 숙종과 장옥정의 인연은 애초부터 단순한 러브스토리가 될 수 없었습니다.

장옥정은 궁궐을 떠났지만, 숙종은 첫사랑인 그를 잊지 못했습니다. 그런 남편의 모습을 안타깝게 여기던 인현왕후는 시어머니인 명성왕후에게 장옥정을 다시 궁궐에 들이자고 권했습니다. 임금과 연인의 정을 맺은 여인이 궁 밖에 머무는 건 미안한 일이라는 것이었지요. 그러나 명성왕후는 "중전이 그 사람이 어떤지 보지 못했기 때문에 그런 말을 하는 것"이라며 완강하게 반대했습니다.

그런데 얼마 뒤 장옥정은 다시 궁궐로 무사히 돌아올 수 있었습니다. 오래 지나지 않아 명성왕후가 세상을 떠났기 때문이었습니다. 명성왕후의 3년 상이 끝나자, 인현왕후는 숙종에게 장옥정을 다시 궁궐에 들일 것을 권유했습니다. 순수하고 선한 마음으로 내린 결정이 훗날 자신에게 치명적인 독이 되어 돌아올 것이라는 사실을, 당시 인현왕후는 미처 모르고 있었지요.

장옥정이 궁으로 돌아온 후 인현왕후의 처소로 향하는 숙종의 발길은 뚝 끊겼습니다. 하루하루 지날수록 숙종과 장옥정의 서로에 대한 마음은 깊어져 갔고, 이를 지켜볼 수밖에 없었던 인현왕후는 애간장을 태웠습니다. 장옥정에 대한 숙종의 사랑이 이처럼 각별할 줄은 예상하지 못했던 것이죠. 이윽고 얼마 뒤 장옥

숙종이 아들 경종을 가르칠 목적으로 화가를 시켜 그리게 한 백성들의 생활
모습(국립중앙박물관)

정은 숙종의 첫째 아들 이윤을 낳았습니다. 뛸 듯이 기뻤던 숙종
은 이윤이 태어난 지 채 다섯 달이 지나기도 전에 그를 원자元子,
임금의 맏아들 로 책봉했습니다. 훗날 이윤은 숙종의 뒤를 이어 조선
제20대 왕 경종으로 즉위하게 됩니다.

당시 정치를 이끌고 있던 서인 역시 이러한 숙종의 행동에 대
해 반대의 뜻을 내비쳤습니다. "국가의 재앙은 여인을 총애하는
데에서 옵니다."라며 숙종의 장옥정과 그 아들에 대한 편애를 깊
이 경계했지요. 하지만 숙종은 눈 하나 깜짝하지 않았습니다. 오
히려 장옥정을 후궁의 품계 중에 제일 높은 지위였던 '희빈'으로
책봉하면서 원자의 지위를 더욱 단단하게 해 주었지요. 우리가
흔히 알고 있는 '장희빈'이라는 이름은 이러한 과정에서 탄생하
게 되었습니다.

이에 그치지 않고 숙종은 서인을 정치 무대에서 몰아낼 결심을 굳혔습니다. 당시 정치는 삼복 형제의 사건을 계기로 남인이 몰락하면서 서인이 주도권을 꽉 쥐고 있는 상황이었습니다. 숙종은 원자 책봉을 반대했던 서인의 우두머리 송시열을 멀리 귀양 보낸 후 사약을 내렸습니다. 그리고 서인과 깊이 관계를 맺고 있었던 인현왕후도 궁궐에서 내쫓았지요. 장희빈을 시기하고 질투했다는 게 인현왕후를 폐위한 이유였습니다. 그렇게 텅 비게 된 중전의 자리에는 장희빈이 앉게 되었습니다.

서인이 모두 쫓겨나고, 남인이 다시 정치를 주도하게 된 이 사건을 1689년숙종 15년 기사년에 일어난 환국이라고 해서 '기사환국'이라고 합니다. '환국換局'이란 급격하게 정치 주도 세력이 바뀌는 현상을 말합니다. 1680년숙종 6년 에 일어난 삼복형제 사건으로 남인이 쫓겨난 경신환국에 이어 발생한 두 번째 환국이었습니다.

🌀 환국이 불러온 여인들의 참담한 비극

숙종은 장희빈, 단 한 사람만을 위해서 하루아침에 정치를 주

인현왕후를 중전으로 복위한다는 내용을 담은 교지(국립고궁박물관)

도하는 세력을 바꾸는 엄청난 결단을 내렸던 걸까요? 물론 장희 빈을 사랑하는 숙종의 마음은 진심이었겠지만, 그것만이 전부는 아니었습니다.

어린 나이에 왕위에 오른 숙종은 적장자라는 자신의 견고한 지위에도 불구하고, 가장 믿었던 당숙들에게 하마터면 왕위를 빼앗길 뻔했습니다. 이러한 경험으로 말미암아 숙종은 어떠한 일이 일어나더라도 그 누구도 다시는 도전할 수 없을 만큼, 자신의 왕권을 우뚝 세우고 싶었을 겁니다.

그런 의미에서 왕이 맨 앞에 나서서 주도하는 환국은 만천하에 자신의 권력을 보여 줄 수 있는 최고의 퍼포먼스였습니다. 장희 빈은 숙종이 사랑하는 여인이었던 동시에, 환국을 위한 중요한 히든카드였던 것이죠. 그렇게 중전의 자리에 오른 장희빈, 그의 운명은 어떻게 되었을까요?

시간이 지나면서 장희빈에 대한 숙종의 사랑은 차갑게 식어 갔습니다. 이러한 과정에서 숙종의 관심을 한 번에 사로잡은 새로운 여인이 나타났죠. 그는 바로 인현왕후를 모시던 궁궐 나인이었던 최씨였습니다. 얼마 지나지 않아 숙종과 연인의 정을 맺은

명릉과 조금 떨어진 곳에 묻혀 있는 장희빈(국가유산청)

최씨는 곧 아들 이금을 낳게 됩니다. 연잉군 이금, 그가 바로 훗날 경종의 뒤를 이어 왕위에 오른 조선의 제21대 왕 영조입니다.

장희빈의 숙빈 최씨에 대한 질투는 무섭도록 깊었습니다. 이러한 장희빈의 모습에 실망한 숙종은 기사환국 때 궁 밖으로 내친 인현왕후를 다시 들이려고 했죠. 숙종의 변덕에 정치는 또다시 혼란에 빠졌고 그렇게 또다시 환국이 벌어졌습니다. 궁으로 돌아온 인현왕후는 다시 중전으로 책봉되었고, 장희빈은 다시 후궁으로 강등되었지요. 이에 장희빈의 권력을 등에 업고 정치를 이끌던 남인도 덩달아 몰락하고 말았습니다.

우여곡절 끝에 궁에 돌아온 인현왕후의 말년은 그리 좋지 못했습니다. 다시 중전이 된 지 얼마 지나지 않아 병으로 시름시름 앓다가 세상을 떠났지요. 한편 장희빈은 숙종에게 자신의 처소에서 인현왕후를 저주한 사실을 들켜 사약을 받고 맙니다. 장희빈의 죽음은 세자 경종에게도 큰 충격을 안겨 주었습니다.

🌀 세 번의 환국, 숙종 시대가 남긴 유산

환국이 일어날 때마다 운명이 뒤바뀐 서인과 남인, 그리고 그들과 깊이 엮여 있었던 여인들. 이들의 이야기를 오늘날 우리는 어떻게 읽어야 할까요? 앞서 언급했듯이 환국은 숙종 자신이 바라는 정치를 이뤄내기 위해 고안한 나름의 처방전이었습니다. 다소 잔인할 수는 있어도 어떻게 보면 환국은 당시 왕이었던 숙종의 생존 방식이었던 셈이죠.

하지만 정국을 휩쓸고 지나간 세 번의 환국은 정치에 깊은 상처를 남겼습니다. 정치를 주도하는 세력이 뒤바뀔 때마다 번갈아 가며 몰락과 죽음을 맞이해야 했던 서인과 남인은 서로를 마치 원수처럼 여기게 되었습니다. 이렇게 깊어진 붕당 사이의 갈등은 숙종이 세상을 떠난 후에도 좀처럼 누그러질 기미가 보이지 않았지요.

어머니를 갑작스럽게 잃은 세자 경종은 자신을 달갑게 여기지 않는 서인에 의해 언제든지 궁에서 쫓겨날 수 있다는 두려움 속에 살았습니다. 서인의 지지를 받았던 숙빈 최씨의 아들, 영조도 이복형 경종과 원치 않는 정치적 갈등을 겪으며 불편한 관계를 이어갈 수밖에 없었지요.

도가 지나칠 정도로 심한 정쟁을 벌이던 신하들의 틈바구니에서 왕위에 오른 영조는 탕평 정치를 실시하게 됩니다. 영조의 손자인 정조 역시 그 뜻을 이어받아, 신하들 사이의 갈등을 해소하고자 노력했지요.

이처럼 숙종 시대가 남긴 유산은 오늘날 우리에게 올바른 정치란 무엇일까, 한 번 더 고민해 보게 합니다. 언제나 정치에는 적절한 견제와 균형이 필요합니다. 그런데 견제가 너무 심해져서 상대의 생각이나 존재 자체를 부정하기 시작하면, 사회는 점점 건강한 생각을 잃게 됩니다.

서오릉은 낙엽이 지는 가을에 가장 아름다운 풍경을 자랑합니다. 가을은 숙종과 장옥정이 처음 만난 계절이기도 하지요. 날씨 좋은 가을날, 높고 푸른 하늘 아래 너른 숲길을 걸으며, 몇백 년 전 이들이 세상에 남긴 이야기를 떠올려 보는 건 어떨까요?

MBTI로 살펴본 조선시대 인물
숙종 ; ESTJ

지금까지 서오릉의 이야기를 시작으로 숙종의 생애를 짧게나마 돌아보았습니다. 현종의 외동아들로 태어나 막강한 카리스마를 자랑하며 힘 있게 정치를 주도해 나간 숙종E, 언뜻 보면 마음과 감정이 앞서 가는 듯싶으나 늘 정치적인 계산을 하고 있었던 숙종S, 자신의 정치적 이상을 이루기 위해서라면 곁에 있는 사람들을 잔인하게 내쫓는 것도 마다하지 않았던 숙종T, 철저한 구상과 계획을 바탕으로 환국을 단행하며 정치 무대를 여러 번 바꾼 숙종J.

이러한 사실들로 미루어 보아 숙종의 MBTI는 엣티제ESTJ가 아닐까 합니다.

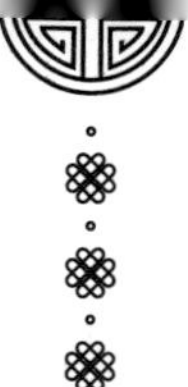

사도세자

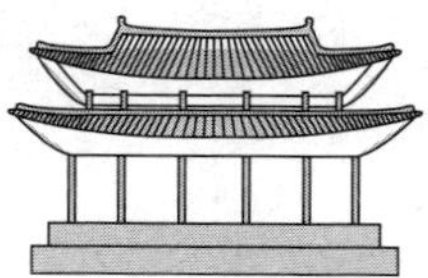

1층 건물로 소박한 멋을 지닌 창경궁 문정전은 조선의 왕들이 평상시에 공부를 하거나 집무를 보던 공간이었습니다. 평화로워 보이기만 하는 바로 이 문정전의 앞뜰에서 조선시대를 통틀어 가장 끔찍했다고 말할 수 있는 비극이 벌어졌습니다. 훗날 왕위를 이어받아야 할 세자가 곡식을 보관하는 나무 궤짝인 뒤주에 갇혀 죽은 사건이었지요. 역사에서는 이 사건을 1762년 영조 38년 임오년에 일어난 재앙이었다는 뜻에서 '임오화변 壬午禍變'이라고 부르고 있습니다.

창경궁 문정전(국가유산청)

　뒤주에 갇혀 죽은 비운의 세자, 세상은 그를 '사도세자'라는 이름으로 기억하고 있습니다. 사도思悼는 '생각하며 슬퍼한다'라는 뜻입니다. 사도세자의 아버지 영조가 직접 지어 준 시호이지요. 영조가 의도한 사도라는 이름의 더 깊은 속뜻을 들여다보면, '자신의 잘못을 뉘우쳤으나, 중년이 되지 못하고 일찍 세상을 떠났다.'라는 의미가 숨어 있습니다.

　영조는 조선의 역대 왕 중에서 가장 긴 세월 동안 나라를 다스린 국왕입니다. 사도세자는 그가 아끼고 아끼던 늦둥이 외아들이었지요. 영조와 사도세자, 이들 사이에서는 대체 어떤 일이 있었던 걸까요?

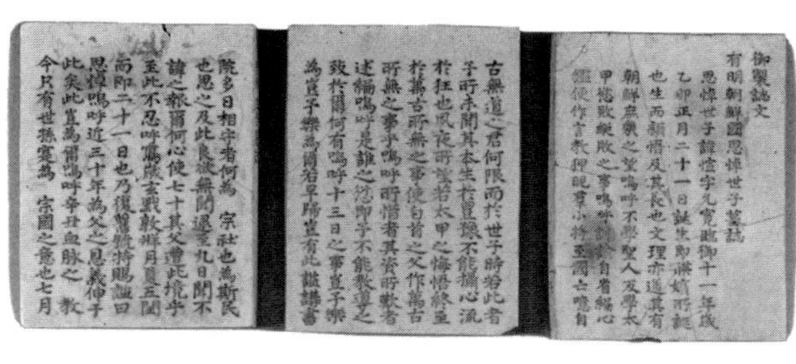

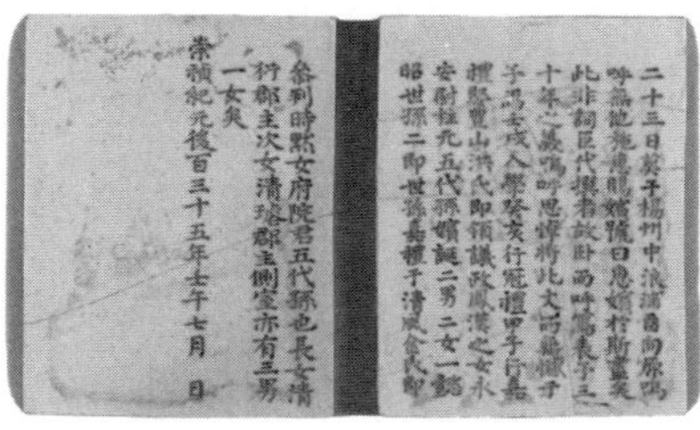

영조가 직접 지은 것으로 알려져 있는 사도세자의 묘지명(국립중앙박물관)

뒤틀린 회화나무 앞에서

"숨 한 번 쉬는 사이에도 큰 일이 벌어질 수 있다." 날카로운 말을 내뱉은 영조의 얼굴에는 차가운 분노가 서려 있었습니다. 사도세자는 엄한 눈초리로 자신을 바라보는 부왕 앞에 맨발로 무릎을 꿇었습니다. 깊숙이 고개를 떨군 세자는 잘못을 뉘우친다는 의미로 여러 번 땅에 이마를 부딪쳤습니다. 어느새 세자의 이마에서는 붉은 피가 난무했고, 이를 차마 두고만 볼 수 없었던 세자의 어린 아들은 아비의 곁으로 달려와 함께 무릎을 꿇었습니다.

그러나 이러한 애처로운 광경도 영조의 굳은 결심을 돌리진 못했습니다. 영조는 손자를 안아 신하의 손에 넘겨준 뒤 다시는 세손이 세자의 옆에 올 수 없도록 하라는 엄명을 내렸습니다. 세자는 울부짖으며 용서를 빌었지만 어느새 손에 칼을 든 영조는 세자에게 '차마 전할 수 없는 명령'을 내립니다.

"자결하라." 믿을 수 없는 부왕의 말에 세자는 이내 자포자기하는 심정으로 명을 따르려 했지만, 옆에 있던 신하들이 만류로 그마저도 할 수 없었습니다. 다시 납작히 엎드려 있는 세자를 바라보며 영조는 다시금 놀라운 말을 던졌습니다. 세자를 뒤주에 '깊이 가두라.'는 명이었습니다. 이에 신하들의 손에 붙들려 있던 세손이 달려와 영조 앞에서 빌고 또 빌었지만 소용이 없었습니다. 그렇게 한여름 밤 뒤주 속에 갇힌 세자는 여드레의 밤을 더 보낸 뒤 결국 세상을 떠나고 말았습니다.

그렇게 세자는 이미 세상을 등졌지만, 영조의 세자를 향한 분노는 누그러지지 못했습니다. 영조는 세자에게 '사도'라는 시호를 내려주면서도, 세자의 지위에 맞는 제사를 치러주지 않았습니다. 나아가 장례를 치를 때는 세자의 아들인 세손이 아비의 시신 앞에서 곡을 하고 예를 갖추는 것조차 허락하지 않았지요.

마치 영화에서 그대로 가져온 듯한 이 이야기는 《조선왕조실록》에 고스란히 실려 있는 실화입니다. 오늘날 창경궁 문정전 앞에는 이 비극적인 실화를 고스란히 지켜본 회화나무도 그대로 남아 있지요. 나무의 줄기는 끔찍했던 여드레를 온몸으로 증명하고 싶다는 듯이 해괴하게 뒤틀려 있습니다. 몇몇 사람들은 이 회화나무 속에는 뒤주에 갇혀 고통 속에 울부짖던 사도세자의 혼이 그대로 서려 있다며 이야기하기도 합니다.

모두가 우러러보는 왕의 아들로 태어나 전에 없던 가장 끔찍한 사건으로 비참한 최후를 맞이한 사도세자, 그는 왜 이와 같은 죽음을 맞이할 수밖에 없게 된 걸까요?

🌈 세상에 둘도 없는 금쪽이로 태어나다

사도세자는 영조가 효장세자 다음으로 얻은 두 번째 아들이었습니다. 효장세자는 영조가 왕위에 오른 이후 세자로 책봉되었지만, 10살도 되지 못해 일찍 세상을 떠났습니다. 효장세자를 떠나보낸 후로 오랫동안 자신의 뒤를 이을 아들을 보지 못했던 영조는 사도세자의 탄생 소식에 마치 온 세상을 얻은 것처럼 기뻐할 수밖에 없었습니다.

영조의 유일한 아들이자 늦둥이였던 사도세자는 미처 걸음마를 떼기도 전에 세자로 책봉되었습니다. 영조는 젖먹이에 지나지 않은 세자에게 당대 최고의 학자로 이름을 날리던 이들을 스승으로 붙여 줄 만큼 크게 들떠 있었지요. 그 후로도 영조는 세자에게 특별한 애정을 쏟았습니다. 신하들과 정치를 논하고 학문을 연구하는 경연 자리에도 자주 세자를 데려와 자랑하곤 했습니다. 세자가 글씨를 쓸 줄 알게 되었을 즈음에는 그 모습을 흐뭇하게 바라보다가 신하들에게 세자의 글씨를 나눠 주기도 했지요. 정치를 돌보느라 바쁜 와중에도 눈이 내리는 날이면 세자와 함께 밖으로 나가 경치를 구경하는 등 자상함도 잃지 않았습니다.

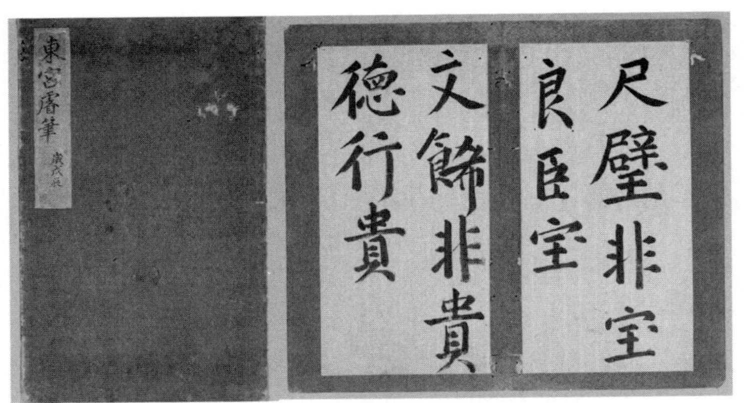

사도세자의 어린 시절 서체를 담고 있는《동궁예필첩》(국립중앙박물관)

이러한 영조의 특별한 사랑에 보답이라도 하듯 세자도 어릴 때부터 총명한 모습을 보였습니다. 천자문을 배우던 세자는 사치의 의미를 담은 글자 '치侈'를 배우고는 그대로 자신이 쓰고 있던 화려한 모자를 벗었고 그때부터 무명옷을 즐겨 입었다는 일화가 전해집니다. 또 어느 날에는 영조와 함께 저녁을 먹고 있었는데, 영조가 말을 걸자 세자는 입에 있던 음식물을 뱉고 대답했습니다. 그 이유를 묻는 영조에게 세자는 자신이 유학 경전에서 배운 구절을 들며 또박 또박 설명했지요. 이처럼 영특한 세자를 보며 영조의 기대는 하루하루 커져만 갔습니다.

영조는 조선의 국왕 중 누구보다도 어렵게 왕좌에 오른 인물이었습니다. 때문에 세자에게 거는 기대가 남다를 수밖에 없었지요. 영조의 어머니는 숙종의 후궁이었던 '숙빈 최씨'였습니다. 숙빈 최씨는 궁에서 온갖 허드렛일을 맡아 하던 낮은 신분 출신의

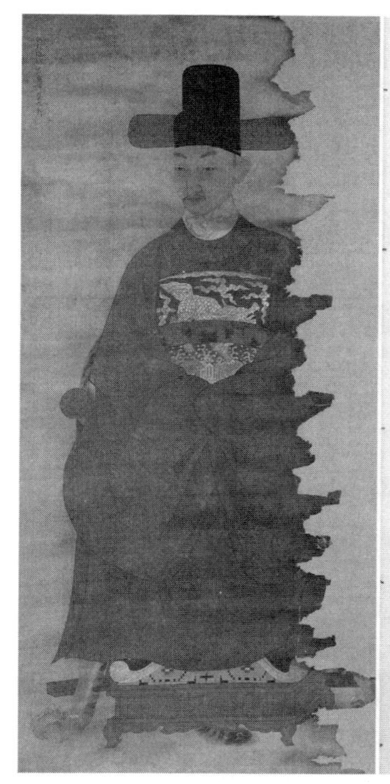
연잉군 초상화(국립고궁박물관)

영조 어진(국립고궁박물관)

궁인이었습니다.

이처럼 왕위와는 거리가 멀었던 영조가 배다른 형이었던 경종의 뒤를 이어 왕이 될 수 있었던 이유는 당시 권력을 잡고 정치를 주도하던 노론의 도움 덕분이었습니다.

이런 까닭에 영조는 왕위에 오른 뒤에도 여러 차례 반란을 겪어야만 했습니다. 천한 신분의 영조를 왕으로 인정할 수 없다는 게 반란을 일으킨 이들의 명분이었지요. 심지어 이들은 영조가 경종을 독살한 게 아니냐는 의문까지 제기했습니다. 그런데 이들의 의문은 나름 타당한 근거를 갖고 있었습니다.

경종은 영조를 지지하는 노론의 반대편에 있던 소론의 지지를 받고 있었습니다. 노론과 소론의 갈등 속에서 영조와 경종은 서로에게 칼을 겨누어야 하는 정적이 될 수밖에 없었지요. 불안한 나날이 계속되던 가운데, 평소 건강이 좋지 못했던 경종이 급작스레 세상을 떠나게 됩니다. 공교롭게도 영조가 바친 음식을 먹은 지 얼마 지나지 않은 다음의 일이었습니다.

자신을 늘 따라다녔던 '신분'과 '독살'이라는 꼬리표를 떼기 위해 영조는 날마다 뼈를 깎는 노력을 해야만 했습니다. 영조가 돌파구로 삼은 건 '공부'였습니다. 영조는 조선의 왕들 중에서 가장 독하게 공부한 왕으로 알려져 있습니다. 어려운 국가고시인 과거시험에 합격하여 관리로 임용된 신하들을 휘어잡기 위해서는 그들보다 더 똑똑해야 한다는 게 영조의 판단이었지요. 영조는 스스로를 임금이자 스승이라는 뜻인 '군사君師'로 부르며 신하들 위에 우뚝 서고자 했습니다.

그렇게 외로운 터널을 홀로 꿋꿋이 지나온 영조였습니다. 영조는 자신과는 달리 왕의 유일한 후계자로 태어나 떳떳하게 세자로 책봉된 사도세자가 훌륭하게 성장하기를 간절히 바랐습니다. 영조는 세자가 배울 책들을 직접 만드는 한편, 세자를 교육하는 기관인 시강원에 수시로 드나들며 이런저런 훈계와 간섭을 하곤 했습니다. 그러나 지나치게 큰 기대는 종종 실망을 불러오기 마련이죠. 어느새 영조와 세자 사이에는 갈등의 씨앗이 서서히 움

트기 시작했습니다.

🐚 호랑이의 기를 타고 난 세자

세자는 자라면서 점점 영조의 기대와는 다른 모습을 보였습니다. 글공부보다는 활쏘기와 말타기와 같은 무예에 더 큰 관심을 기울이게 되었던 것이지요. 갓난아이 시절에 세자로 책봉되어 친어머니인 영빈 이씨와 떨어져 지내야 했던 세자는 종종 자신의 처소에서 홀로 놀곤 했습니다. 궁인들이 나무와 종이로 만들어 준 무기를 들고 전쟁놀이를 즐겨 했지요. 점점 자라면서는 군대나 병법과 관련된 서적들을 즐겨 읽었습니다. 병서에 대한 세자의 각별한 애정은 병석에 누웠을 때에도 장인 홍봉한에게 《삼국지》를 읽어달라며 청했다는 이야기로도 전해집니다.

그런데 영조는 세자가 무인의 기질을 타고난 걸 탐탁지 않아 했습니다. 어느 날에는 세자에게 "너가 지은 시 중에 '호랑이가 깊은 산에서 울부짖으니 큰바람이 분다.'라는 글귀를 보고는 너의 기가 무척 강인하다는 걸 알았다."라며 걱정을 표할 정도였습니다. 실제로 세자는 어릴 적부터 남다른 골격을 타고나기도 했습니다. 신하 중 한 명은 사도세자가 "효종을 닮았다."라며 이야기하기도 했지요.

효종은 병자호란 당시 조선에게 큰 굴욕을 안겨 준 청나라를 정벌한다는 목표 아래 여러 군사 정책을 펼쳤던 왕이었습니다. 어느덧 10대 중반의 나이가 된 세자는 효종이 유품으로 남긴 청

관우 초상(국립중앙박물관).
임진왜란 이후 조선에서는 무예와
용맹을 상징하는 관우를 믿는
신앙이 유행하였다.

룡도를 즐겨 사용하곤 했습니다. 효종의 청룡도는 《삼국지》의 영웅 관우의 무기를 본떠 만든 것이었는데, 무게가 상당하여 무관들도 쉽게 다루지 못할 정도였다고 전해집니다.

영조는 하루가 다르게 글공부에서 멀어지는 세자를 지켜보며 애를 태웠습니다. 시간이 지나면서 세자에 대한 영조의 걱정은 점점 미움 섞인 분노로 바뀌어 갔습니다. 영조는 특히 세자의 외모와 옷차림에 대해 자주 지적하곤 했습니다. 거대한 몸집을 타고난 세자의 무거운 걸음걸이가 못마땅했던 영조는 세자에게 신발을 질질 끌며 신지 말라며 덜컥 화를 내기도 했지요. 사사건건 화를 내는 부왕 앞에서 세자는 한없이 움츠러들어 갔습니다.

🌊 불행의 서막, 대리청정

세자가 14살이 되던 해, 영조는 파격적인 결정을 내립니다. 세자에게 '대리 청정'을 명한 것입니다. 대리 청정은 세자가 부왕을 대신하여 직접 정치를 돌보는 일을 의미합니다. 영조는 세자가 직접 정무를 보며 왕의 자질을 키워가기를 바라는 마음에서 이와 같은 결정을 내렸습니다. 그런데 이 결정이 세자와의 관계를 더없이 악화시킬 것이라고는 당시의 그 누구도 상상하지 못했습니다.

세자가 처음으로 신하들 앞에서 자신의 능력을 증명해 보여야하는 자리였습니다. 시작은 좋았습니다. 세자는 백성들이 생계에 집중할 수 있도록 각별히 보살피고, 혼례나 장례를 제때 치르지 못한 사람들을 돌보아 주는 등 백성을 사랑하는 왕의 면모를 보였습니다. 그러나 그때뿐, 세자는 자신이 원하는 대로 정책을 마음껏 펼칠 수 없었습니다. 거의 매 회의마다 세자의 뒤에 앉아 있었던 영조가 세자의 모든 말에 트집을 잡았기 때문이었지요. 영조는 세자가 자신의 의견을 물으면 가벼운 일도 혼자 처리하지 못한다며 핀잔을 주었고, 묻지 않으면 중요한 일을 부왕의 허락 없이 진행한다며 화를 냈습니다.

이러한 영조와 세자의 갈등은 서로의 성격 차이에서 비롯된 것이기도 했습니다. 세자의 부인이었던 혜경궁 홍씨가 남긴 기록을 보면 영조와 세자가 얼마나 다른 성향을 타고났는지 한눈에 확인해 볼 수 있지요.

부자 두 분이 성품이 다른데 영조께서는 꼼꼼히 살피시며 재빠른 성품이시고, 세자께서는 과묵하시고 행동이 날래지 못하시니라. 성품이 이처럼 다르니 세자께서 하시는 모든 일이 부왕의 마음에 들지 않으시니라.

- 혜경궁 홍씨, 《한중록》

어떻게 해도 부왕을 만족시킬 수 없자, 세자는 점점 초조해져만 갔습니다. 또한 시도 때도 없이 세자에게 왕위를 물려주겠다며 선언하는 영조의 '선위 파동'도 큰 부담이었지요.

선위하겠다는 영조의 말은 결코 진심이 아니었습니다. 선위의 뜻을 내비칠 때마다 신하들이 어떠한 태도를 보이는지 그 충성심을 시험해 보려는 것에 지나지 않았지요. 세자는 영조가 선위를 선언할 때마다 신하들과 함께 차가운 바닥에 무릎을 꿇고 명령을 거두어 달라며 빌어야 했습니다. 이러한 해프닝은 한겨울에도 어김없이 계속되었습니다.

시간이 지날수록 세자의 부담은 불안과 두려움으로 변질되어 갔습니다. 우울한 일상 속에서 세자의 마음을 사로잡은 건《옥추경》과 같은 도교 경전이었습니다. 《옥추경》에는 악귀를 쫓는 경문이 적혀 있었지요. 세자는 심지어 궁에 무속인들을 불러 모아 사사로이 굿판을 벌이기도 했습니다. 이처럼 현실을 잊고 싶었던 세자의 이상 행동은 날이 갈수록 심해져만 갔습니다. 영조에게 심한 꾸중을 들은 어느 날에는 더 이상 살고 싶지 않다며 자신의 처소 밖에 있는 우물에 뛰어들려 하기도 했지요.

돌이킬 수 없는 강을 건너다

20대가 된 세자의 불안 증세는 더욱 심해졌습니다. 특히 부왕을 만나러 가기 전 옷을 입을 때 그 증세가 심하게 나타났지요. 세자는 옷이 몸에 맞지 않다며 수십 벌의 옷을 찢어버리곤 했습니다. 그때마다 세자를 시중들던 궁인들이 큰 고생을 해야만 했습니다. 옷만 버리면 그렇게 큰 문제가 아닐 수도 있었지만, 세자의 불안과 분노가 궁인들에게 미치기 시작하면서 돌이킬 수 없는 문제들이 속속 생겨났습니다.

세자가 자신을 시중들던 내관을 살해하여 그 목을 들고 행패를 부린 것입니다. 혜경궁 홍씨는 24살이 된 세자가 궁인들을 종종 살해했는데, 그 수를 헤아릴 수 없다고 기록하고 있습니다. 분에 못 이겨 살인을 저지른 세자는 제정신으로 돌아올 때마다 자신의 행동을 깊이 후회하곤 했습니다.

영조도 이러한 세자의 불안 증세를 모르지 않았습니다. 불러다 꾸중하기도 하고, 때로는 타이르기도 했지만, 세자의 마음속 깊이 자리 잡은 병을 물리치기에는 역부족이었습니다. 날이 갈수록 불안해지는 영조와 세자의 관계를 지켜보던 어느 한 신하는 세자의 잘못을 과도하게 꾸짖는 영조의 방식이 잘못되었다며 지적하기도 했습니다.

그러나 이미 부자의 관계는 곪을 대로 곪은 상태였습니다. 세자는 점점 더 부왕을 피했고, 문안 인사도 좀처럼 가지 않아서 주변의 신하들이 계속해서 권유할 정도였습니다. 그런데 오히려 세자는 부왕과의 관계가 소원해진 틈을 타 또 다른 비행을 계획했습니다. 영조의 허락도 없이 20여 일을 넘게 평양으로 여행을 떠난 것입니다.

신하들은 세자의 일탈을 알고 있었지만, 영조에게는 차마 이야기를 하지 못한 채 입을 다물었습니다. 그런데 결국 우려하던 일이 터지고 말았습니다. 세자의 비행을 지켜보던 유생들이 영조에게 세자의 잘못을 고발하는 상소를 올리고야 만 것입니다. 소식을 들은 세자는 헐레벌떡 한양으로 돌아왔지만, 영조 몰래 평양으로 떠난 사실까지 숨길 수는 없었습니다. 분노한 영조는 세자를 호되게 꾸짖는 한편, 세자를 보필했던 신하들, 궁인들까지 모두 벌했습니다.

그러나 사건은 거기에서 그치지 않았습니다. 세자를 모시던 나경언이라는 사람이 세자의 잘못을 낱낱이 적은 문서를 영조에게 바친 것입니다. 나경언이 올린 문서의 구체적인 내용은 오늘날 자료가 남아 있지 않아 정확히 알 수 없습니다. 다만 문서를 본 영조가 세자를 꾸짖는 말을 통해 그 내용을 짐작해 볼 수 있을 따름입니다.

나경언은 세자가 그동안 수많은 궁인을 살해했으며, 부왕의 허락 없이 자주 궁 밖으로 나가 놀면서 상인들에게 빚을 얻는가 하면 여승을 궁에 들였다는 등 그동안 세자가 저지른 비행을 낱낱이 고발했습니다. 그런데 영조의 눈길을 사로잡은 내용은 따로 있었습니다. 세자가 반란을 꾀했다는 대목이었지요. 평소 세자와 소통할 기회가 없었던 영조는 덜컥 불안해졌습니다.

이에 모든 성문을 엄히 닫고 궁 안에서 세자가 즐겨 다니는 곳을 샅샅이 조사했습니다. 이후 세자를 만난 영조는 "임금을 두렵게 만들어 궁궐 문을 지키게 하고, 도성 안을 들썩이게 했으니 예의를 지키지 않는 사람들이 너의 행동을 본받게 될지도 모른다."라며 폭언했습니다.

세자는 정말 영조에게 역심을 품었던 걸까요? 나경언은 세자에게 반란의 혐의를 씌웠다는 의미로 처형당했습니다. 결국 세자의 반란에 대해서는 아무런 단서도 잡히지 않은 것이지요. 그런데 혜경궁 홍씨는 세자가 한창 정신이 불안정할 때면 영조를 향한 분노를 여과 없이 드러내곤 했다고 증언합니다. "칼을 들고 찾아가 어떻게든 해버리고 싶다."라며 심한 말들을 서슴지 않았다는 것이지요. 어버이에 대한 효도를 중시했던 조선 사회에서는 차마 용서받을 수 없는 발언이었습니다.

영조는 세자의 문제를 놓고 수일간 고민했습니다. 그동안 세자는 창덕궁의 금천교에서 무릎을 꿇고 대죄하며 부왕의 처분을 기다릴 수밖에 없었습니다. 이윽고, 세자의 친모인 영빈 이씨는 고민하던 영조를 찾아갑니다. 영빈 이씨가 구체적으로 어떤 말을 했는지는 알 수 없지만, 그날 후로 영조의 마음은 세자에게서 완전히 돌아섰습니다.

영조는 "정순왕후의 혼령이 나를 찾아와 처분을 내려 주었다."라는 말을 뱉은 채, 세자를 벌하기 위한 발걸음을 내디뎠습니다. 정순왕후는 이미 세상을 떠난 영조의 두 번째 부인으로, 세자의 배다른 어머니였습니다.

아들 정조에 의해 수원 화성 근처로 이장된 사도세자(국가유산청)

<화성원행의궤도>(국립중앙박물관). 훗날 정조는 어머니 혜경궁 홍씨의 회갑을 맞이하여 수원 화성에 행차해 군사 훈련과 과거시험을 여는 등 사도세자를 기리는 여러 사업을 벌였다.

그렇게 임오년의 일이 벌어졌습니다. 극악으로 치달은 부자 사이의 관계는 오늘날까지 두고두고 회자되는 비극으로 역사에 남게 되었지요. 그날 이후 영조가 세자를 죽인 일을 끝내 후회했는가는 명확하게 알 길이 없습니다. 이후 세손의 간청으로 임오년의 사건이 상세하게 적혀 있던《승정원일기》의 기록 일부를 지워 주었을 뿐입니다.

MBTI로 살펴본 조선시대 인물
사도세자 : INFP

지금까지 창덕궁 문정전의 이야기를 시작으로 사도세자의 삶을 짧게나마 돌아보았습니다. 호된 교육으로 자신을 몰아붙이던 영조에게 제 할 말조차 제대로 하지 못한 사도세자I,《옥추경》등 도학 경전을 읽거나 갖가지 유흥을 즐기며 현실을 도피하려고만 했던 사도세자N, 마음의 병을 얻어 궁인을 죽이는 등 잘못을 저질렀지만 늘 자신의 행동을 후회했던 사도세자F, 결국 그 누구도 예상하지 못했던 비극적인 죽음을 맞이하게 된 사도세자P.

이러한 사실들로 미루어 보아 사도세자의 MBTI는 인프피INFP가 아니었을까 합니다.

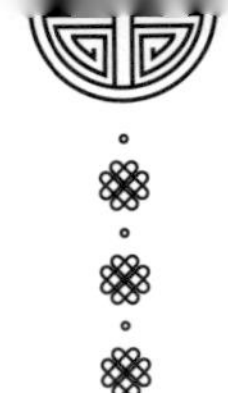

정조

회색빛 건물들이 빼곡히 자리하고 있는 서울, 그 안에는 도심이라고 믿기 어려울 정도로 넓고 푸른 숲을 품고 있는 곳들이 있습니다. 바로 조선 왕들의 숨결이 오롯이 스며들어 있는 궁궐들이지요. 오늘날 서울에는 경복궁, 창덕궁, 창경궁, 덕수궁, 경희궁, 이렇게 총 다섯 곳의 궁궐이 남아 있습니다.

그 가운데에서도 종로구에 위치한 창덕궁은 왕들에게 가장 큰 사랑을 받았던 곳이었습니다. 조선의 세 번째 왕인 태종이 지은 이후 무려 270여 년 동안이나 왕들의 일터이자, 포근한 안식처로 사용되었습니다. 창덕궁의 뒤편에는 왕들이 종종 여가 시간을 보내거나 휴식을 취할 수 있도록 드넓은 정원도 마련되어 있었

창덕궁 주합루(국가유산청)

습니다. '후원'이라고 불리는 이 특별한 공간은 세계문화유산으로 지정될 정도로 아름답고 이색적인 풍경을 자랑합니다. 오늘날에는 보호를 위해 개방이 제한되어 예약을 해야만 둘러볼 수 있는 곳이 되었습니다.

후원 안 초록빛 나무들이 내준 정겨운 길을 거닐다 보면, 탁 트인 시야 속에 2층 규모의 웅장한 건물이 문득 모습을 드러냅니다. '주합루'라는 이름의 이 건물은 오랜 세월을 그대로 품고 있는 듯 보입니다.

모든 시간이 멈춘 것처럼 한없이 고요한 주합루, 하지만 몇백 년 전만 해도 이곳은 왕과 신하가 하루에도 수시로 드나들며 학문을 논하던 왕실의 도서관이었습니다. 주합루로 들어서는 문에는 반듯한 서체로 '어수魚水'라는 글자가 새겨져 있습니다. '어수'

는 '임금과 신하는 물과 물고기의 관계처럼 친밀해야 한다.'라는 뜻입니다.

얼핏 보기에도 범상치 않은 사연이 담겨 있을 것만 같은 이 어수문은 조선 후기 새로운 세상을 꿈꾸며 여러 개혁 정치를 펼쳤던 국왕, 정조의 작품이었습니다. 정조는 왜 후원 한가운데에 크나큰 도서관을 세운 것일까요? 그리고 어떠한 이유로 도서관 정문의 이름을 '어수'라고 지었던 걸까요? 마침내 제 모습을 갖추게 된 주합루를 뿌듯한 눈으로 바라보았을 정조의 시간 속으로, 시계의 태엽을 감아 한 걸음씩 들어가 보겠습니다.

🌊 아, 과인은 사도세자의 아들이다

1776년영조 52년 3월, 영조가 83살이라는 긴 일생을 뒤로 한 채 세상을 떠났습니다. 이에 왕의 손자, 세손의 신분으로 무려 22년 동안이나 그 곁을 지키던 정조가 왕위를 물려받게 되었지요. 마침내 즉위식이 열리던 날, 정조는 유독 많이 울었습니다. 젊은 왕의 새로운 시작을 축하하는 신하들의 긴 행렬 앞에서 그는 차마 왕좌에 앉지 못하고 서서 눈물을 훔쳤지요. 왕좌에 오르기를 재촉하는 신하들을 뒤로한 채, 정조는 "내가 이 왕좌를 마주할 날이 오게 될 줄을 생각이나 했겠는가?"라며 울부짖었습니다. 그렇게 한동안 실랑이를 이어가다가, 해가 기울 무렵이 되어서야 왕을 상징하는 용으로 장식된 왕좌에 자리를 잡았습니다.

만백성을 내려다보는 자리에 선 정조는 만감이 교차했습니다.

어느새 그의 생각은 10여 년 전인 1762년영조 38년 윤5월의 기억으로 거슬러 올라가고 있었습니다. 피와 눈물이 뒤엉키며 혼란스러웠던 그날, 세자가 왕의 명으로 뒤주에 갇혔습니다. 믿을 수 없는 광경에 세손은 아버지를 살려달라며 빌었지만 돌아오는 건 할아버지의 차가운 냉대뿐이었습니다. 그렇게 아버지를 비극적인 사건으로 잃고 홀로 지나온 까마득한 세월, 조금의 실수도 용납되지 않는 살얼음판 같은 나날들은 마치 끝이 없을 것처럼 길게 이어졌습니다.

그러나 이제는 그 모든 서러운 세월에 작별을 말할 때가 왔습니다. 자신만의 새로운 세상이 펼쳐질 설레는 시작을 앞에 두고 정조는 다음과 같이 말했습니다.

"아! 과인은 사도세자의 아들이다. 종통宗統, 왕족의 핏줄 **을 중요하게 여기신 선대왕**영조 **께서 나에게 효장세자를 새로운 아버지로 받들도록 명하셨다."**

－《정조실록》

사도세자를 끝내 죽음으로 몰아간 영조는 세자의 아들이자 자신의 손자였던 정조만큼은 지켜내려 했습니다. 이에 정조를 오래전에 세상을 떠난 자신의 또 다른 아들인 효장세자의 양자로 삼았지요. 세자 자리에서 쫓겨난 사도세자가 친아버지라는 사실은 언젠가 정조의 치명적인 약점이 되어 발목을 잡을 수 있을 테니까요.

그러나 영조의 뜻과는 달리 일부 신하들은 끊임없이 정조의 지위를 위협했습니다. 훗날 왕위에 오른 정조가 사도세자의 비극적인 죽음에 가담했던 자신들의 죄를 묻는다면, 목숨이 위태로워질 것이라는 계산이었지요. 이러한 우려는 시간이 지나 결국 현실이 되었습니다. 끝끝내 살아남아 기어이 왕위에 오른 정조가 스스로를 사도세자의 아들이라고 당당히 밝히는 순간, 신하들은 두려움에 몸을 떨 수밖에 없었습니다.

눈물 속에서 길어 올린 꿈

하지만 정조에게는 신하들을 처벌할 생각이 없었습니다. 그의 관심은 복수가 아닌, 새로운 조선을 만들어 가는 일에 있었으니까요. 즉위한 지 반년이 지난 어느 날 정조는 신하들에게 자신의 이러한 뜻을 널리 알렸습니다.

"아! 탕평蕩平이란 당을 버리고 남과 나를 가르지 않는 이름이다. 위에서 보면 다 같은 한 집안 사람들이고, 동포들이다. 착한 사람에게는 상을 주고 죄지은 자에게는 벌을 주는 일에 어떻게 좋아하고 미워하는 구별이 있겠는가? 한 하늘 아래 한 나라 안에 있으면서 함께한 사람을 높이며 똑같이 한 임금을 섬기는 이들이라면 어떻겠는가? 이제부터 나를 섬기는 조정의 신하들은 주저하지 말고 앞으로 나오라. 나는 오직 그 인물됨만을 보아 어진 자를 등용하고, 모자란 자는 내칠 것이다."

- 《정조실록》

138

‘탕평’은 유학 경전 중의 하나인 《시경》에서 나오는 말로, ‘넓고 평탄하여 치우침이 없다.’라는 뜻입니다. 숙종 대부터 신하들 사이의 갈등이 심해지자, 영조는 ‘탕평’을 정치 운영의 핵심 원칙으로 내세우기 시작했습니다. 정조는 이러한 영조의 의지를 이어받아 탕평책을 한층 더 적극적으로 시행할 야심 찬 계획을 세웠습니다.

당시 신하들은 크게 노론과 소론이라는 붕당으로 나뉘어 있었습니다. 예송과 환국 같은 여러 정치 사건을 지나오면서 이들의 사이는 걷잡을 수 없이 나빠졌지요. 영조는 강력한 왕권을 바탕으로 신하들 사이에서 균형을 이루는 정치를 펴고자 했지만, 결코 쉽지 않았습니다. 이복형 경종을 암살했다는 의혹 속에서 왕위에 오른 영조는 자신을 지지해 주는 노론에게 크게 의존할 수밖에 없었기 때문이었습니다.

하지만 정조는 달랐습니다. 아버지 사도세자의 비극적인 죽음을 뒤로한 채 홀로 걸어온 가시밭길과 같은 시간이 정조를 그 누구보다도 더 강하게 만들어 주었습니다. 엄격하고 까다로웠던 할아버지 영조의 철저한 교육을 견뎌내야 했고, 언제나 자신의 실패를 호시탐탐 노리고 있던 신하들의 날카로운 견제를 받아야 했던 정조는 날마다 단단해졌지요. 그리고 마침내 혼자만의 힘으로 왕위에 오른 그를 막을 수 있는 건 아무 것도 없었습니다.

신하들의 스승, 군사君師가 되다

　강력한 탕평책을 펼치기 위해 정조가 떠올린 방법은 무엇이었을까요? 할아버지 영조와 비슷했습니다. 정조 역시 어려운 과거 시험을 거쳐 관직에 오른 신하들을 휘어잡고 그들 사이의 균형을 이룰 수 있는 힘은 오로지 학문에서 나온다고 믿었지요. 이러한 정조의 신념은 그가 왕위에 오르기 전 영조와 나눈 대화에서 엿볼 수 있습니다.

영조: 나라에 왕을 세우는 건 왕을 위한 일인가? 백성을 위한 일인가?

세손정조: **군사君師**, 신하들의 스승으로 우뚝 선 왕 **를 세워 백성을 편안하게 하려는 것입니다.**

영조: 너는 작은 나라를 다스리는 스승이 되고 싶으냐, 천하를 다스리는 스승이 되고 싶으냐?

세손정조: **천하를 다스리는 스승이 되고 싶습니다.**

영조: 그 뜻이 크도다! 사관은 특별히 기록해 두라.

-《영조실록》

　이처럼 정조는 똑똑한 신하들을 아우를 수 있을 정도로 학문의 최고 경지에 오른 왕, 군사가 되고자 했습니다. 하지만 군사에 이르는 길은 결코 순탄하지 않았습니다. 정조는 모든 면에서 타의 모범이 되기 위해 스스로를 혹독하게 몰아세웠습니다. 비단이 아닌 면포와 베로 만든 옷을 즐겨 입고 식사는 세 끼가 아닌 두

끼를 먹는 검소한 생활을 이어가면서 밤낮없이 독서에 몰두하고, 활쏘기 등 무예 훈련도 게을리하지 않았지요. 또한 공사비를 아끼고자 수리도 제때 하지 않은 초라한 방 한 켠에는 '탕탕평평실蕩蕩平平室'이라는 글귀를 써 붙여 놓고 날마다 자신의 꿈을 되새겼습니다.

정조가 마침내 그 꿈을 실현하기 위한 첫발을 내디딘 것은, 바로 왕실의 도서관인 규장각을 세우면서였습니다. 정조는 규장각을 단순한 도서관이 아니라 새로운 조선을 위한 정책을 연구하고 개혁을 논의하는 '브레인 센터'로 활용하고자 했습니다. 이에 '초계문신제抄啟文臣制'라는 새로운 인재 등용 제도를 만들었지요.

'초계문신'이란 '왕이 직접 뽑아 가르친 유능한 관리'라는 뜻입니다. 정조는 이 제도를 통해 과거시험을 통과한 40살 이하의 젊은 관리들 가운데 재능 있고 똑똑한 인물을 직접 가려내고, 그들을 조선을 이끌어 갈 미래의 인재로 키우고자 했습니다. 힘 있는 붕당에 속하지 못해 평소 정치에서 소외되어 있었던 인물들을 초계문신으로 선발해 규장각 소속의 검서관으로 임명했지요. 그러고는 이들을 직접 교육하며 정치에 도움이 되는 실용적인 정책들을 연구하여 다양한 책을 펴내도록 격려했습니다.

"왕이 신하를 믿지 않으면 올바른 왕이 아니요, 신하가 왕을 믿지 않으면 충성스러운 신하가 아니다."

-《홍재전서》

정조는 규장각을 바탕으로 왕과 신하 사이의 두터운 믿음을 쌓아가고자 했습니다. 그렇게 관계가 단단하게 다져진다면 다양한 일을 효율적으로 추진해 나갈 수 있으리라 생각했던 것입니다. 정조가 주합루의 정문 이름을 '어수'라고 지은 것도 이와 같은 맥락에서 이루어진 일이었습니다.

초계문신으로 발탁된 정약용, 박제가, 이덕무, 유득공 등 세상의 빛을 보지 못하고 있었던 여러 인물은 '실학'이라는 이름으로 역사에 굵직한 발자취를 남기게 되었습니다. 이들은 정치, 경제, 역사, 법률 등 다양한 분야에서 활약하며 새로운 세상을 열어가고자 했던 정조의 든든한 조력자가 되어 주었지요.

죽음의 위협 속에서

하지만 모든 신하가 정조의 정치에 호의적이었던 것은 아니었습니다. 정조가 왕위에 오른 지 9년이 되었을 무렵 일어난 구선복의 역모 사건은 이러한 사실을 잘 보여 줍니다. 구선복은 영조가 왕위에 있었던 시절에 황해도 수군절도사, 충청도 병마절도사를 역임하며 제 역할을 똑똑히 해낸 신하였지만, 사도세자의 죽음에 가담한 인물이기도 했습니다. 하지만 정조는 그를 벌하지 않고 오히려 국방을 책임지는 병조판서와 나라의 살림을 도맡아 하는 호조판서로 임명하며 변하지 않는 믿음을 표현하였지요.

그러나 이러한 정조의 행동도 구선복의 불안을 완전히 잠재워 주지는 못 했던 듯합니다. 1786년의 어느 날, 결국 그는 정조의 사촌 동생이었던 상계군을 왕위에 올리려는 역모를 꾀하고 맙니다. 역모가 본격적으로 시작되기도 전에 의금부로 끌려온 그는 '언젠가 자신이 제거당할 수 있다는 두려움 때문에 일을 계획했다.'고 털어놨습니다.

사실 이 사건 이전에도 정조의 목숨을 위협하는 사건은 여러 차례 있었습니다. 왕위에 오른 지 1년도 채 되지 않았을 때의 일이었습니다. 정조가 머물던 경희궁 존현각에 자객이 침입하는 믿기 힘든 사건이 벌어졌습니다. 놀란 정조는 왕을 호위하는 금위대장을 불러 황급히 궁궐을 수색했고, 자객이 지붕 위까지 올라갔었다는 사실을 밝혀내며 수사망을 좁혔습니다. 시간이 지나면서 사건은 미궁에 빠지는 듯했지만 결국 범인은 잡혔고, 정조는 이들을 모두 사형에 처했지요.

한편 구선복의 사건이 있기 얼마 전에도 조선 후기 백성들 사이에서 큰 인기를 끌었던 예언서 《정감록》과 관련된 역모 사건이 일어나기도 했습니다. 경상남도 하동 지리산 일대에서 새로운 왕조를 세우려는 움직임이 있었던 것이지요. 이때에도 정조는 친히 사건을 조사하며 죄인들의 죄를 엄중히 물었습니다.

이러한 사건이 일어날 때마다 정조의 마음은 어땠을까요? 가끔은 자신의 진심을 끝내 알아주지 않는 세상이 원망스러워 모든 것을 내려놓고 싶다는 생각이 들지는 않았을까요? 그러나 정조는 포기하지 않았습니다. 반복되는 위기 속에서 정조는 스스로를 지킬 수 있는 힘을 키우기로 결심합니다. 이 과정에서 뛰어난 무예의 고수들이 한자리에 모인 새로운 군대 '장용영壯勇營' 이 탄생하게 됩니다. 장용영은 기존의 군대와 달리 국왕이 직접 통솔하는 친위 부대로, 왕권을 굳건히 세우는 역할을 해 주었습니다. 정조는 장용영을 튼튼한 방패 삼아 다시금 마음을 다잡고 조선을 변화시키기 위한 개혁을 펼쳐 나갔습니다.

🏛 모두가 잘살고 행복한 나라를 만들 것이다

몇 번의 우여곡절이 있었지만, 시간이 지나면서 조선 사회는 정조가 구상한 대로 차차 새로운 모습으로 변모해 갔습니다. 정조가 나라를 다스리던 때는 국내외에서 많은 변화의 움직임이 나타나던 때였습니다. 청나라를 다녀온 연행사들을 통해 서양의 학문과 함께 여러 신기한 문물이 조선으로 쏟아져 들어왔지요. 이에 규장각의 관리들을 포함한 조선의 학자들은 새롭게 알게 된 다양한 지식을 바탕으로 조선 사회를 더 나은 방향으로 개혁 할 수 있는 방법을 깊이 고민하기 시작했습니다.

정조도 이러한 새로운 흐름을 긍정적으로 바라보고 있었습 니다. 일부 학자들이 서양의 천주교를 믿기 시작하면서 종종 큰 문제가 발생하기도 했지만, 그렇다고 해서 새로운 사상을 완전 히 배척하려 하지는 않았지요. 정조는 조선의 통치 철학인 성리 학의 지위를 굳건히 세우면서도 다양한 학문을 포용하려 노력했 습니다. 조선의 사회 질서를 해치지 않는 선에서 이 새로운 학문 들을 어떻게 유익하게 활용할 수 있을지 연구하고 또 연구했습

수원 화성 운한당에 있는 정조의 초상화(국가유산청)

니다.

　그렇게 정조가 왕이 된 지 13년 정도의 세월이 흘렀을 무렵, 조선은 어느 정도 안정을 찾게 되었습니다. 하지만 정조는 거기에서 만족하지 않았습니다. 평생의 한이었던 아버지와 관련된 사업을 조심스레 추진해 나가기 시작했지요. 정조는 영조가 지어 준 '생각하며 슬퍼한다.'라는 뜻의 '사도'라는 아버지의 묘호를 '단정하고 엄숙하다.'라는 뜻인 '장헌莊獻'으로 바꾸며 그 덕을 기렸습니다. 그러고는 아버지의 묘소를 경기도 수원에 있는 화산 근처로 옮기고, '현륭원顯隆園'이라는 이름을 지어 그 격을 높여 주었습니다.

　이렇게 만반의 준비를 마친 정조는 기다렸다는 듯이 아버지의 묘소 주변에 새로운 성곽을 쌓기 시작합니다. 조선의 앞날을 이끌어갈 새로운 중심지, 화성이 탄생하는 순간이었지요. 화성이 완성되면 세자에게 왕위를 물려주고 화성에서 남은 개혁 과제들을 마무리 짓는다는 게 정조의 계획이었습니다.

공사가 마무리되어 가던 1795년, 정조는 어머니 혜경궁 홍씨의 환갑을 맞이하여 한양에서 화성까지 대규모 행차를 단행합니다. "모두가 잘살고 행복한 나라를 만들 것이다." 정조는 왕의 성대한 행렬을 구경하기 위해 나온 백성들 앞에서 자신의 꿈을 당당히 선언했습니다.

🌊 때 이른 죽음과 이를 둘러싼 논란

하지만 무심한 하늘은 정조의 손을 들어주지 않았습니다. 정조가 화성에 다녀온 지 5년도 채 되지 않아 갑작스레 세상을 떠나게 되었던 것이지요. 아버지의 비극을 딛고 일어서서 수많은 시련을 극복하며 힘껏 개혁 정치를 펼치던 정조였습니다. 그런 정조의 갑작스러운 죽음에 그를 따르던 신하들과 백성들은 깊은 슬픔에 잠겼습니다.

이러한 정조에 대한 안타까운 마음은 오늘날로도 이어졌습니다. 정조가 세상을 떠난 해는 1800년, 19세기가 막 시작되던 시점이었습니다. 정조의 뒤를 이어 나이 어린 순조가 즉위한 이후 외척들이 막대한 권력을 행사하게 되면서 조선은 급속도로 혼란스러워지기 시작했습니다. 우연의 일치라고만 보기엔 다소 아쉬운 이 역사적인 흐름을 두고, 일부 사람들은 정조가 과연 병

때문에 죽은 것이 맞는지 의문을 제기하기도 합니다. 평소 정조의 개혁 정책에 불만을 품고 있던 정치 세력이 정조를 독살한 것은 아니었을까, 하고요.

하지만 이러한 의심은 2009년에 정조가 심환지라는 신하와 주고받은 편지 290여 통이 발견되면서 어느 정도 해소되었습니다. 심환지는 정조가 정책을 펼칠 때마다 사사건건 반대하며 대립각을 세우던 비판적인 신하였습니다. 그런 그와 정조가 비밀스레 편지로 소통했다는 사실은 많은 사람들에게 놀라움을 안겨 주었지요.

편지들의 내용을 조사한 결과, 정조가 편지라는 비공식적인 수단을 사용하여 신하들을 제 편으로 강하게 끌어들이고자 했음이 밝혀졌습니다. 편지 속의 정조는 신하들을 때로는 협박하고, 또 때로는 타이르면서 자신이 원하는 방향으로 정치를 운영하고자 하고 있었지요.

편지에는 공식적인 사료에서는 찾아볼 수 없는 매우 직설적이고 일상적인 한글 표현도 자주 등장합니다. 정조는 종종 거친 비속어를 사용하기도 했으며, 한자 '기쁠 희囍' 자를 반복해 쓰며 자신의 기쁜 감정을 생생하게 표현하기도 했지요. 엄격한 군주의 모습 뒤에 숨겨진 정조의 인간적인 면모를 엿볼 수 있게 하는 대목입니다.

정조는 죽기 2년 전, 자신을 '세상 만물을 비추는 달'에 비유하며 강력한 왕권을 세운 스스로에 대해 큰 자부심을 드러내기도 했습니다. 그런데 편지 속 내용 가운데 무엇보다 주목해야 하는

수원 화성 팔달문(국가유산청)

사실은 정조가 많은 업무 때문에 피로하다거나, 몸이 아파 힘이 들다고 자주 호소했다는 점입니다. 이는 정조가 개혁 정책을 추진하는 과정에서 상당한 부담과 스트레스를 받고 있었음을 잘 보여 줍니다.

나는 바빠서 눈코 뜰 새 없으니 괴롭고 피로한 일이라.

백성이 마음에 걸리고 조정이 염려되어 밤마다 침상을 맴도느라 날마다 늙고 지쳐간다.

나는 일을 보느라 바빠 잠깐 틈을 내기도 어렵다. 닭 우는 소리를 들으며 잠들었다가 오시午時, 오전 11시~오후 1시 가 지나서야 밥을 먹으니, 피로하고 날이 갈수록 소모되는 기분이다.

밤낮을 가리지 않고 과도한 업무에 시달리던 정조는 손을 쓸 수 없을 만큼 시력이 나빠지기도 했습니다. 죽기 직전에는 코앞에 있는 형상도 알아볼 수 없을 만큼 심각한 상태에 이르렀죠. 이처럼 정조의 건강이 지속적으로 안 좋아졌다는 정황을 생각해 보면, 1800년에 그가 맞게 된 죽음은 돌발적인 사건이 아니라 이미 예견된 것이었다고도 볼 수 있겠습니다. 끊임없는 정치적 갈등 속에서 쌓인 피로와 과중한 업무, 그리고 백성을 위한 정치를 펴겠다는 그의 진심 어린 마음이 결국 어느 날 그의 생을 단숨에 앗아갔던 것이지요.

MBTI로 살펴본 조선시대 인물
정조 : ESTJ

지금까지 주합루의 이야기를 시작으로 정조의 삶을 짧게나마 돌아보았습니다. 신하들의 스승으로 우뚝 서서 강한 카리스마로 다양한 정책을 펴 나간 정조E, 다양한 학문을 현실적인 관점에서 받아들이고자 노력한 정조S, 자신을 위협하는 세력은 가차 없이 처벌하며, 강력한 군대를 조직한 정조T, 신하들과 비밀 편지를 주고받으면서 정치를 원하는 방향으로 끌고 가고자 했던 정조J.

이러한 사실들로 미루어 보아 정조의 MBTI는 엣티제ESTJ가 아니었을까 합니다.

2장

생각으로 세상을 바꾸고자 한 선비들

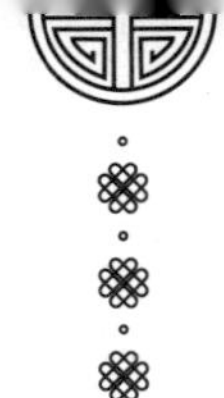

정도전

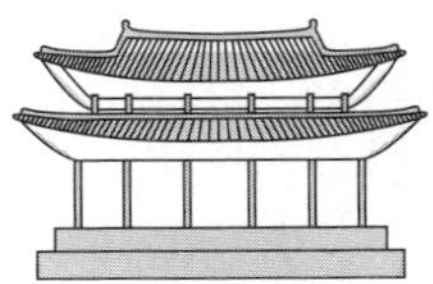

한양의 지형을 한눈에 확인해 볼 수 있는 <수선전도>(한국학중앙연구원)

1392년 새로운 나라 조선을 세운 태조 이성계는 곧바로 수도를 옮길 계획을 세웁니다. 오랜 고민 끝에 새 왕조의 터전으로 선택한 곳은 네 개의 큰 산이 감싸고 있어 방어에 유리하고, 그 가운데로 큰 강이 흘러 교통이

경복궁에서 가장 높은 건물인 근정전(국가유산청). 근정전은 부지런히 정치하는 곳이라는 뜻이다.

편리한 한양이었습니다.

시간이 지날수록 한양은 새 왕조의 중심지로 차근차근 제 모습을 갖추어 갔습니다. 우선 북쪽의 북악산 자락이 포근히 감싸 안은 터에는 왕과 왕의 가족이 거처할 새 궁궐이 세워졌습니다. 그 이름은 경복궁景福宮, '오래오래 큰 복을 누리는 곳'이라는 뜻이었지요. 경복궁 안에 세워진 여러 건물에도 각각의 특별한 의미를 담은 이름들이 붙여졌습니다.

종묘 정전(국가유산청)

사직단(국가유산청)

경복궁의 정문 앞을 따라 나 있는 큰길의 양옆에는 새 나라 조
선을 다스릴 관청들이 사이좋게 들어섰습니다. 그 후에는 남쪽

을 바라보고 앉는 왕을 기준으로 왼쪽에는 역대 왕들의 신주神主, 죽은 사람을 기리는 위패를 모신 종묘가, 오른쪽에는 풍요를 바라며 곡식의 신에게 제사를 지내는 곳인 사직이 세워졌지요.

이처럼 한양은 철저한 계획을 바탕으로 설계된 신도시였습니다. 한양 도성 건설은 500년 왕조의 시작을 함께한 중요한 사업이었지요. 그렇다면 태조를 도와 이렇게나 중요한 임무를 수행한 인물은 누구였을까요? 이성계가 변방의 시골 장수에 지나지 않았던 시절 그를 찾아가 다가올 새로운 시대를 예견하며 그의 든든한 오른팔이 된 사람, 이름조차 도전적이었던 인물, 바로 정도전이었습니다.

길에서 얻은 아이

정도전은 1337년 고려 충숙왕 시절에 가난한 집안의 맏이로 태어났습니다. 38살의 늦은 나이에 아들을 본 정운경은 크게 기뻐했습니다. 그런데 정도전이 태어난 충청북도 단양에는 정도전의 출생과 관련된 의미심장한 이야기가 전해 내려오고 있습니다. 정도전의 이름 '도전道傳'이 '길에서 얻었다'는 의미라는 소문과도 이어지는 일화이지요.

정운경은 어느 날 우연히 만난 관상가로부터 10년 후에 얻는 아이가 훗날 위대한 관리가 될 것이라는 예언을 들었습니다. 그 뒤 정운경은 10년 동안 금강산에서 수행을 마치고 고향으로 돌아가던 중, 운명처럼 우씨 여인을 만나 늦둥이 맏아들 정도전을

단양에 조성된 정도전
동상(국가유산청)

정도전의 고향 단양에 있는 도담삼봉(국가유산청).
도담삼봉의 경치를 좋아했던 정도전은 자신의 호를
'삼봉'으로 삼았다.

얻게 됩니다. 예언이 정확히 맞아떨어진 셈입니다.

그러나 이 일화에는 평생 정도전을 그림자처럼 따라다녔던 아픔이 서려 있습니다. 정운경이 우씨를 우연히 길에서 만났다는 사실에서 짐작할 수 있듯이, 어머니 우씨는 낮은 신분의 인물이었습니다. 우씨는 김진이라는 승려와 그의 노비 사이에서 태어난 인물이었지요.

이러한 이유로 정도전은 어릴 때부터 갖은 차별을 당해야만 했습니다. 이는 과거시험을 준비하기 위해 처음 향교_{지방에 있는 학교}에 입학했을 때 여러 학생들이 자신을 무시했다는 등 정도전이 직접 남긴 여러 기록을 통해 알 수 있습니다. 심지어 과거시험에 합격하여 관직에 나아갔을 때에도 많은 이들의 탐탁지 않은 눈초리를 받았다고 정도전은 회상하고 있지요.

하지만 정도전은 주변의 시선에도 아랑곳하지 않고 자신의 길을 묵묵히 걸어갔습니다. 어릴 때부터 총명하고 공부에 대한 열정이 남달랐던 그는 다양한 책을 두루 읽으며 훌륭한 관리로 성장했습니다. 그리고 그 주위에는 어느새 그와 뜻을 함께할 진정한 벗들이 모여들기 시작했지요.

🌊 성리학을 바탕으로 새 나라를 꿈꾸다

21살의 나이에 과거에 합격한 정도전은 부모상을 당해 잠시 고향에 내려갔다가, 30살도 되기 전에 고려의 국립대학이었던 성균관의 박사로 임명되었습니다. 짧지 않은 공백기에도 불구하고 정도전이 앞날이 창창한 벼슬로 다시 나아갈 수 있었던 이유는 그를 진심으로 아끼는 벗들의 추천 덕분이었습니다. 정도전의 절친한 친구이자 훗날 조선을 건국할 때 그와 함께 공을 세우기도 했던 권근은 그의 젊은 시절을 이렇게 회상하고 있습니다.

삼봉정도전의 호**은 제자를 가르치는 일을 늘 자신의 의무로 삼아 왔다. 성리학 경전을 강의할 때는 알기 쉬운 말로 이치를 설명하여 배우는 이들이 한번 들으면 바로 깨달았다. 이런 까닭에 경전을 들고 와 배우려는 자들이 문과 골목을 가득 메웠으며, 일찍이 삼봉에게 배운 이들은 과거에 합격하여 유명한 관리가 되었다.**

– 권근, 《양촌집》

이처럼 정도전의 뛰어난 학문 덕에 사람들은 점차 그의 출신 문제를 입에 올리지 않게 되었습니다. 많은 이의 존경을 한 몸에 받게 된 정도전, 그는 어떠한 세상을 꿈꾸고 있었을까요? 정도전이 살던 시대는 난세亂世, 전쟁이나 무질서한 정치 때문에 어지러워 살기 어려운 세상 중의 난세였습니다. 밖에서는 하루가 멀다 하고 외적이 쳐들어왔지만, 국방을 엄히 다스려할 관리들은 제 욕심을 채우느라 여념이 없었지요. 게다가 앞으로 올 시대를 이끌어 가야 할 젊은 학자들마저도 백성의 상황에는 도통 무관심했습니다. 이러한 상황을 잘 보여주는 기록을 하나 살펴보겠습니다.

옛날 사람들은 성인을 본받기 위해 공부하는데 요즘 사람들은 벼슬을 하기 위해 공부합니다. 그 결과 유학 경전을 공부하여 그 도를 깊이 이해하기도 전에 화려하게 과시하고자 할 뿐이니, 진심으로 정성을 쏟아 공부할 겨를이 어디 있겠습니까?

-《고려사》

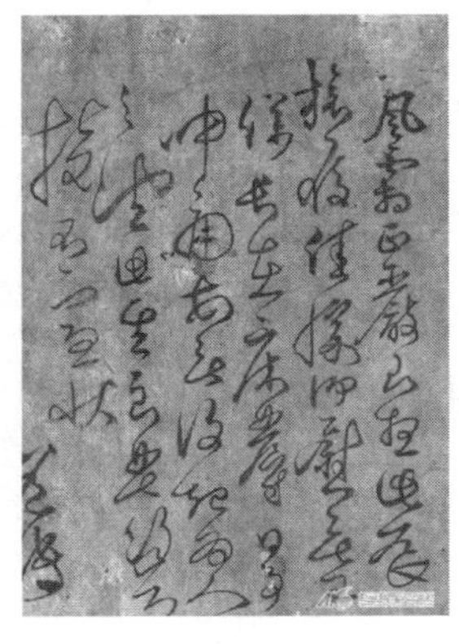

정도전의 서체(한국학중앙연구원)

이 기록은 정도전의 스승이었던 이색이 왕에게 올린 상소입니다. 요새 공부한다는 젊은이들이 학문의 참뜻을 깨우치려고 노력하기는커녕, 겉멋만 들어 있다는 푸념이 주요한 내용이었지요.

정도전도 스승의 의견에 크게 동의

했습니다. 날마다 새로운 사회 문제가 하나씩 터지고 있는 긴박한 상황에서 현실적인 해결책을 찾지는 않고, 너도나도 멋있어 보이는 문장을 달달 외어 지식을 뽐내기에 바빴으니까요. 도무지 있을 수 없는 일이었습니다.

어수선한 사회의 분위기 속에서 정도전은 마음이 맞는 벗들과 함께 원나라에서 건너온 신학문이었던 성리학을 공부하며 새로운 꿈을 키워 나갔습니다. 언젠가 자신에게 기회가 온다면 덕을 갖춘 인재가 백성을 위한 정치를 펴는 세상을 만들겠노라고, 굳게 다짐했지요.

🌊 배움의 기회가 된 귀양길

얄궂게도 정도전을 찾아온 건 기회가 아닌 위기였습니다. 사건은 성리학을 공부하는 학자들에게 비교적 온화한 태도를 보이던 공민왕이 죽은 지 얼마 되지 않아 벌어졌습니다. 어느 날, 정도전은 고려와 힘을 합쳐 명나라를 공격하자는 뜻을 전하러 온 원나라 사신을 접대하는 임무를 맡게 됩니다. 하지만 명나라가 날로 강성해지고 있어 머지않아 원나라를 제압하고 중국의 새 주인이 될 것이라 판단한 정도전은 이 제안을 단호히 거부했지요.

이 일로 그는 평소 원나라와 가까운 사이로 지내며 막강한 권력을 행사하던 이인임 등의 미움을 사게 되었고, 결국 얼마 지나지 않아 전라도 나주로 귀양을 가게 됩니다. 하루아침에 후미진 시골로 쫓겨난 정도전은 언제 귀양에서 풀려나게 될지 모른 채 하루하루를 불안 속에서 살아야 했습니다. 그 애가 타는 심정은 여러 기록을 통해 고스란히 전해지고 있지요.

정선생정도전**이 홀로 방에 앉아 있는데, 낮은 길기만 하고 찾아오는 사람은 없었다. 때로는 책을 던지고 문 앞에 나가 뒷짐을 지고 먼 데를 바라본다. 그러면 산과 강이 얽히고 흐린 하늘에 들은 어두워서 눈에 보이는 풍경이 모두 쓸쓸했다. 집으로 돌아온 정선생은 울적한 생각에 마음이 혼란했다.** - 정도전,《삼봉집》

한 치 앞도 내다볼 수 없는 상황에서 그나마 정도전에게 위안을 준 건 시골 사람들의 따스한 정이었습니다. 자신을 살갑게 대해 주는 사람들의 모습에, 정도전은 '나의 안타까운 처지를 불쌍하게 여기는 건가?' 의심하면서도, 그 호의를 참 고마워했습니다.

한편 마을 사람들의 삶을 가까이에서 지켜볼 수 있었던 귀양 생활은 정도전에게 새로운 배움의 기회가 되어 주었습니다. 책에서는 미처 얻을 수 없었던 소중한 교훈을 얻게 된 것이지요. 어느 날은 한 농부가 정도전을 불쑥 찾아와 어려운 시절에

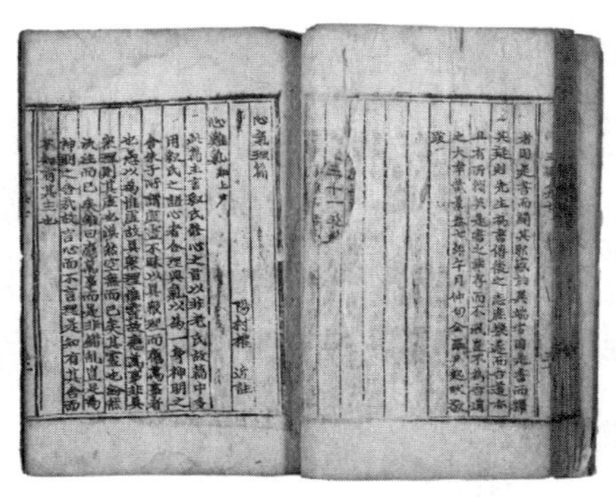

정도전에 대한 자료를 모아 엮은 책
《삼봉집》(국립중앙박물관)

제 배만 채우는 관리들을 날카롭게 비판했습니다. 정도전은 농부라고 해서 가볍게 볼 수 없는 그의 깊은 통찰에 감탄하며 오히려 배움을 청하기도 했지요. 그렇게 예기치 않게 찾아온 위기는 정도전 인생의 새로운 시작이 되어 가고 있었습니다.

땅문서를 모두 불태워라

정도전이 귀양길에서 풀려난 건 무려 8년의 시간이 지나고 난 후의 일이었습니다. 그 기간 동안 정도전은 경상도 영주로 유배지를 옮겼다가, 이 지역 주변을 침략한 왜구를 피해 단양, 제천, 안동, 원주 등지로 피난길을 떠나는 등 험난한 생활을 이어갔습니다. 우여곡절 끝에 다시 관리로 임명된 정도전은 북쪽의 국경 지역에서 중국의 반란 세력인 홍건적을 물리치며 명성을 쌓아온 무인 이성계와 손을 잡습니다.

기나긴 귀양 생활로 값진 시간들을 잃어버린 끝에 스스로의 힘만으로는 사회를 개혁하기 어렵다는 결론을 내리게 된 걸까요. 그러나 당시 막대한 권력을 쥐락펴락하고 있었던 관리들의 견제도 만만치 않았습니다. 얼마 지나지 않아 이성계는 중국의 요동을 정벌하라는 명을 받고 북쪽으로 떠나게 되었지요.

승산 없는 전쟁에 꼼짝없이 군사를 잃을 처지에 놓인 이성계는 일생일대의 결정을 내립니다. 위화도 부근에서 말머리를 돌려 개경에 돌아온 것입니다. 이성계가 돌아왔을 때 정도전이 그와 어떠한 대화를 나누었는지는 자세히 전해지지 않습니다. 분명한 건 위화도 회군을 시작으로 고려를 개혁하고자 한 정도전의 계획이 차근차근 진행되기 시작했다는 사실입니다.

정도전이 이성계와 함께 가장 먼저 단행한 개혁은 땅문서를 활활 불태우고 시행한 과전법이었습니다. 평소 정도전은 권력 있는 관리들이 백성의 토지를 중복해서 소유하고 있는 현상을 가장 심각한 문제로 여기고 있었습니다. 해당 토지에서 농사짓는 백성들은 너도 나도 땅의 주인이라고 주장하는 관리들 모두에게 세금을 내야만 했습니다. 이 때문에 가난한 백성들의 생활은 점점 더 어려워질 수밖에 없었습니다.

땅문서를 모두 불태워버린 정도전은 토지의 소유관계를 처음부터 다시 싹 정리했습니다. 과전법에 의해 관리들은 벼슬의 높고 낮음에 따라 경기도 토지의 수조권을 받게 되었지요. 수조권은 토지의 세금을 거둘 수 있는 권리를 말합니다. 이전 제도와 가장 큰 차이점은 백성이 관리에게 내야 했던 세금이 수확량의 1/2에서 1/10로 크게 줄었다는 사실입니다.

🌀 500년 왕조의 설계자가 맞이한 비참한 최후

그러나 고려를 개혁해야 한다고 뜻을 모았던 관리들이 모두 과전법에 동의한 것은 아니었습니다. 과전법을 시행하는 과정에서 정도전은 청년 시절부터 돈독한 관계를 쌓아 온 정몽주를 비롯하여 많은 친구들을 잃어야 했지요. 그렇다고 해서 이미 빼어 든 칼을 거둘 수는 없었습니다.

1392년 마침내 이성계는 정도전의 대폭적인 지지를 바탕으로 고려의 수도 개경에서 조선의 첫 번째 왕, 태조로 즉위합니다. 왕씨의 나라가 저물고 이씨의 나라가 시작되는 역사적인 순간이었습니다. 새로운 수도로 점찍은 한양을 설계하는 것부터 나라의 법을 정비하는 일까지 정도전이 관여하지 않은 일은 없었습니다. 새출발을 앞둔 정도전이 나라를 경영할 원칙으로 가장 중요하게 내세운 건 다름 아닌 백성이었습니다.

왕은 높고 귀하다. 그러나 왕이 다스리는 천하는 매우 넓고, 그 천하에 살고 있는 백성들도 매우 많다. 만약 왕이 백성들의 마음을 얻지 못하면 크게 걱정할 일이 생기게 될 것이다. 백성은 약하지만 힘으로만 위협할 수 없고, 어리석다고 해도 속일 수 없다. 왕이 백성의 마음을 얻게 되면 백성은 왕에게 복종하겠지만, 마음을 얻지 못하면 왕이 백성의 배반을 당할 것이다. 백성의 마음은 사사로운 뜻으로 구차하게 얻을 수 있는 것이 아니다. 오직 어진 덕으로만 백성의 마음을 얻을 수 있을 것이다.

- 정도전, 《삼봉집》

정도전은 왕이든, 신하이든 어진 덕을 바탕으로 백성의 마음을 얻어 세상을 다스려야 한다고 생각했습니다. 태조도 그의 의견에 크게 동의했지요. 하지만 예상치도 못한 문제가 생기고야 말았습니다. 태조의 다섯 번째 아들이자 정몽주를 살해하며 조선을 세우는 데 큰 공을 세웠던 이방원이 심상치 않은 움직임을

정도전 표준 영정(전통문화포털)

보이기 시작했던 것입니다.

정도전이 이방원의 미움을 사게 된 이유는 태조의 막내아들이자 이방원과는 배다른 형제였던 이방석을 세자로 세운 일 때문이었습니다. 평소 정도전은 태조의 뒤를 이어 나라를 이끌어 갈 인물은 흰 도화지 같은 사람이면 좋겠다고 생각하고 있었습니다. 조선의 새로운 통치 철학인 성리학을 차근차근 배워 어진 왕으로 성장하기 위해서는 이미 어엿한 어른이 된 다른 아들들보다 가장 나이가 어린 막내 이방석이 알맞다고 본 것이지요.

왕좌를 향한 들끓는 야심을 품고 있던 이방원은 결국 다시 칼을 빼 들고 맙니다. 옛날 선죽교에서 조선의 건국을 반대하던 정몽주를 제거한 것처럼, 자신의 앞길을 가로막는 이들을 모두 베어버릴 결심을 한 것입니다. 그렇게 정도전은 이방원의 칼끝에 허망한 최후를 맞이하고 맙니다. 역사는 이 사건을 '1차 왕자의 난'으로 기록하고 있지요.

이후 세상은 정도전을 왕조를 설계한 1등 공신이 아닌, 어린 세자를 앞세워 권력을 휘두르려 한 간신 奸臣, 간사한 신하 으로 기억했습니다. 정도전의 오랜 친구이자 함께 조선 건국을 위해 애써온 권근마저도 그에게서 완전히 등을 돌리고 말았지요.

정도전이 억울한 누명을 벗은 건 이로부터 400여 년이 지난 뒤였습니다. 흥선대원군이 임진왜란 때 불타 없어진 경복궁을 다시 세우는 과정에서 그의 공로를 다시 공식적으로 인정해 준 것입니다. 평생을 새로운 세상을 꿈꾸며 부푼 마음으로 조선을 설계한 정도전, 그의 이름이 우리 곁에 온전하게 전해지게 된 데에는 이처럼 복잡한 사연이 있었습니다.

MBTI로 살펴본 조선시대 인물
정도전 : ESFJ

지금까지 경복궁의 이야기를 시작으로 정도전의 삶을 짧게나마 돌아보았습니다. 어머니의 출신 문제로 많은 이들의 손가락질을 받으면서도 꿋꿋이 제 뜻을 지키며 지지층을 얻은 정도전E, 원나라에서 들어온 신학문이었던 성리학을 공부하며 현실적인 개혁안들을 구상한 정도전S, 귀양길에서 어렵게 생계를 이어가는 백성들을 보며 백성을 위한 나라를 꿈꾸게 된 정도전F, 철저한 계획을 바탕으로 조선의 앞날을 설계한 정도전J.

이러한 사실들로 미루어 보아 정도전의 MBTI는 엣프제ESFJ가 아니었을까 합니다.

감각적인 카페, 파인 다이닝 레스토랑, 트렌디한 패션 거리, 고급 아파트 등, 압구정을 떠올리면 자연스럽게 떠오르는 이미지들입니다. 이처럼 오늘날 부티크의 대명사로 알려진 압구정에는 숨겨진 과거가 있습니다.

원래 '갈매기와 친하게 노는 정자'라는 뜻의 압구정鴨鷗亭은 조선시대 많은 이들의 사랑을 받는 최고의 명소였습니다. 지금은 압구정 현대 아파트 앞에 쓸쓸히 놓인 비석 하나로만 압구정의 옛 자리를 겨우 짐작해 볼 수 있을 뿐이지만 말입니다.

정선이 그린 압구정의 풍경(한국학중앙연구원)

압구정의 옛 주인, 킹메이커 한명회

　조선시대 한양을 관통해서 흐르는 큰 물길이었던 한강은 크게 세 구역으로 나뉘었습니다. 오늘날 광진구에서 성동구 앞에 흐르는 동호, 용산구 일대의 용호, 마포와 양화대교 사이를 지나는 서호입니다. 당시 사람들은 이 동호, 용호, 서호의 빼어난 경치를 만끽하기 위해 곳곳에 정자를 세웠습니다. 이 중에서도 동호는 흰 모래사장과 울창한 갈대숲으로 유명하여 일찍부터 왕실의 휴양지와 중국 사신을 접대하는 연회 장소로 큰 사랑을 받았지요.

　바로 이 동호에 압구정이 자리하고 있었습니다. 압구정은 지어진 당시뿐만 아니라 그 이후에도 많은 사람들의 발길이 이어졌습니다. 그렇다면 이 압구정의 주인은 누구였을까요? 바로 세조, 예종, 성종이 왕위에 오르는 데 중요한 역할을 한 조선의 대표 킹메이커, 한명회입니다. 압구정은 당대 최고의 권세가였던 한명회의 명성 덕에 오랜 세월 동안 유명세를 떨쳤습니다. 조선을 찾은 중국 사신들이 가장 가보고 싶어 했던 명소였을 뿐만 아니라, 압구정의 아름다움을 칭송하는 시는 세월이 흘러도 끊이지 않았지요.

하지만 이러한 압구정의 유명세와는 달리 찬란했던 과거를 뒤로하고 노년에 접어든 한명회의 상황은 그리 좋지 못했습니다. 심지어 한명회가 세상을 떠난 뒤, 압구정을 찾은 이들은 종종 인생의 덧없음을 노래하는 시를 남기기도 했지요. 한명회, 그에게는 과연 어떤 일들이 있었던 걸까요?

낙하산으로 시작된 굴욕적인 관직생활

한명회는 1415년 태종 15년, 고려 말부터 이름난 명문 양반 가문에서 태어났습니다. 하지만 이러한 배경과는 달리 어린 시절의 그는 갖은 어려움을 견뎌내야 했습니다. 산달 어머니가 아이를 임신하고 있는 기간, 보통 10개월 을 채우지 못하고 7개월 만에 세상에 태어난 탓에 병약한 몸을 타고났던 그는 부모님마저 일찍 여의면서 친척 집에 의지하며 궁핍한 생활을 이어가야 했지요.

다행히도 한명회는 어린 시절의 결핍을 이겨내고 훤칠한 키에

잘생긴 용모를 갖춘 어엿한 청년으로 자랐습니다. 한명회의 양아버지였던 한상덕은 "우리 집안을 일으킬 큰 그릇"이라며 그에게 큰 기대를 걸기도 했지요. 한명회가 어떠한 모습으로 장성했는지는 여러 기록을 통해 전해집니다.

얼굴이 잘나고 키가 커서 바라보면 위대하였다. 출세하기 전에 지혜와 기개가 뛰어난 이들과 사귀었고 그 무리 안에서도 단연 돋보였으니 사람들이 모두 큰 관리가 될 것이라 기대하였다.

– 서거정, 《한명회의 신도비명》

주변의 부러움을 한 몸에 받을 정도로, 한명회의 앞날은 마치 꽃길만이 펼쳐질 것처럼 보였습니다. 그러나 출세의 길은 생각보다 멀고 험난했습니다. 여러 번 과거시험에 낙방하며 실패의 쓴맛을 본 한명회는 결국 음서를 통해 가까스로 관직 생활을 시작하게 됩니다. 음서는 높은 벼슬에 있는 이들의 자손에게 낮은 직급의 벼슬을 내려 주는 제도로, 오늘날의 표현으로는 '낙하산 인사'라고 할 수 있습니다.

우여곡절 끝에 한명회가 맡게 된 직책은 개성에 있는 왕실 별장인 경덕궁을 관리하는 말단 중의 말단직이었습니다. 당시 그의 나이가 이미 38살이었으니, 보통 20대 초중반에 벼슬을 시작하던 당시 기준으로 보면 꽤나 뒤늦은 출발이었습니다.

이렇듯 초라한 시작은 그의 자존심에도 적지 않은 상처를 남겼습니다. 한 번은 벼슬을 얻은 지 얼마 지나지 않아 개성에서 관리들의 계모임이 열렸는데, 한명회도 그 자리에 참석하고 싶어 했습니다. 이렇다 할 수 있는 연줄이 없어 어렵게 모임에 참석한 한명회를 많은 관리들은 얕잡아 보았고, 심지어는 망신까지 주었습니다. 명문가 출신으로 유망한 미래를 꿈꿔 온 한명회에게 이 사건은 뼈아픈 기억으로 남았지요.

🌊 역사를 바꾼 운명적인 만남

이처럼 많은 어려움이 있었지만, 한명회는 때마다 좌절하지 않고 훌훌 털고 일어났습니다. 문과 시험에 합격한 수재이자, 절친한 친구였던 권람에게는 종종 "문장과 도덕은 자네에 미치지 못하지만, 사업을 이끌어 나가는 것은 내가 어찌 크게 뒤지겠는가."라며 근거 없는 자신감을 드러내곤 했지요.

언젠가 자신의 존재감을 세상에 보여 줄 날이 오리라, 한명회는 조용히 때를 기다렸습니다. 그러던 어느 날, 권람에게 수양대군을 꼭 만나보고 싶다며 다리를 놓아달라고 부탁했지요. 이때 권람은 수양대군을 도와 군사와 관련된 서책을 정리하는 관직을 맡고 있었습니다.

수양대군은 세종의 둘째 아들입니다. 당시 정치는 세종의 첫째 아들인 문종이 갑작스레 세상을 떠난 뒤 그의 어린 아들 단종이 왕위에 오르면서 큰 혼란에 빠져 있었습니다. 12살에 지나지 않은 어린 왕을 둘러싸고 세종 때부터 힘을 키워온 신하들과 왕자들은 팽팽한 신경전을 벌이고 있었지요.

이들 중 한 명이었던 수양대군은 호시탐탐 왕위를 노리고 있었습니다. 그러나 이미 문종의 유일한 아들이자, 수양대군의 조카인 단종이 정당하게 왕위를 이은 상황에서 그가 왕좌를 차지할 만한 합당한 근거는 전혀 없었습니다. 게다가 많은 이들이 수양대군의 행보를 의심스러운 눈초리로 지켜보고 있었지요.

이러한 상황에서 한명회는 왜 수양대군을 만나고 싶어 했던 걸까요? 그는 수양대군이야말로 당시의 혼란을 잠재우고 권력을 쟁취할 힘을 지닌 뛰어난 인물이라고 생각했습니다. 평소 한명회를 높게 평가하던 권람은 그의 소원대로 수양대군과 만날 수 있는 자리를 마련해 주었습니다.

드디어 만나게 된 두 사람, 어색함이 감도는 분위기 속에서 수양대군은 한명회에게 대뜸 이렇게 묻습니다.

"내 형세가 외롭고 약하니 어찌하겠습니까?"

과연 한명회가 자신의 앞날을 꼼꼼히 설계해 줄 지혜를 지닌 인물인지 떠보려는 심산이었지요. 이에 한명회는 눈 하나 깜짝하지 않고 또박또박 자신의 의견을 전했습니다. 나라의 앞날을 어지럽게 하는 자들을 처단하는 일은 마땅히 왕족의 후손인 수양대군이 해야 할 일이라는 것이었지요. 한명회의 말에 수양대군은 무릎을 탁 쳤습니다. 그러고는 "어찌 이제야 만났단 말인가."라며 그의 손을 덥석 잡았지요. 조선의 역사를 뒤바꿀 운명적인 순간이었습니다.

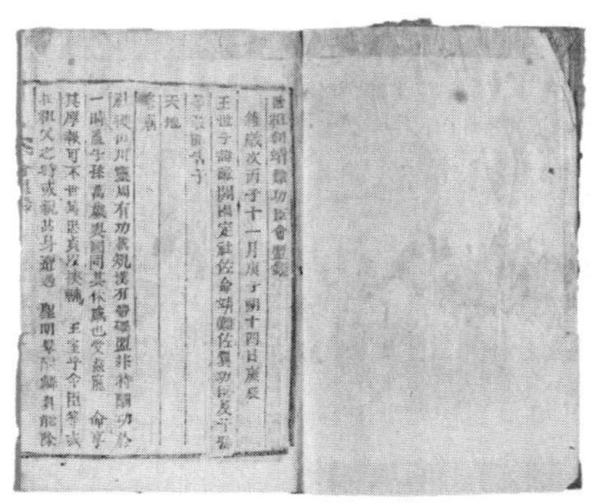

세조를 왕위에 올리는 데 공을 세운 신하들의 맹세가 담긴 책(국립중앙박물관)

뛰어난 책략가인 한명회를 만난 수양대군을 막을 이는 그 아무도 없었습니다. 그는 자신을 반대하는 이들을 어린 왕을 위협하는 반란 세력으로 몰아 제거하고자 했습니다. 이 과정에서 한명회의 활약은 눈이 부실 정도였습니다.

붓이 아닌 칼로 왕좌를 쟁취하기 위해서는 무엇보다 무인들의 협력이 꼭 필요했습니다. 평소 무인들과 친하게 지내던 한명회는 수양대군에게 미리 이들을 제 편으로 끌어들여야 한다고 조언했습니다. 실제로 이때 한명회의 권유로 포섭한 홍달손이라는 인물은 중요한 역할을 해냅니다. 궁궐을 손에 넣고 반대 세력을 하나씩 제거하려 했던 수양대군의 계획이 본격적으로 시작될 무렵, 한양 도성의 경비를 맡고 있던 그가 삼엄한 경계를 뚫고 길을 열어준 것입니다.

그 길로 궁궐에 들어간 한명회는 피도 눈물도 없는 냉혹한 책략가의 면모를 유감없이 드러냈습니다. 평소 수양대군을 못마땅하게 여기고 있던 신하들의 명부를 미리 작성해 두었던 그는, 이들이 궁궐에 도착하기만을 기다리고 있었습니다. 명부에 이름이

서울특별시 동작구에 자리한 사육신묘(국가유산청). 사육신은 단종에 대한 충성과 의리를 끝까지 지키려다 목숨을 잃은 여섯 명의 신하이다.

오른 이들에게는 미리 단종이 급히 궁으로 부르니 신속히 오라는 거짓 명령을 전달한 후였습니다. 이윽고, 하나둘씩 궁 안으로 발을 들이기 시작한 신하들은 숨어 있던 한명회의 사람들에 의해 처참하게 살해되었습니다. 이로써 하루아침에 수양대군의 세상이 열리게 되었지요.

한명회의 지휘 아래 계획이 척척 진행되어 가자, 겁에 질린 단종은 결국 숙부 수양대군에게 왕위를 넘겨주고 맙니다. 수양대군이 세조로 즉위하는 순간이었지요. 왕이 된 세조는 자신의 오른팔로 크게 활약한 한명회에게 높은 벼슬을 내렸습니다. "나는 한 일이 없고 모두 한명회가 이루었다."라는 게 세조의 평가였지요. 그렇게 한명회는 한낱 궁을 지키는 보잘것없는 관리에서 막강한 권력을 휘두르는 세기의 권력자로 우뚝 서게 되었습니다.

그러나 비정상적이고도 폭력적으로 왕위에 오른 세조에게는 곧 여러 차례의 시련이 닥쳐왔습니다. 상왕으로 물러나게 된 단종을 다시 왕위에 올리고자 한 반란이 한 번도 아니고 두 번씩이나 일어났던 것이지요.

이때에도 한명회의 존재는 빛을 발했습니다. 평소 눈치가 빨랐던 그는 심상치 않은 분위기를 미리 읽어내고는 때마다 미리 손을 써 두었습니다. 그렇게 모든 상황이 마무리되자, 세조의 한명회에 대한 총애는 한없이 높아졌습니다. 세조가 자신의 둘째 아들을 한명회의 딸과 결혼시킨 것도 이 무렵의 일이었습니다. 이제 한명회는 공을 세운 신하의 지위를 넘어 왕실과 한 가족이 되었습니다.

혼란을 어느 정도 수습한 세조는 한명회를 도체찰사로 임명하여 여러 차례 지방으로 파견했습니다. 도체찰사는 지방을 다스리는 수령을 감시하고 아울러 백성의 여론을 살피는 중요한 임무를 띤 벼슬이었습니다. 한명회가 지방으로 떠날 때면 세조는 "경의 눈과 귀가 내 눈과 귀와 다름이 없다."라며 단단한 믿음을 보여 주었습니다. 세상 사람들은 하늘을 찌를 듯 높아진 한명회의 위세를 보고, "천하가 한명회의 손에 있다."라며 평가하기도 했지요.

한명회와 세조의 위험한 줄타기

그러나 누구도 도전할 수 없는 권력을 갖게 된 한명회에게도 위기는 찾아왔습니다. 아이러니하게도 한명회의 독주를 막아선 건 다름 아닌 세조였습니다. 자신의 손으로 직접 쥐여 준 권력이었지만 그 권세가 왕을 뛰어넘을 정도로 높아지는걸, 세조는 결코 원하지 않았던 것이지요.

세조의 불편한 마음은 '이시애의 난'이라는 반란 사건을 계기로 더욱 커지고 말았습니다. 반란을 꾀한 무리들의 입에서 한명회의 이름이 연거푸 나왔기 때문이었습니다. 분노한 세조는 한명회를 깊이 가둔 뒤, 샅샅이 조사하라는 엄명을 내렸습니다. 다행히도 한명회가 반란에 가담했다는 증거는 그 어디에서도 나오지 않았습니다.

무고가 밝혀진 뒤 옥에서 바로 풀려났지만 세조의 마음이 예전 같지 않다는 사실에 한명회는 불안하고 초조할 수밖에 없었습니다. 오늘날로 치면 국무총리의 자리까지 오른 그였지만, 왕의 신뢰 없이는 하루아침에 비참한 처지가 될 수 있다는 사실을 그 누구보다 잘 알고 있었기 때문이었지요.

그러나 하늘은 한명회의 편이었습니다. 얼마 후 건강이 악화된 세조가 세상을 떠나게 되었던 것입니다. 세조의 뒤를 이어 왕위에 오른 이는 세조의 둘째 아들이자 한명회의 사위였던 예종이었습니다. 다시 운명처럼 한명회의 세상이 열렸던 것이지요.

그러나 숨을 고를 새도 없이 상황은 예기치 않게 전개되었습니다. 예종이 즉위한 지 채 2년도 되지 않아 세상을 떠나면서 또다시 한명회는 불안한 처치가 되고 만 것입니다. 마음이 급해진 한명회는 재빨리 다음 수를 썼습니다. 자신의 또 다른 사위였던 자을산군을 왕좌에 앉힐 계획을 세운 것입니다.

자을산군은 세조의 장남인 의경세자의 아들이었습니다. 의경세자가 일찍 세상을 떠나는 바람에 그의 가족은 궁 밖에서 지내고 있었지요. 그런데 문제는 자을산군이 의경세자의 둘째 아들이었다는 점이었습니다. 하지만 한명회를 막을 수 있는 이는 아무도 없었습니다. 결국 자을산군은 한명회의 강한 입김 아래 단번에 왕위에 올랐으니 그가 바로 조선의 아홉 번째 임금, 성종입니다.

그러나 성종도 그리 호락호락하지 않았습니다. 어느덧 성인이 되어 직접 정치를 이끌게 된 성종은 장인과는 다른 길을 가기를 원했지요.

성종은 한명회를 비롯하여 세조를 왕위에 올리는 데 큰 역할을 한 신하들이 여전히 막강한 권력을 쥐고 있다는 현실을 탐탁지 않아 했습니다. 이에 지방에서 꾸준히 학문을 연구하던 학자들을 야금야금 등용해 이들을 견제할 새로운 정치 세력으로 키우고자 했지요.

성종의 선택을 받은 이들이 가장 먼저 겨냥한 대상은 오랜 세

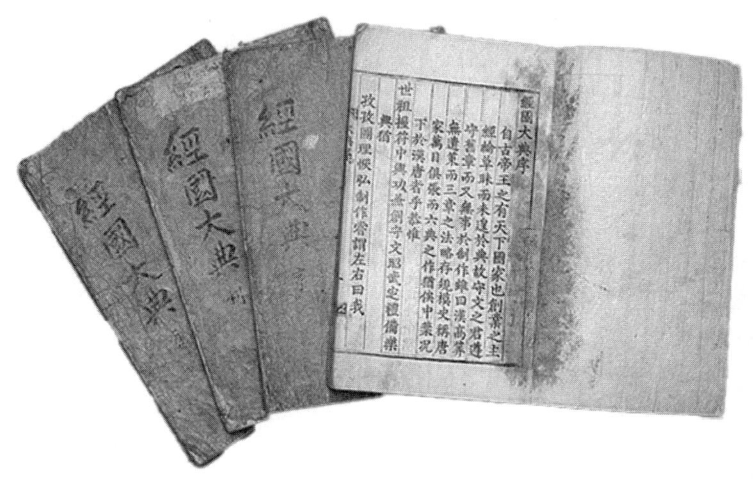

성종 대에 편찬된 조선의 법전, 《경국대전》(국립중앙박물관)

월 도전받지 않는 권력을 휘둘러온 한명회였습니다. 성종은 겉으로는 장인을 감싸고 보호하는 듯했지만, 속으로는 어떻게든 그를 권좌에서 끌어내릴 기회를 엿보고 있었지요. 마침내 성종에게 그럴듯한 명분을 쥐여준 것은 다름 아닌 '압구정' 사건이었습니다.

사정은 이러했습니다. 조선을 방문한 명나라 사신이 경치가 아름다운 압구정을 둘러보고 싶어 했습니다. 그러자 성종은 한명회에게 압구정에서 사신을 위한 연회를 베풀어 달라 청했지요. 그런데 한명회는 왕의 부탁이 썩 내키지 않았던 듯합니다. 한참 뜸을 들이던 그는 '왕이 사용하는 큰 장막을 빌려달라.'는 다소 무리한 청을 올렸습니다. 연회를 열기에는 압구정이 좁다는 게 그 이유였죠.

충청남도 천안에 있는 한명회의 묘(국가유산청)

그렇다고 왕을 상징하는 장막을 요구하다니, 괘씸하단 생각이 들었지만 성종은 짐짓 태연한 척 점잖게 거절합니다. 그런데 한명회는 한발도 물러서진 않습니다. '장막이 없으면 연회를 열 수 없다.'며 불편한 기색을 숨기지 않은 거죠. 결국 꾹 참고 있던 성종이 폭발하고 맙니다. 성종은 한명회의 언행을 임금에 대한 무례와 불충으로 간주하고 그를 관직에서 내쫓아 버립니다. 허무하게도, 한명회의 시대는 그렇게 막을 내렸습니다.

물론 그 뒤로도 한명회는 간간이 명나라에 사신으로 다녀오는 등 종종 특별한 임무를 띤 관직을 받기는 했지만, 그 영향력은 결코 예전 같지 않았습니다. 마치 이빨 빠진 호랑이처럼, 그는 점차 세상 사람들의 기억 속에서 잊혀져 갔지요.

그렇게 얼마 지나지 않아 홀로 쓸쓸한 죽음을 맞이하게 된 한명회, 그에게는 죽음도 끝이 아니었습니다. 성종의 뒤를 이어 왕위에 오른 연산군이 자신의 친어머니가 폐위된 사건을 조사하는 과정에서 한명회가 연루된 사실을 알고 그를 부관참시에 처했던 것입니다. 부관참시는 무덤 속의 시신을 끌어내어 목을 베는 끔찍한 형벌이었습니다.

MBTI로 살펴본 조선시대 인물
한명회 : ESTJ

압구정 이야기를 시작으로 짧게나마 한명회의 삶을 돌아보았습니다. 38살의 늦은 나이에 음서로 관직 생활을 시작했지만 자신의 처지를 비관하지 않고 인맥을 쌓으며 출세의 기회를 노린 한명회E, 정치적인 혼란을 헤쳐 나갈 파트너로 수양대군을 지목하고, 그를 왕으로 만드는 데 성공한 한명회S, 여러 사람의 피로 물든 권좌에 앉아 막강한 권력을 누리게 된 한명회T, 위기가 닥쳐올 때마다 철두철미한 전략으로 모두 극복해 온 한명회J.
이러한 사실들로 미루어 보아 한명회의 MBTI는 엣티제 ESTJ 가 아닐까 합니다.

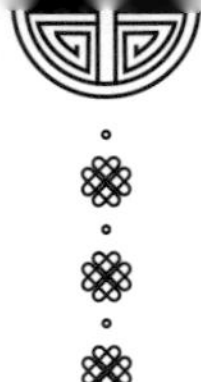

세상을 바꾸고자 온몸을 바친 선비,
조광조

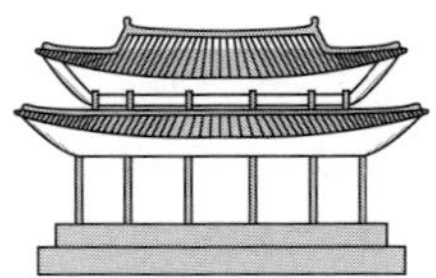

전국 곳곳을 여행하다 보면 역사적 장소를 알리는 적갈색 표지판을 쉽게 발견할 수 있습니다. 그 표지판을 유심히 살펴보면 '서원'이라는 이름이 특히 자주 등장한다는 걸 알게 되지요. 조선시대 최초의 서원인 소수서원을 포함해, 오늘날 우리나라에 남아 있는 서원 중 총 9곳은 그 역사적 가치를 인정받아 2019년 유네스코 세계문화유산으로 등재되었습니다.

서원은 조선의 대표적인 교육기관입니다. 오늘날로 치면 '사립학원'과 비슷하다고 말할 수 있지요. 오늘날 학생들이 대학 입시에 성공하고자 좋은 학원을 찾아 동분서주하는 것처럼 조선시대에도 여러 선비들이 명성을 쌓거나 과거시험에 합격하여 출세하기 위해 좋은 서원에 들어가고 싶어 했습니다.

서원은 사림이 본격적으로 정치를 주도하기 시작한 16세기부터 활발하게 세워지기 시작했습니다. 성종 때부터 벼슬길에 나선 사림은 연산군 대 여러 차례의 사화를 겪으며 큰 어려움을 맞이했습니다. 하지만 사림은 거기서 결코 주저앉지 않았습니다. 오히려 위기를 맞닥트릴 때마다 지방 곳곳에 자신들만의 서원을 세워 학문을 갈고닦으며 미래를 준비했습니다. 서원은 단순한 교육기관이 아닌, 사림의 든든한 정신적 버팀목 역할을 해 주었던 것입니다. 사림은 자신들이 스승으로 섬기는 위대한 성현의 위패를 모시고, 한마음 한뜻으로 뭉쳐 꾸준히 세력을 키워나갔습니다.

🌊 심곡서원 일소당에 남은 조광조의 꿈

경기도 용인시 수지구에 위치한 심곡서원은 사림의 롤모델 중 한 명이었던 조광조의 위패를 모신 곳입니다. 자연 속 멋진 풍경을 자랑하는 다른 서원들과 달리, 심곡서원은 오늘날 주거 단지 한가운데 외롭게 우뚝 서 있습니다. 이처럼 심곡서원은 경치만 놓고 보면 다소 아쉬울 수 있지만, 그 역사적 의미만큼은 다른 서원들에 결코 뒤처지지 않는 곳이라 할 수 있습니다. 연산군이 자초한 때 이른 조선의 위기를 극복하기 위해 자신의 모든 것을 바쳤던 조광조의 정신이 깃든 곳이기 때문이지요. 또한 심곡서원에서 멀지 않은 곳에는 조광조의 묘도 자리하고 있습니다.

심곡서원(국가유산청)

조광조의 묘(국가유산청)

　전라남도 화순 능주의 유배지에서 조광조는 38살의 한창 젊은 나이에 쓰디쓴 사약을 받았습니다. 연산군을 내치고 새로 왕위에 오른 국왕, 중종과 함께 새로운 정치를 펴나가리라는 그의 꿈은 그렇게 하루아침의 이슬로 흩어져 버리고 말았습니다.

　임금이 내린 사약을 받은 조광조는 혹시 중종이 자신에게 따로 남긴 말이나 글은 없을까 거듭 물어보았습니다. 자신을 아끼고 믿어 준 임금이 하루아침에 등을 돌렸다는 사실을 받아들이기가 참 어려웠던 것이지요. 하지만 돌아오는 대답은 차갑기만 했습니다. 중종이 그에게 남긴 말은 단 하나도 없었으니까요. 체념한 조광조는 사약을 받기 전 시 한 편을 남기고 싶다며 간절히 청했습니다. 다음은 삶과 죽음의 경계에서 조광조가 써 내린 시입니다.

愛君如愛父 임금을 어버이처럼 사랑하였고

憂國如憂家 **나라를 내 집처럼 근심하였네**

白日臨下土 **해가 아래 세상을 굽어보니**

昭昭照丹衷 **충정을 밝게 비추리**

심곡서원 안에 자리한 건물 '일소당日昭堂'은 조광조가 죽음을 앞두고 남긴 시에서 따온 글자로 이름 지어졌습니다. 해일 가 충성을 비추는소 곳당 이라는 뜻이지요. 심곡서원에서 공부하던 유생들은 조광조가 이루지 못한 꿈을 떠올리며, 더욱 학문에 열중하지 않았을까요?

중종의 사랑을 한 몸에 받은 신예

조광조는 중종이 왕위에 오른 지 10년이 지나던 무렵 혜성처럼 정치 무대에 등장했습니다. 그가 조정에서 모두의 주목을 받는 떠오르는 신예가 될 수 있었던 건 중종이 그를 온 마음으로 지지하는 든든한 후원자가 되어 주었기 때문입니다. 중종은 조선 역사상 처음으로 신하들이 일으킨 '반정反正'을 통해 왕이 되었습니다. 연산군의 어두운 과거를 바로잡고, 정치를 올바르게 이끌어야 한다는 무거운 책임감이 중종의 어깨를 무겁게 짓눌렀지요.

하지만 위급한 상황에서 신하들의 선택으로 하루아침에 왕이 된 중종은 자신이 원하는 대로 정치를 펼치기가 쉽지 않았습니다. 어린 조카를 몰아내고 스스로의 힘으로 왕위에 오른 세조와는 상황이 많이 다를 수밖에 없었지요. 중종을 왕위에 올려 '공신'이라는 높은 지위를 받게 된 신하들은 나라의 모든 일에 일일이 간섭하려 했습니다. 이 과정에서 중종은 왕위에 오른지 단 7일 만에 사랑하는 왕비까지 잃어야 했습니다. 엄혹한 정치의 세계에 눈물로 발을 들인 것이지요.

그러나 중종도 결코 만만한 인물은 아니었습니다. 실록을 보면, 중종이 상당히 영리하고 빠르게 상황을 판단하는 왕이었다는 사실이 여러 차례 나타납니다. 특히 행정 실무에 능통해 작은 오류도 단번에 찾아내곤 했는데, 이 때문에 신하들이 진땀을 빼는 일도 많았다고 전해집니다.

시간이 흘러 어느새 노련한 정치가로 성장한 중종은 스스로 정치의 주도권을 잡기 위한 반전을 꾀하기 시작합니다. 옛날 성종이 그랬던 것처럼 중종은 사림을 등용하여 자신의 강력한 지지 세력으로 키우려 했지요. 이 과정에서 중종의 눈에 들어온 인물이 바로 조광조였습니다.

그렇다면 조광조의 어떤 점이 중종의 마음을 사로잡았을까요? 조광조는 선비라면 누구나가 다 롤모델로 삼을 만한, 모범생 중의 모범생이었습니다. 성리학을 성실하게 공부한 그는 '내 마음속에서 도덕적으로 조금도 어긋남이 없다고 확신한 후에 행동한다면, 세상의 모든 일이 바른 이치에 맞게 이루어질 것이다'라고 생각했습니다. 오늘날의 시선에서 보면, 조광조의 이런 생각은 마치 현실과 동떨어진 이상적인 이야기처럼 느껴질 수도 있습니다.

그러나 오늘날 사회의 모든 법칙과 질서가 민주주의를 바탕으로 하고 있는 것처럼, 조선 사회의 법칙과 질서는 모두 성리학에서 비롯되었습니다. 성리학은 우주의 질서와 인간의 심성을 깊이 연관 지어 연구하는 학문으로, 유학의 한 종류입니다. 그러므로 나 자신이 떳떳하고 올바른 뒤에야 세상을 바로 세울 수 있다는 성리학에 뿌리를 두고 있는 조광조의 생각은 그렇게 비현실적이었다고 볼 수 없지요.

한편 조광조는 세상을 바꾸기 위해서라면 뭐든지 발 벗고 나설 준비가 되어 있는 실천파 성리학자였습니다. 올바른 신념으로 똘똘 뭉친 열정 넘치는 신입 관리, 조광조가 중종에게 매력적인 인재로 다가올 수밖에 없었던 이유였습니다.

🌀 날카로운 신념 때문에 미운털이 박히다

조광조는 중종의 시대가 앞으로 펼쳐질 조선의 운명을 결정지을 중요한 시기라고 보았습니다.

"세조와 성종 대에는 훈구가 좋지 못한 풍조를 만들었고, 연산군 때는 그 해로움이 더 심해졌습니다."

"연산군 때 나라가 망하지 않는 게 다행입니다. 올바른 선비들을 한낱 지푸라기처럼 쉽게 죽였기 때문에 신하들이 앞다투어 침묵을 지키고, 자신의 몸을 보호하기에만 여념이 없었습니다."

–《중종실록》

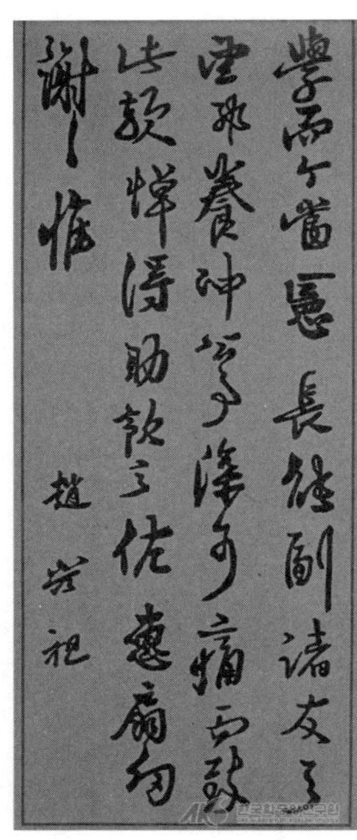
조광조의 성품이 엿보이는
서체(한국학중앙연구원)

조광조는 임금과 신하가 물과 물고기처럼 가깝게 소통하고 조화를 이루어야 다시 이상적인 시대가 올 수 있다고 믿었고 중종도 이러한 생각에 적극적으로 동의했습니다. 중종의 두터운 신뢰와 총애를 받은 조광조는 초고속 승진을 이어갔습니다. 짧게는 사흘, 보통은 서너 달 만에 여러 중요한 관직을 계속해서 맡게 되었지요. 중종은 조광조가 이야기할 때면 '얼굴빛을 가다듬으며' 귀기울여 들었고, '날이 저무는 줄도 모를 정도로' 함께 정치를 논했다고 전해집니다.

그러나 얼마 지나지 않아 단단할 줄만 알았던 조광조와 중종의 관계에 금이 가기 시작합니다. 세상을 바꾸어 보고야 말겠다는 조광조의 진심을 의심할 사람은 아무도 없었습니다. 문제는 그의 지나치게 앞서가는 태도였습니다. 조광조는 무엇인가를 이루어야겠다고 마음을 먹으면, 주변 사람들의 감정이나 상황은 전혀 아랑곳하지 않고 밀어붙이기 일쑤였습니다.

당시 조광조가 힘껏 주장했던 건 '현량과 실시'와 '위훈 삭제' 등이었습니다. 조광조의 개혁안은 오늘날 역사 교과서에서도 자주 등장하는 주제이지요. 현량과는 땅이 좁아 유능한 인재를 찾기 어려운 조선에서 신분이나 출신에 관계없이 현명한 인물을 추천받아 등용하자는 취지로 만든 제도였습니다. 그러나 조광조를 시기하던 일부 신하들은 그가 현량과를 이용하여 자신을 응원하고 지지하는 선비들만 관리로 뽑으려 한다며 모함하기도 했습니다.

더 큰 반발을 불러온 것은 위훈 삭제였습니다. 이 개혁안은 중종반정으로 공신이 되어 큰 권력을 누리던 훈구를 직접 겨냥한 것이었지요. 조광조는 훈구 가운데 거짓으로 공신이 된 사람이 없는지 조사해, 거짓위 훈장훈 을 삭제해야 한다고 주장했습니다. 당시 조정을 이끌어가고 있던 신하들이 대부분 훈구였다는 걸 생각하면 이는 상당히 공격적인 주장이 아닐 수 없었습니다.

더 나아가 위훈삭제는 아무리 조광조를 아끼던 중종이라 해도 쉽게 받아들이기 어려운 개혁안이었습니다. 애초에 중종 자신이 반정을 통해 왕좌에 오른 왕이었기 때문이었지요. 조광조의 화살이 훈구를 향한 것이었다고는 해도, 중종도 이를 썩 유쾌하게 여기지는 못했을 것입니다.

그러나 조광조에게는 물러설 생각이 전혀 없었습니다. 중종이 아무리 불편한 기색을 내비쳐도 조광조는 "신은 귀양을 가거나 죽게 되더라도 이를 기쁘게 받아들이겠습니다. 그러니 어서 시행해 주십시오."라며 강경한 태도를 바꾸지 않았지요. 한 마디로 눈치가 참 없었습니다. 조광조의 이러한 곧고도 곧은 성품은 다음의 이야기에서도 잘 드러납니다.

🌈 기묘사화가 일어나다

물론 조광조가 언제나 자신의 주장을 고집하며 꼿꼿한 태도를 보인 것은 아니었습니다. 개혁을 이루고자 맹목적으로 집착하기보다는 현실의 다양한 변수도 고려하고자 나름대로 노력했지요. 또한 자신의 명성을 믿고 이런저런 직설적인 주장을 거침없이 펼치는 젊은 유생들을 타이르며 조언하기도 했습니다.

그러나 시간이 흐를수록 중종의 마음은 점차 조광조에게서 멀어지더니, 결국 완전히 돌아서 버리고 말았습니다. 중종은 하루 아침에 조광조의 관직을 빼앗고, 그를 멀리 귀양 보내기로 결정했습니다. 이 소식을 들은 유생들은 경복궁의 문을 밀고 들어와 통곡하며 조광조를 구하려 했습니다. 하지만 중종은 그런 유생들을 감옥에 가두어 벌을 주고는 이미 마음먹은 일을 빠르게 마무리 짓고자 했지요.

중종이 너무 성급했었던 걸까요? 오히려 주변의 신하들은 중종의 결정에 크게 반대했습니다. 조광조가 다소 경솔한 면이 있지만 귀양을 보내거나 목숨을 빼앗을 만큼 큰 죄를 짓지는 않았다는 것이었지요. 당시 신하들은 조광조의 강직한 태도를 때론 미워하기는 했어도 그가 올곧은 선비라는 점은 하나같이 인정하고 있었습니다. 그러나 무슨 일인지 중종은 끄떡도 하지 않았습니다. 신하들의 반대가 거세지자 사약을 내리기로 한 결정을 잠시 물리기는 했지만, 그것도 오래가지 못했습니다. 중종은 "다른 사람은 다 용서할 수 있어도 조광조만큼은 절대 안 된다." 라며 못을 박았지요.

180도 변한 중종의 태도에 신하들도 의아해했습니다. 실록에서도 "평소 국왕이 조광조를 아들처럼 대했는데, 조금도 가엾고 불쌍히 여기는 마음이 없으니 마치 다른 사람 같다."라며 기록하고 있습니다. 결국 옥에 갇힌 조광조는 자신에게 마음을 돌린 중종에게 진심을 담아 호소합니다.

"임금께서 지니신 성인聖人, 지혜와 덕이 뛰어난 사람 **의 면모를 믿고 어리석은 충성을 다하였습니다. 여러 사람의 시기를 받았지만, 다른 일은 생각하지 않고 우리 임금을 요순과 같은 임금**중국에서 이상적인 정치를 폈다고 전

조광조를 따르던 제자들이 그의 시와 글을 엮어 펴낸 《정암선생문집》(국립중앙박물관)

해 내려오는 황제들 으로 만들고자 했을 뿐입니다. 어찌 이것이 저를 위해 한 일이겠습니까? 하늘이 저의 마음을 알고 있습니다.”

- 《중종실록》

그러나 이처럼 절절한 상소문도 아무 소용이 없었습니다. 허무하게도 조광조는 4년이라는 짧디짧은 관직 생활을 뒤로한 채 귀양지에서 사약을 받았습니다. 조광조를 따르던 신하들과 유생들도 줄지어 화를 입게 되었지요. 이를 기묘년 1519년, 중종 14년 에 사림이 화를 입었다고 하여 '기묘사화'라고 합니다.

조선을 새롭게 바꾸어 보겠다는 조광조의 꿈은 그렇게 막을 내리고 말았습니다. 허무한 일생을 마친 그를 세상은 어떻게 기억했을까요? 조광조의 뒤를 이어 성리학 연구에 평생을 바친 율곡 이이는 그에 대해 이렇게 평가합니다. "태도가 지나치게 날카로 워 일도 제대로 진행해 보지 못한 채 결국 화를 입었다."라는 것 이었지요. 이이와 쌍벽을 이루는 대학자 이황도 "시기와 자신의 역량을 헤아리지 않고 너무 무모했다."며 조광조의 이른 죽음을 안타까워했습니다.

그럼에도 불구하고, 당시 대부분의 신하들이 인정했듯이 조광 조가 어떤 상황에서도 자신의 신념을 지키려 했던 올곧은 선비 였다는 사실은 후대에도 변하지 않았습니다. 이후 사림들의 모 범적인 롤모델로 굳건히 자리 잡은 조광조는 조선시대 내내 모 두의 존경을 받는 인물이 되었습니다.

MBTI로 살펴본 조선시대 인물
조광조 : ISTP

지금까지 심곡서원의 이야기를 시작으로 짧게나마 조광조의 삶 을 돌아보았습니다. 학문 속에서 이상적인 정치의 방향을 찾아 내고자 하였던 조광조I, 열심히 학문을 연구하면서도 세상을 바 꾸어나갈 수 있는 구체적인 개혁안을 끊임없이 고민한 조광조S, 사람들의 시선에도 아랑곳하지 않고 자신의 길을 밀고 나가고자 했던 조광조T, 그러나 끝내 왕에게 버림받고, 비극적인 최후를 맞이할 것이라는 결말을 미처 예상하지 못한 조광조P.
이러한 사실들로 미루어 보아 조광조의 MBTI는 잇팁 ISTP 가 아니 었을까 합니다.

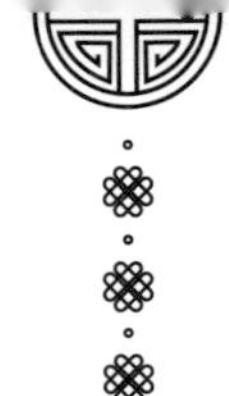

조선 성리학의 별이 된 대학자,

이황

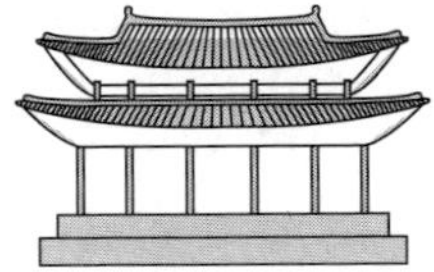

경상북도 안동시, 안개가 부드럽게 내려앉은 산자락 아래 맑은 낙동강이 굽이쳐 흐르고 있습니다. 푸르른 소나무 숲 사이로 작고 아담한 한옥 건물들이 옹기종기 모여 있는 모습이 마치 한 폭의 그림 같습니다. 숲으로 난 작은 길을 따라 조용히 거닐다 보면 아름다운 자연이 가만가만 말을 걸어올 것만 같은 이곳, 바로 도산서원입니다. 조선 성리학의 기틀을 세웠다고 평가받는 대학자, 이황의 생애와 업적을 기리는 곳이지요.

이황은 61살 되는 해였던 1561년**명종 16년**, 이곳에 도산서당을 지었습니다. 높은 벼슬을 맡아 나라에 힘써 달라는 임금 명종의 간절한 청을 여러 차례 거절한 그는 대신 이곳에서 오랫동안 학

안동 도산서원(국가유산청)

문에 매진하며 여러 제자를 길러냈습니다. 그러던 그가 70살의 일기로 세상을 떠나자, 명종의 뒤를 이어 즉위한 선조가 크게 슬퍼하며 도산서당에 친히 현판을 내렸습니다. 그렇게 서당에서 서원이 된 도산서원은 조선의 대표적인 사액**賜額, 임금이 직접 이름을 지어 현판을 내림** 서원으로 오랜 세월 동안 명맥을 이어갑니다.

시간이 꽤 흘러 흥선대원군의 명으로 대부분의 서원이 문을 닫아야만 했을 때에도 도산서원은 무사했습니다. 그렇게 오랜 역사를 품게 된 도산서원은 그 가치를 인정받아 2019년에는 세계문화유산으로 등재되었지요.

오늘날에도 도산서원을 찾는 사람들의 발길은 끊이지 않고 있습니다. 그때 그 시절의 모습을 그대로 간직하고 있는 건물들을 둘러보며 방문객들은 이황이 세상에 남긴 흔적들을 고스란히 느껴볼 수 있습니다. 천 원권 화폐의 주인공이기도 한 이황은 이처럼 여전히 많은 이들의 관심과 사랑을 받고 있습니다. 이렇듯 세상에 분명한 발자취를 남긴 이황, 그는 과연 어떤 인물이었을까요? 지금부터 그의 이야기를 차근차근 들여다보겠습니다.

📖 책을 보고 하늘을 품은 소년

이황은 1501년 연산군 7년 경상도 예안현 온계리 오늘날 안동시 에서 이식의 막내아들로 태어났습니다. 이황의 아버지 이식은 이황이 태어나던 해에 과거 1차 시험에 합격했지만, 혼란스러운 사회 분위기 때문에 관직에 나아가기를 단념합니다. 그 대신 학문 연구와 제자들의 교육에 힘쓰고자 고향으로 내려왔지요. 하지만 그의 꿈은 이루어지지 못했습니다.

이식은 눈에 넣어도 아프지 않을 막내아들을 품에 안은 지 7개월도 되지 않아 갑작스레 세상을 떠났습니다. 이에 홀로 남은 이황의 어머니 박씨가 농사일을 하며 어렵게 살림을 꾸려갈 수밖에 없었습니다. 비록 아버지를 일찍 여의었지만, 이황은 어머니와 형들의 따뜻한 사랑 속에서 그늘 없이 무럭무럭 자랐습니다.

박씨는 아들들의 교육에 특히 깊은 관심을 기울였습니다. 곤궁한 형편에도 아들들의 교육에는 재산을 아끼지 않았지요. 박씨는 종종 아들들을 붙들고 "세상 사람들은 과부 남편이 죽고 홀로 남은 아내 의 자식들은 올바르게 교육을 받지 못한다며 자주 손가락질한다. 너희들이 남들보다 백배 더 노력해 공부하지 않으면, 어찌

도산서당 마루(국가유산청)

이러한 비난을 피할 수 있겠느냐?"라며 학문에 힘쓸 것을 신신당 부하곤 했습니다.

다행히도 이황은 일찍부터 학문에 남다른 소질을 보였습니다. 6살부터 이웃으로 알고 지내던 노인에게 천자문을 배우기 시작한 이황은 하루도 거르지 않고 이른 아침마다 배운 걸 열심히 복습하는 성실함을 보여 주었지요. 12살 때부터는 숙부 이우에게 글을 배우게 되었는데, 평소 칭찬에 인색한 이우조차 이황의 남다른 재능 앞에서는 감탄을 금치 못했습니다. "죽은 형님이 총명한 아이를 두었으니, 결코 헛되이 떠난 것이 아니다. 우리 가문의 앞날은 이 아이가 이어 줄 것이다."라는 게 이우의 평가였지요.

책 읽기를 유난히 좋아했던 이황은 여러 사람이 모인 자리에서도 홀로 벽을 보고 앉아 조용히 읽었던 책들의 내용을 조용히 곱씹어 보곤 했습니다. 책에 대한 그의 깊은 애정은 그가 19살 때 지은 시에서도 잘 드러나지요.

유독 초당작은 집의 만 권 책을 사랑하여
한결같은 마음으로 십 년 넘게 학문에 힘썼네.
요즘에는 세상의 이치를 깨달은 듯하여
내 마음 전체를 끝없는 하늘처럼 여기게 되었네.

- 이황,《퇴계집》

공부가 어찌나 즐거웠던지 집에 콕 틀어박혀 책 속에 파묻혀 있다 보면 어느새 해가 뉘엿뉘엿 저물곤 했습니다. 이렇게 며칠 동안을 책에만 매달리니 건강을 해칠 수밖에요. 20살이 되던 해에는 세상의 모든 현상과 이치를 설명하는 유학 책인《주역》에 깊이 빠져, 한동안 건강을 심하게 해칠 정도로 책 읽기에 몰두하기도 했습니다.

🌈 부드러운 카리스마의 실력자

어느덧 시간이 흘러, 28살이 된 이황은 과거 1차 시험에 합격하여 조선의 최고 교육기관인 성균관에 입학할 자격을 얻었습니다. 이때부터 조선에서 내로라하는 학자들과 가까이 지내며 학문의 깊이를 더해 갈 수 있었지요.

학문을 연구하는 게 체질이었던 이황은 이때부터 조금씩 벼슬 생활에 흥미를 잃게 됩니다. 그러나 아들이 출세하여 집안을 일으켜 주리라 굳게 믿고 있는 어머니를 차마 외면할 수는 없었지요. 결국 그 뒤로도 계속 과거 최종 시험에 도전하던 이황은 34살 때 1등으로 합격하며 당당히 조정에 이름을 알리게 되었습니다.

이때부터 이황의 앞날은 탄탄대로와도 같았습니다. 중종, 인종, 명종, 무려 3명의 왕이 나라를 다스리는 동안 굵직굵직한 관직을 도맡게 되었지요. 외교 문서 작성을 담당하는 관청인 승문원에서 관직 생활을 시작한 이황은 그 뒤로도 조정의 책을 관리하고 국왕이 올바른 정치를 펴도록 조언하는 홍문관, 역사 편찬을 담당하는 춘추관, 세자의 교육을 책임지는 세자시강원 등에서 범상치 않은 존재감을 나타냈습니다. 소년 시절 이황은 책 속에서만 세상과 소통해 오던 조용한 성향이었지만, 관직에 오른 뒤에는 부드러우면서도 강한 카리스마로 사람들을 단번에 휘어잡았지요.

이황은 기회가 있을 때마다 자신이 생각하는 올바른 정치에 대해 뚝심 있게 주장하곤 했습니다. 임금과 학문을 연구하거나 정치를 논하는 경연 자리에서, 그리고 또 상소문에서 몸과 마음을 바르게 갈고 닦아 백성을 위한 정치를 펴야 한다고 끊임없이 강조했지요.

다른 사람들이 어떤 생각을 갖고 있든, 자신의 뜻을 굽히지 않고 강하게 밀어붙이는 이황의 무게 있는 모습을 잘 보여 주는 사례가 있습니다. 다음은 어느덧 43살이라는 완숙한 나이에 이른 그가 일본 문제와 관련하여 임금 중종에게 올린 상소입니다.

"신이 생각건대, 사람들은 보통 '이적夷狄, 오랑캐은 짐승이다'라고 합니다만, 이적 역시 같은 사람입니다. 다만 그들이 예의를 알지 못해서 임금과 신하 사이의 분별을 알지 못하고, 생활이 무지하고 미련하여 짐승과 비슷할 뿐입니다. 요즘 우리나라는 이미 북쪽 오랑캐여진와 사이가 좋지 않으니, 억세고 사나운 이들의 추장이 우리 변방을 침략하지 않는다고 어떻게 확신할 수 있겠습니까? 만약 남북의 오랑캐여진과 일본가 동시에 들고 일어난다면, 막기 어려울 것이니 이것이 신이 크게 근심하는 바입니다."

– 이황, 《퇴계집》

이황이 이 상소를 올릴 당시 조선 조정에서는 일본과 외교를 끊어야 한다는 주장이 강하게 일고 있었습니다. 일본이 1510년중종 5년과 1544년중종 39년 두 차례에 걸쳐 각각 삼포와 사량진에서 교역을 늘려달라며 난동을 피우고 약탈까지 벌였기 때문이었지요.

하지만 이황의 생각은 달랐습니다. 일본을 단순히 오랑캐라 무시하고 이번 일로 소통까지 단절하는 건 '언 발에 오줌 누기'식의 대응이라는 것이었지요. 더군다나 지금은 북쪽의 여진족도 틈만 나면 조선의 국경을 침범해 오는 상황이었습니다. 앞으로 일본의 행동을 예의주시하지 않으면 조선에 훗날 더 큰 화가 닥칠 수도 있다는 게 이황의 통찰이었습니다.

찰나의 감정에 휘둘리지 말고, 현실을 직시하며 냉정하게 판단해야 한다는 이황의 주장은 이때 여론을 놓고 본다면, 그렇게 쉽게 꺼낼 수 있는 이야기가 아니었습니다. 하지만 이황은 체면보다 나라와 백성을 먼저 생각했습니다. 이황이 세상을 떠난 후 20여 년이 지나 임진왜란이 일어났다는 사실을 떠올려 보면, 그의 혜안이 얼마나 앞서 있었는지를 새삼 알 수 있습니다.

🌊 '퇴계'라는 이름에 담은 새로운 꿈

그렇게 소신을 지키며 성실하게 관직 생활을 이어가던 이황에게 문득 안 좋은 소식이 찾아옵니다. 때는 1537년 중종 32년, 이황이 37살이 되던 해였습니다. 어머니 박씨가 세상을 떠났다는 것이었지요. 부고를 들은 이황은 급히 고향으로 내려갑니다. 이루 말할 수 없는 큰 슬픔에 이황의 몸은 하루가 다르게 야위어 갔지요. '초상을 치르는 동안에 몸이 꼬챙이처럼 말라 병을 얻었다.'라는 기록이 전해질 정도였습니다.

자식이 벼슬길에서 성공하기만을 간절히 바라던 어머니의 죽음은 이황에게 새로운 변화의 계기가 되어 주었습니다. 어머니의 상을 치르고 얼마 지나지 않아 이황은 돌연 벼슬을 그만두고 고향에 자리를 잡았습니다. 그러고는 고향에서 얼마 떨어져 있지 않은 토계 지역에 양진암이라는 작은 암자를 짓고 학문에 매진하기 시작했지요.

이황은 '토끼가 뛰어노는 골짜기'라는 뜻을 가진 토계의 지명을 따와 자신의 호를 '퇴계退溪'라고 짓습니다. 퇴계의 퇴는 '물러나다.'라는 의미였습니다. 벼슬에 대한 마음을 접고 물러나 젊은 날 한때 꿈꾸었던 대학자의 길을 걷기로 한 결심이 잘 드러나는 이름이었지요.

그러나 세상은 그런 그를 가만히 내버려두지 않았습니다. 인종의 뒤를 이어 왕위에 오른 명종은 잊을 만하면 이황에게 벼슬을 내리며 나라를 위해 일해 줄 것을 간절히 청했습니다. 왕의 뜻을 한사코 물리칠 수 없었던 이황은 결국 몇 차례 더 관직 생활을 해야만 했습니다.

하지만 얼마 지나지 않아 이황이 조정을 완전히 떠나야겠다고 결심하게 된 사건이 일어났습니다. 명종이 즉위한 지 얼마 지나지 않아 발생한 '을사사화乙巳士禍'였지요.

을사사화는 왕의 외가 친척이었던 윤씨 세력 사이에 갈등과 다툼이 일어나면서 수많은 신하와 선비들이 크게 화를 입은 사건이었습니다. 이 사건의 여파로 이황의 친형인 이해도 화를 피해갈 수 없었지요. 억울한 누명을 쓰게 된 이해는 귀양을 가던 도중 병을 얻어 그만 세상을 떠나고 맙니다. 형의 죽음을 지켜본 이황은 깊은 무력감을 느꼈습니다. 혼란한 세상에서 올바른 정치를 펼치려 노력한다는 게 과연 무슨 의미가 있을까, 깊은 고민에 빠졌지요.

충청도 단양에 이어 경상도 풍기를 다스리는 군수의 관직을 맡게 된 이황은 결국 다시 벼슬을 내려놓고 고향으로 떠납니다. 이제는 정말로 관직을 떠나 학문을 연구하고 제자들을 가르치며 여생을 보내기로 굳게 결심한 것입니다. 그 뒤로도 이황은 명종의 간절한 부탁을 차마 뿌리치지 못해 성균관을 이끄는 대사성 등 몇 차례 관직을 더 역임하기도 했으나, 잠시뿐이었습니다. 그 뒤로도 이황은 무려 20여 차례나 사직서를 올려야 했습니다.

🌊 서원에서 미래의 인재들을 만나다

1560년, 어느덧 59살 중년의 나이가 된 이황은 고향 근처에 도산서당을 지었습니다. 조선의 미래를 이끌어 갈 젊은 인재들을 직접 가르칠 생각에, 그의 마음은 한껏 부풀어 올랐습니다. 사실 이황은 관직에 있을 때부터 교육에 깊은 관심을 갖고 있었습니다. 풍기 군수로 있던 시절에는 그 지역의 대표 서원이었던 백운동 서원의 이름을 드높이기 위해 힘쓰기도 했지요. 백운동 서원은 1543년중종 38년에 풍기 군수였던 주세붕이라는 인물이 세운 조선 최초의 서원이었습니다.

이황의 간청에 따라 명종은 친히 '소수서원紹修書院'이라는 새로운 이름을 지어 직접 쓴 현판을 하사했습니다. 그렇게 백운동 서원은 국가의 공식 인정을 받은 최초의 사액 서원으로 자리매김하게 되었지요. 이황이 서원을 중요하게 여긴 이유는 무엇이었을까요?

나라에서 세운 국립 교육 기관은 어진 선비들이 잘 관리하고 있지만, 지방의 향교는 형식적인 틀만 남아 있을 뿐, 제대로 운영되지 않아 선

도산서원 현판(국가유산청)

비들조차 그곳에서 공부하는 것을 부끄럽게 여기는 실정입니다. 만약 서원을 세워 이러한 교육의 부족한 점을 보완한다면 학문의 풍토가 크게 개선되어 임금의 가르침이 널리 퍼질 것입니다.

– 이황, 《퇴계집》

이처럼 지방의 교육이 점점 쇠퇴해 가는 현실을 안타까워하던 이황은 결국 직접 인재들을 가르치기로 결심한 것입니다. 굵직한 벼슬을 두루 거친 이황이 교편을 잡았다는 소식에 인근 지역의 선비들은 물론, 먼 곳에 사는 선비들까지 그의 가르침을 받기 위해 몰려들었습니다. 그러나 이황은 눈을 빛내며 자신 앞에 모인 선비들을 바라보더니 단호한 한마디를 던졌습니다. 과거시험을 준비하려고 모였다면, 당장 돌아가라는 것이었지요. 이황에게 학문이란 벼슬길에 오르는 수단이 아닌 인격을 닦고 도리를 깨닫기 위한 길이었기 때문이었습니다.

그렇게 추려진 제자들에게 이황은 한없이 부드럽고 따뜻한 스승이었습니다. 하루 종일 서당을 드나드는 제자들에게 항상 예를 갖춰 인사했으며, 나이가 어리다고 해서 결코 하대하지 않았습니다. 매일 길게 이어지는 강의에도 한 번도 싫증을 내거나 지루해하는 법도 없었습니다. 언제나 차분한 태도로 성심성의껏 자신이 알고 있는 모든 것을 가르쳐주기 위해 노력했지요.

이황의 제자 중에는 양반이 아닌 평민 신분의 대장장이도 있었습니다. 바쁜 일과 중에도 틈틈이 짬을 내어 글을 배우러 오는 그를, 이황은 유독 아꼈습니다. 이처럼 이황은 배우려는 마음만 있다면 누구에게나 문을 활짝 열어 주었습니다.

🌊 100통의 편지로 이어진 소중한 인연

이황은 제자들의 교육만큼이나 자신의 학문 연구에도 부지런히 마음을 쏟았습니다. 조선의 통치 철학이었던 성리학의 근원을 깊이 탐구한 그는 중국보다도 앞서 성리학의 역사를 책으로 정리해 펴낼 정도였지요. 이 책에서 이황은 송나라 말기부터 원나라, 명나라에 이르기까지 성리학을 연구한 학자들의 사상을 누구나 쉽게 이해할 수 있도록 풀어 썼습니다.

이 밖에도 그는 성리학의 기틀을 세운 송나라의 관리이자 학자인 주희가 당대 관리 및 학자들과 주고받은 편지들을 정리한《주자서절요》, 마음의 수양을 다룬《심경》을 해설한《심경석의》, 그리고 유학의 입문서인《소학》과《대학》을 해설한《계몽전의》등 다양한 책을 지었습니다.

한편 이황은 자신과 의견이 다른 사람에게도 늘 열린 태도를 보였습니다. 이는 그가 자신보다 무려 26살이나 어렸던 젊은 관리 기대승과 주고받은 100통의 편지를 통해서도 잘 드러납니다. 기대승은 이황이 주장하는 학설에 동의할 수 없다며 정면으로 반박하는 편지를 보냈습니다. 갑작스러운 지적에 기분이 상할 법도 했지만, 이황은 차분하게 논리를 세우며 토론을 이어갔지요. 두 사람의 논쟁은 장장 8년 동안이나 이어졌습니다.

이황은 기대승의 주장 덕분에 자신의 학문이 더욱 깊어졌다며 감사한 마음을 표했고, 기대승도 그의 겸손한 태도에 크게 감동했습니다. 이후 이황이 세상을 떠나자 기대승은 그를 기리는 마음으로 직접 묘지명을 짓기도 했습니다. 학문적 논쟁에서 출발한 두 사람의 인연이 서로에 대한 깊은 존경과 신뢰로 이어졌던 것입니다.

🌊 소년 왕 선조에게 바친 마지막 선물

이처럼 이황이 도산서당에서 여러 제자를 만나 가르침을 전하는 동안에도, 그를 관리로 임명하려는 조정의 러브콜은 끊이질 않았습니다. 그가 마지막으로 벼슬을 받아 조정에 나간 건 명종이 세상을 떠나고 선조가 16살의 어린 나이에 왕위를 이은 후였습니다. 이황은 8개월 동안 조정에 머물며 소년 왕 선조에게 올바른 정치의 길을 가르쳐 주고자 노력했습니다.

"임금의 마음은 온갖 일이 시작되는 곳이며, 모든 책임이 모이는 곳입

니다."

이황은 바른 정치의 시작은 임금이 부지런히 학문을 연구하는 데에서 시작한다며 항상 강조했습니다. 그러던 어느 날 이황은 선조에게 《성학십도 聖學十圖》라는 제목의 특별한 책을 올립니다. 이 책은 그가 오랜 시간 갈고 닦아 깨달은 성리학의 핵심 개념을 10개의 그림으로 쉽게 정리한 내용이었지요. 《성학십도》는 어린 소년 왕이 훌륭한 성군 聖君, 덕이 있고 어진 임금 으로 성장하도록 돕기 위해 이황이 온 마음을 다해 엮은 마지막 선물이었습니다.

그 뒤로 다시 도산서당에 내려가 교육에 힘쓰던 이황은 70살의 나이로 조용히 눈을 감았습니다. 마지막 숨이 다하기 전 이황은 제자들에게 "평소에 아는 대로 많은 것을 가르쳤다지만, 나도 모르게 틀린 것이 있었을지 모르니 양해해 달라."는 말을 남겼습니다. 오랜 시간 동안 성리학에서 큰 경지를 이루었음에도 끝까지 겸손함을 잃지 않았던 것이지요.

사람들은 이황의 죽음을 크게 슬퍼했습니다. 평소 그의 따뜻한 성품에 깊이 감동했던 일반 백성들도 그의 죽음을 애도하며 여러 날 동안 자진해서 고기를 끊을 정도였지요. 이황의 제사를 지내기 위해 모인 선비는 무려 3백여 명에 달했습니다.

선조 역시 이황의 죽음을 크게 슬퍼하며 그에게 제일 높은 벼슬인 영의정 자리를 내렸습니다. 그러고는 '문순 文純'이라는 시호를 지어 주었지요. 문순이란 '도와 덕이 있고, 늘 균형 있는 태도로 올바르고 순수하게 학문을 대했다'는 뜻입니다.

그로부터 2년이 지난 후인 1572년선조 5년, 이황은 성균관 옆 공자의 제사를 지내는 문묘에 나란히 함께 배향되는 명예를 안았습니다. 그렇게 이황은 영원한 조선의 별이 되어 후대의 사람들 곁에 오랫동안 머물게 되었지요.

MBTI로 살펴본 조선시대 인물
이황 : INFJ

지금까지 도산서원의 이야기를 시작으로 이황의 삶을 짧게나마 돌아보았습니다. 어린 시절부터 타고난 공부벌레로 늘 학자의 길을 꿈꿔 온 이황I, 매일같이 학문을 탐구하며 어지러운 현실을 넘어 새로운 세상을 꿈꾼 이황N, 각별한 애정으로 제자들을 길러낸 이황F, 제자를 가르치면서도 틈틈이 자신의 연구 성과를 책으로 엮어내며 조선 성리학의 일가를 이룬 이황J.

이러한 사실들로 미루어 보아 이황의 MBTI는 인프제INFJ가 아닐까 합니다.

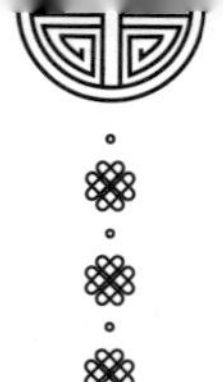

율곡 이이

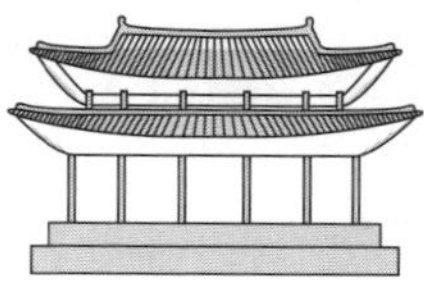

경기도 파주 율곡리에는 임진강을 품고 있는 특별한 정자, 화석정이 있습니다. 아찔한 벼랑에 자리한 화석정은 입이 떡 벌어질 만큼 멋진 풍경을 자랑합니다. 넓게 펼쳐진 산의 능선 아래로 마치 파란 물감을 풀어놓은 듯한 임진강이 굽어 흐르는 풍경을 한눈에 내려다볼 수 있는 곳이지요.

조선 성리학의 기틀을 세운 대학자 이이는 살아생전 화석정을 참 좋아했다고 전해집니다. 병치레가 잦았던 그는 자주 벼슬을 내려놓고 화석정으로 와 휴식을 취하곤 했습니다.

오늘날 다시 복원된 화석정(국가유산청)

이항복의 초상화(국립중앙박물관)

파주 율곡리는 이이의 아버지이자 신사임당의 남편인 이원수의 고향이었습니다. 어린 시절 파주에서 학문을 익히기 시작한 이이는 율곡리에 각별한 애정을 가졌던 듯합니다. 그의 호 '율곡'도 바로 이곳에서 따온 것이니까요.

한편 화석정과 관련된 흥미로운 이야기도 전해 오고 있습니다. 임진왜란이 일어나 임금 선조가 북쪽으로 한창 피난길을 떠날 때였습니다. 화석정 앞에 이른 선조는 시야가 어두워 임진강을 건널 엄두도 내지 못한 채 발만 동동 구르고 있었습니다. 그런데 갑자기 주위가 대낮처럼 환해졌습니다. 선조를 모시던 신하 이항복이 화석정에 불을 놓았던 것입니다. 살아생전 이이는 화석정의 기둥에 정성스레 기름칠을 해 두곤 했습니다. 이에 화석정

208

신사임당과 이이가 함께
가꾸었다고 전해지는 오죽헌의
매화나무(국가유산청)

신사임당이 이이의 태몽을 꾸었다고
전해지는 몽룡실 내부(국가유산청)

에서 시작된 불꽃은 선조가 강을 무사히 건널 때까지 환하게 타
올랐지요.

이항복은 평소 이이를 깊이 존경하던 인물이었습니다. 그는 이
이가 화석정을 아끼던 사실을 알고 있었던 걸까요? 이이의 혼이
깃든 화석정에 불을 지피며, 조선이 무사히 전쟁을 극복할 수 있
도록 해 달라고 마음속 깊이 기도하지 않았을까요?

🌀 푸른 용의 기를 타고 난 신동

이이가 태어난 곳은 파주 율곡리가 아닌 강원도 강릉이었습
니다. 강릉은 어머니 신사임당의 친정이었지요. 조선 전기에는
남편이 처가에 머물며 생활하는 경우가 많았습니다.

이이의 서체(국립중앙박물관)

신사임당은 이이를 낳기 전에 바다에서 푸른 용이 날아드는 꿈을 꾸었습니다. 오늘날 강릉 오죽헌에는 신사임당이 이이의 태몽을 꾸었다고 알려진 장소인 '몽룡실'이 복원되어 있습니다.

이이는 어려서부터 유독 총명했습니다. 3살 때 문자를 깨우치고, 8살 때는 파주 화석정의 아름다움을 노래하는 시를 지을 정도로 문장을 잘 썼습니다. 이이는 어머니 신사임당에게 글을 배웠습니다. 오늘날 오만 원권의 주인공이기도 한 신사임당은 책을 두루 읽어 학문에 능통했을 뿐 아니라 그림도 참 잘 그렸습니다. 그림에 얼마나 재능이 있었던지, 당시 산수도를 잘 그리는 화가로 명성이 자자할 정도였지요.

신사임당의 따뜻한 보살핌 속에서 어린 시절을 보낸 이이는 6살 때 벼슬 생활을 하던 아버지를 따라 한양으로 향하게 됩니다. 그리고 13살의 어린 나이에, 어렵기로 유명한 과거 1차 시험에서 당당히 1등으로 합격했습니다. 오늘날로 치면 국가고시에서 최연소로 수석을 차지한 셈이지요. 이후 29살까지 치른 9번의 과거

파주 이이 유적지에 위치한
자운서원(국가유산청)

신사임당을 비롯한 율곡 이이의 가족이 잠들어
있는 파주 이이 유적지(국가유산청)

시험에서도 모두 장원하면서 이이는 '구도장원공'이라는 영광스러운 별명을 얻게 되었습니다.

탄탄한 앞길만을 자랑하던 이이를 가로막은 건 어머니의 죽음이었습니다. 이이가 16살이 되던 날, 신사임당은 48살의 젊은 나이에 세상을 떠났습니다. 어머니를 묻은 파주 율곡리에서 기나긴 3년상을 치렀는데도, 이이는 깊은 슬픔을 이겨내지 못했습니다.

당시 방황하던 이이의 마음을 사로잡은 건 불교였습니다. 삶과 죽음을 논하는 불경의 내용이 매혹적이었기 때문이었을까요? 19살이 되던 해, 이이는 불교에 일평생을 바치고자 첩첩산중의 금강산으로 훌쩍 떠나버렸습니다.

금강산에 들어간 이이가 어떤 계기로 다시 속세로 돌아와 과거 시험을 치르게 되었는지는 확실하지 않습니다. 불경을 덮은 그는 다시 유학에 몰두하기 시작했습니다. 세상의 진리를 찾고 싶었던 청년 이이의 발걸음은 안동 도산으로 향했습니다. 그곳에는 당시 이이보다 35살 연상인 퇴계 이황이 머물고 있었습니다.

오늘날 이이와 이황은 조선 성리학의 독자적인 해석과 체계를 완성한 대학자로 평가받고 있습니다. 조선이 성리학을 통치 이념으로 삼았다는 점은 앞서 여러 차례 말씀드렸지요. 그런데 두 사람이 살던 시대는 조선이 세워진 지 무려 200여 년이 지난 시점이었습니다. 그렇다면 왜 이렇게 긴 시간이 흐른 뒤에야 성리학 연구가 본격적으로 자리 잡을 수 있었던 걸까요?

사실 성리학이 우리나라에 처음 들어온 건 고려시대 때였습니다. 성리학은 중국 남송의 학자였던 주희가 기존의 유학 연구서들을 새롭게 해석하며 만든 핫한 신학문이었습니다. 중국에서 들여온 이 새로운 학문을 충분히 이해하고, 조선만의 시각으로 재구성하는 데는 오랜 시간이 필요할 수밖에 없었지요.

마침내 이황과 이이가 그 과업을 이루었을 때 조선의 선비들은 열광했습니다. 시간이 지나면서 이황은 동인의, 이이는 서인의 대표 학자로 추앙받기에 이르렀지요.

동인과 서인은 역사 교과서에서 흔히 등장하는 머리 아픈 개념들입니다. '붕당'이라는 큰 타이틀 아래 등장하는 첫 번째 키워드이지요. 붕당을 이해하기 위해 시간의 태엽을 감아 다시 중종 때로 돌아가야 합니다.

중종의 총애를 받으며 야심 찬 개혁을 시도하다가 끝내 사약을 받은 조광조. 그가 실패한 이후로도 사림 세력의 수난은 한동안 계속되었습니다. 중종 다음에 차례로 왕이 된 인종, 명종 때는 임금의 외가 가족인 '외척'이 정치를 좌지우지하는 폐단이 나타났습니다. 이 과정에서 외척 간의 갈등이 깊어지면서, 결국 을사년 **1545년, 명종 즉위년**에 또다시 사화가 일어나 사림은 큰 화를 입고 말았습니다.

명종에 이어 선조가 왕위에 오른 뒤에야 사림은 여러 관직에 자리 잡고 정치를 주도할 수 있게 되었습니다. 그러나 오래 지나지 않아 정치 운영 방식을 둘러싸고 사림 내부에서도 의견 차이가 발생했습니다. 훈구와 외척을 정치에 참여시킬 것인지, 아니면 완전히 배제할 것인지가 쟁점이었지요.

시간이 흐를수록 이러한 대립은 점점 더 확대되었고, 결국 사림은 동인과 서인으로 갈라지게 되었습니다. 이후 동인과 서인의 갈등은 더욱 심해져만 갔고, 동인은 이황을, 서인은 이이를 중심으로 각자의 길을 걷게 되었습니다.

그러나 정작 이황과 이이는 학문

이이가 붕당에 관해 논한 글(한국학중앙연구원)

에 대한 견해 차이는 있었더라도, 서로를 배척하거나 미워하지는 않았습니다. 오히려 상대의 비범함을 인정하며 특별한 인연을 이어갔지요. 금강산에서 내려온 이이가 이황을 찾은 것도 가르침을 구하기 위해서였습니다.

이황 또한 먼 길을 마다하지 않고 자신을 찾아온 이이에게 깊은 인상을 받았습니다. 그는 자신의 제자 조목에게 보낸 편지에서 "이이는 사람됨이 밝고 시원스러울 뿐 아니라, 학문에도 깊은 뜻이 있다."라고 평했습니다. 훗날 이이에게 직접 보낸 편지에서도 "불교에 빠졌다고 하여 안타깝게 여겼는데, 전에 만났을 때 그 사실을 숨기지 않고 다 이야기했으니 함께 도를 이룰 수 있을 것이다."라며 이이의 새로운 시작을 응원했습니다.

이이 또한 그런 이황에게 깊은 존경을 표했습니다. 이황이 세상을 떠나자, 벼슬에서 물러난 후로 도산에 머물며 제자를 가르치고 학문 연구에 매진했던 그의 삶을 기리며 추모하는 시를 남기기도 했지요. 당장에라도 이황의 빈소를 찾아 조문하고 싶은 마음이 굴뚝같았지만 바쁜 업무 때문에 뜻을 이루지 못한 이이는 아우를 대신 보냈습니다. 그러곤 "마음으로 약속한 일이 뜻대로 되지 않아, 직접 찾아가 슬퍼하지도 못했습니다."라며 애절한 심정을 전했지요.

🌀 느슨해진 조선 사회를 바로잡을 방법

짧은 방황을 끝내고 이이가 본격적으로 벼슬길에 나아간 건 마

이이가 세상을 떠난 후 제자들이 그의 글을 엮어 펴낸《율곡선생문집》(국립중앙박물관)

지막 과거시험을 치른 29살 때의 일이었습니다. 나라의 경제 정책을 담당하는 호조와 외교를 주관하는 예조를 거쳐 임금과 관리의 잘못을 바로잡는 사간원에 몸을 담았습니다. 실록에서는 사간원 정언으로 관직 생활을 시작한 이이를 "나이 일곱에 읽지 않은 책이 없는 신동이었으며 성품이 순수하고 총명하였다."라고 평가하고 있습니다.

이이는 무엇보다 사회 개혁에 관심이 많았습니다. 이이의 업적을 찾아보면 '경장更張'이라는 단어가 종종 등장합니다. 경장의 말뜻을 풀면, '거문고의 줄이 느슨해졌을 때 줄을 다시 팽팽하게 당겨 소리를 바로잡아야 한다.'입니다. 새 나라를 세운 지 어느덧 200여 년이 흘렀습니다. 이이는 당시 조선 사회를 '느슨해진 줄'

과 같다고 생각한 것이지요.

연산군의 폭정을 지나 중종 때 조광조의 개혁이 실패한 후 명종 때에는 외척의 손에 정치가 좌지우지되고 말았습니다. 이이가 보기에 당시 조선 사회에서 개혁은 선택이 아닌 필수였습니다. 이이는 선조에게 여러 번 글을 올려 개혁이 필요하다는 뜻을 전했습니다.

이이가 주장한 내용은 다음과 같습니다. 첫째, 아무 공도 없이 공신이 되어 높은 지위를 누리고 있는 신하들을 찾아내 공신 목록에서 삭제해야 한다. 둘째, 세금 제도를 고쳐야 한다. 셋째, 십만의 군사를 길러야 한다.

첫 번째 내용은 조광조가 중종에게 제안했던 '위훈삭제'의 내용과 거의 일치합니다. 중종에게 버림받은 조광조의 꿈이 시간이 흘러 이이에게 고스란히 전해졌던 걸까요?

나아가 이이는 '공납'이라 불리는 당시 세금 제도를 하루빨리 고쳐야 한다고 주장했습니다. 백성들은 각 지방에서 나는 특산물을 해마다 정해진 양만큼 바쳐야 할 의무가 있었습니다. 갑작스레 흉년이라도 찾아오면 사정이 어려워져 일정한 양을 채우기가 매우 힘들었지요. 이를 틈타 일부 관리들은 백성이 내야 할 특산물을 대신 내주고, 이후 더 높은 대가를 요구하기도 했습니다. 이러한 폐단을 막고자 이이는 대공수미법을 주장했습니다. 특산물공 대신대 쌀미을 거두자수 는 방안이었지요. 대공수미법은 훗날 이이가 세상을 떠난 후 100여 년이 지나서야 대동법이라는 이름으로 시행되었습니다. 그만큼 이이는 당시 백성의 어려움이 무엇인지 정확하게 꿰뚫어 보고 있었던 것이지요.

마지막으로 이이가 군사를 길러야 한다고 주장했던 이유는 당시 북쪽에서 조선을 자주 침략해 오는 여진족을 걱정했기 때문입니다.

이이는 강한 군대를 키워 국방을 다시 튼튼하게 해야 한다고 주장했습니다. 당시 조선의 국방은 해이해질 대로 해이해진 상황이었습니다. 이는 '대립'의 문제를 통해 알 수 있지요. 대립이란 남이 대신대 군대의 의무를 지는립 현상을 말합니다. 양반은 군대의 의무를 져야 할 의무가 없었을 뿐더러, 농사일에 지친 농민들도 점차 군대 가기를 꺼리게 되면서 조선의 군사력은 날로 약해져만 갔습니다.

그러나 어느 사회에서든 많은 개혁이 한꺼번에 이루어지기는 쉽지 않은 법입니다. 선조는 이이의 개혁안을 들으며 '마치 성현의 뜻과 같다.'라고 공감했지만, 선뜻 적극적으로 나서지는 못했습니다. 더군다나 당시 동인과 서인의 갈등이 날이 갈수록 심해지고 있었기에, 한마음 한뜻으로 개혁을 추진한다는 것은 거의 불가능에 가까웠지요.

🌊 뜻을 이루지 못하고 맞이한 이른 죽음

조정의 분위기는 날로 차가워지기만 했습니다. 그러나 이이는 이에 아랑곳하지 않고 붕당을 떠나 인재를 고르게 등용하고 개혁에 힘쓰자고 주장했습니다. 그러나 동인과 서인 모두에게 따가운 눈초리만 받을 뿐이었지요.

끊이지 않는 갈등 속에서 늘 마음고생을 한 탓인지 관직 생활을 하는 내내 이이의 건강은 좋지 못했습니다. 결국 이이는 선조에게 사직의 뜻을 전했습니다. "정치를 하기에는 학문이 부족하다."라는 게 겉으로 내세운 이유였지요. 하지만 당시 이이의 솔직한 마음을 짐작해 볼 수 있는 기록이 실록에 남아 있습니다.

이이는 사회를 개혁하는 일을 제일 급하게 여겼기 때문에 신하들을 어떻게든 화해시키고자 사심 없이 할 말을 다하다가 모든 사람들에게 꺼리는 대상이 되었다. 결국 동인과 서인 모두에게 원수처럼 여겨져 화를 입을 지경에까지 이르렀다. 이이는 인물을 추천할 때 붕당이 아닌 학문과 태도만을 눈여겨보았다. 때문에 이이의 권력만을 보고 그에게 빌붙었던 자들은 나중에 그를 많이 배반하였다. 세상 사람들은 이이가 정치 현실에 너무도 어둡다고 이야기하곤 했다.

- 《선조수정실록》

개혁보다는 동인과 서인으로 나뉘어 힘겨루기에만 몰두하는 현실 속에서, 이이는 '순진한 이상주의자'로 낙인찍혔습니다. 이러한 과정에서 그는 아마 지칠 대로 지쳐버렸을지도 모릅니다.

결국 벼슬을 내려놓고 고향인 파주 율곡리로 내려간 이이는 그곳에서 제자를 가르치며 가족과 함께 화목한 삶을 꿈꾸기도 했습니다. 그러나 선조는 그를 쉽게 놓아주지 않았습니다. 임금의 요청을 끝내 거절하지 못한 이이는 결국 몇 차례 더 관직 생활을

어머니 신사임당 곁에서 영원히 잠든 이이(국가유산청)

이어가야만 했습니다.

이이는 어머니 신사임당이 세상을 떠날 당시보다 한 살 더 많은 49살의 나이에 생을 마감했습니다. 그의 시신은 신사임당의 묘가 있는 파주에 함께 묻혔지요. 병든 사회를 바로잡고자 했던 이이의 꿈은 끝내 이루어지지 못한 채 미완으로 남고 말았습니다.

특별히 주목할 점은 이이가 세상을 떠나기 직전에 주장한 개혁안들 가운데 상당수가 국방 강화와 관련된 내용이었다는 것입니다. 그러나 당시 이이의 절박한 외침에 귀를 기울이는 이는 거의 없었습니다. 심지어 그를 신뢰하고 따랐던 류성룡조차 이이의 주장에 동의하지 않았지요.

류성룡은 후에 이순신을 수군 대장으로 추천하고, 임진왜란 당시 영의정 오늘날의 국무총리 으로 활약했던 인물입니다. 이이가 세상을 떠난 지 얼마 지나지 않아 일본의 침략은 현실이 되었고, 류성룡은 그제야 깊은 후회를 하게 됩니다.

"백성에게 혼란을 줄까 두려워 국방 개혁을 반대했는데, 지금 돌이켜 보니 이이는 참으로 성인이었다."

먼 훗날 이이는 "크나큰 학문적 성취를 이루고, 백성의 평안을 살펴 정치의 근본을 세웠다."는 의미에서 '문성 文成'이라는 시호를 받았습니다. 그러고는 살아생전 그가 걸어온 길과는 다르게, 이후 서인의 지도자로 추앙받으며 기억되었지요. 역사의 아이러니가 아닐 수 없습니다.

MBTI로 살펴본 조선시대 인물
율곡 이이 : INFP

지금까지 화석정의 이야기를 시작으로 짧게나마 율곡 이이의 삶을 돌아보았습니다. 이곳저곳을 떠돌며 늘 책 속에서 답을 찾고자 한 이이I, 불교와 유교를 넘나들며 세상과 사회가 나아가야 할 길을 헤아려 보고자 했던 이이N, 갈수록 갈등의 골이 깊어지는 동인과 서인을 어떻게든 화해시켜 보려 한 이이F, 개혁을 우선시하면서도 때로는 현실에 발맞추며 주어진 길을 걸어가려 했던 이이P. 이러한 사실들로 미루어 보아 율곡 이이의 MBTI는 인프피INFP가 아니었을까 합니다.

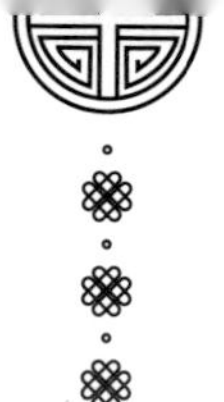

남명 조식

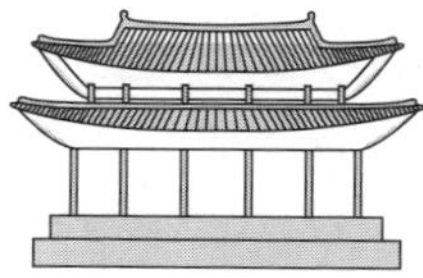

경상남도 김해에는 푸른 숲과 맑은 공기가 가득한 특별한 산, '신산新山'이 있습니다. 정상에 오르면 굽이치는 낙동강과 드넓은 김해평야가 한눈에 펼쳐져 장관을 이루지요. 사계절마다 색다른 아름다움을 자랑하는 이곳을 유독 사랑한 인물이 있습니다. 바로 퇴계 이황, 율곡 이이와 함께 조선시대 성리학의 발전을 이끈 남명 조식입니다.

일찍이 과거시험을 포기한 조식은 아내의 본가가 있는 김해로 내려와 생활했습니다. 그곳에서 평소 좋아하던 신산 자락에 '산해정山海亭'이라는 정자를 짓고, 제자들을 가르치는 일에 전념했지요. 조식은 이곳에서 무려 30여 년 동안 머물며 학문을 연구하

멀리서 바라 본 산해정의 모습(국가유산청)

고 인재를 길렀다고 전해집니다.

하지만 아쉽게도 그가 직접 세운 산해정은 온전히 전해지지 않고 있습니다. 오늘날 산해정은 그가 세상을 떠난 후 제자들이 그의 업적을 기리고자 세운 신산 서원의 일부로 남아 있어 당시 모습을 어렴풋이 짐작해 볼 수 있을 뿐이지요. 신산서원은 1588년 선조 21년에 세워진 이후 임금이 하사한 현판을 받아 김해 지역의 유일한 사액서원이 되었습니다.

그런데 신산 서원의 운명은 그 명성에 비해 그리 순탄치 않았습니다. 건립된 지 얼마 지나지 않아 임진왜란으로 큰 피해를 입었고, 전쟁이 끝난 후 다시 세운 서원마저도 1871년 고종 8년에 흥선대원군의 서원 철폐령에 따라 문을 닫게 되었지요.

운명의 장난일까요. 신산서원의 기구한 운명처럼 조식의 일생도 평탄하지는 않았습니다. 혼란스러운 시대에 태어나 관직 생활에 대한 꿈을 접고 끊임없이 자신의 신념을 시험하며 인내하는 삶을 살아야 했지요. 그럼에도 조식은 결코 절망하지 않았습니다. 칼과 방울을 차고 거친 세상과 맞서 싸운 올곧은 선비 남명 조식. 지금부터 그의 이야기 속으로 들어가 보겠습니다.

무지개의 기운을 타고난 아이

조식은 1501년 연산 7년, 어머니의 친정이 있던 경상남도 삼가현 토동에서 태어났습니다. 이곳은 오늘날 경상남도 합천군에 해당하지요. 합천은 가야 왕국의 유적과 국보인 팔만대장경을 보존하고 있는 유서 깊은 고장입니다.

조식이 태어난 이곳에는 놀라운 이야기가 하나 전해 내려옵니다. 어느 날 길을 지나가던 나그네가 문득 조식의 집 문 앞에서 걸음을 멈춥니다. 그러고는 대뜸 "훗날 여러 사람들에게 존경을 받을 훌륭한 선비가 태어날 곳이로다!"라며 예언했지요. 그 말을 들은 조식의 할아버지 이국은 낯선 나그네에게 정성스레 식사를 대접해 주었습니다. 그리고 얼마 지나지 않아 하늘에 크고 밝은 무지개가 떠오른 범상치 않은 날에 조식이 가족들의 기대 속에 세상에 태어났습니다.

조식의 아버지 조언형은 일찍이 과거 문과 시험에 합격한 인물이었습니다. 이조정랑, 승문원 판교 등 당시 유망한 벼슬이란 벼슬은 모두 거친 엘리트였지요. 그런 조언형의 셋째 아들로 태어

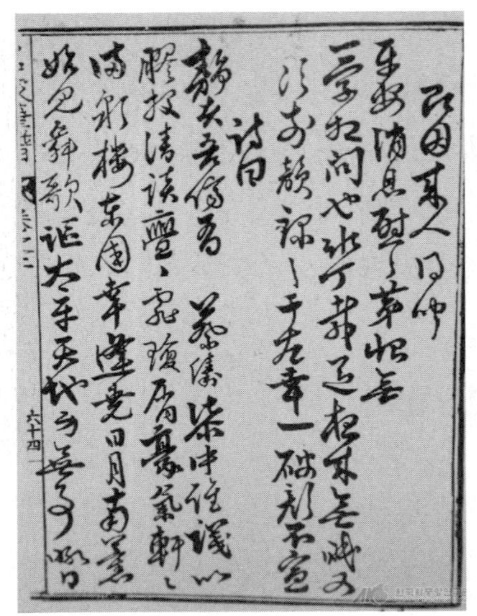

조식의 서체(한국학중앙연구원)

난 조식도 아버지를 닮았는지 어릴 때부터 영재 소리를 들으며 자랐습니다. 7살 때부터 학문을 익히기 시작한 조식은 한 번 본 글은 절대 잊지 않았고, 모르는 것이 생기면 반드시 궁금증을 풀어야 직성이 풀리는 타고난 공부벌레였다고 전해집니다. 또 행동거지가 어린아이답지 않게 조용하고 의젓해서 '노인'이라는 별명까지 얻게 되었지요.

시간이 흘러 어느덧 18살이 된 조식은 관직 생활을 하는 아버지를 따라 한양으로 올라갔습니다. 언젠가 아버지처럼 나라를 이끌겠다는 꿈을 품었던 걸까요. 조식의 공부에 대한 열정은 그야말로 대단했습니다. 하루라도 게을러질까 걱정하여 매일같이 일찍 일어나 방을 깨끗이 정돈하고 옷에는 금방울을 달아 정신을 일깨웠다고 전해집니다.

그런데 세상일은 그의 뜻대로 흘러가지 않았습니다. 1520년중종 15년, 기묘사화가 일어난 것입니다. 기묘사화는 중종의 총애를 받으며 개혁 정치를 이끌던 사림파의 중심인물, 조광조가 사약을 받으면서 덩달아 많은 선비들이 화를 입게 된 사건입니다. 그 여파로 조식의 숙부 조언명은 억울하게 목숨을 잃게 되었고 아 버지 조언형도 불운을 피하지 못해 얼마 지나지 않아 관직에서 물러나야 했습니다.

가문의 몰락을 지켜본 조식은 점차 과거시험에 대한 회의감을 느끼기 시작했습니다. 뜻있는 선비들이 마음껏 뜻을 펼칠 수 없 는 세상이라면, 관직에 나아간들 무슨 소용이 있을까 하는 생각 이 들었기 때문이지요. 그렇게 점점 조식은 처사處士, 벼슬에 나아가지 않고 자연에 묻혀 사는 선비 의 길에 대해 깊이 고민하기 시작했습니다.

🌊 엘리트 코스를 거부한 우등생

자연 속에 묻혀 학문에 푹 빠져 살고 싶다는 조식의 새로운 꿈 은 바로 이루어지지 못했습니다. 어머니가 반대했기 때문이었 지요. 조식의 어머니는 태어날 때부터 총명했던 아들이 출세하 여 가문의 명예를 회복하고 안정된 삶을 살기를 바랐습니다. 결 국 어머니의 강한 권유로 조식은 20살이 되던 해인 1520년 중종 15 년에 과거 1차 시험을 보았고, 덜컥 합격하고 말았습니다. 그런데 마음이 어지러웠던 탓인지 다음 해에 있었던 2차 시험은 끝내 응 시하지 않았지요.

조식이 과거시험에 대한 미련을 훌훌 털어버린 건 25살 때의 일이었습니다. 그의 마음을 굳혀 준 건 다름 아닌 책에 있던 단 하나의 문장이었습니다. 어느 날 친구들과 함께 모여《성리대전》

이라는 성리학 연구서를 읽던 중이었습니다. "세상에 나간다면 마땅히 이루는 것이 있어야 하고, 물러난다면 마음속에 지키는 것이 있어야 한다." 군더더기 없이 깔끔한 이 문장이 문득 그의 마음을 크게 울렸습니다.

그후 30살이 되던 해인 1530년 중종 25년, 조식은 김해로 내려가 신산 밑에 산해정을 짓고 인생의 새로운 서막을 열었습니다. 밤 낮없이 공부에 매진하는 그의 생활을 경제적으로 뒷받침해 준 것은 바로 아내였습니다. 조식의 아내는 김해에서 대대로 막대한 부를 쌓아온 남평 조씨 가문 출신이었습니다. 탄탄한 경제력을 바탕으로 남편의 둘도 없는 지원군이 되어주었던 것이지요.

하지만 조식의 새로운 꿈은 곧바로 이루어지지 못했습니다. 어머니의 성화를 끝내 이기지 못한 그는 33살과 36살에 다시 문과 1차 시험에 응시할 수밖에 없었습니다. 각각 1등과 3등이라는 우수한 성적으로 합격했지만, 이미 관직에 대한 마음을 완전히 접어버린 조식에게 이는 더 이상 중요한 사실이 아니었습니다.

칼과 방울을 차고, 산림의 아이콘이 되다

과거시험을 포기하고 처사가 되고자 한 조식이 지키고 싶었던 신념은 과연 무엇이었을까요? 그가 온종일 파고들었던 성리학의 가르침은 '경敬'과 '의義'였습니다. 쉽게 말하면 '경'은 끊임없이 자신을 바르게 다듬고 수양한다는 뜻이고, '의'는 오랜 시간 수양해 얻은 올바른 마음가짐을 행동으로 실천한다는 뜻입니다.

이렇게 보면 '경'과 '의'는 서로 떼려야 뗄 수 없는, 함께 어우러져 완성되는 개념이라 할 수 있습니다.

조식이 경과 의를 얼마나 중요하게 여겼는지는 그의 수제자 정인홍의 다음과 같은 말에서 잘 드러납니다.

선생님이 '경의敬義'를 벽에 크게 써 붙이고 말씀하시기를 "이 두 글자는 마치 하늘에 해와 달이 있는 것과 같이 오랜 세월이 흘러도 변하지 않는 진리이다. 앞서 뛰어난 선비들의 가르침은 모두 이 두 글자에서 나온 것이다."하셨다.

– 정인홍, 《내암집》

조식은 스스로 경과 의를 실천하기 위해 늘 칼과 방울을 지니고 다녔습니다. 허리에 매단 '성성자惺惺子'라는 이름의 방울은 '항상 깨어 있어 마음을 밝게 유지한다.'라는 뜻을 담고 있었습니다. 몸을 움직일 때마다 울리는 방울의 소리를 들으며 조식은 이 가르침을 마음속 깊이 새겼지요.

한편 '내명자경內明者敬, 외단자의外斷者義'라는 문장을 새긴 칼은 '안으로는 경으로 스스로를 밝히고, 밖으로는 의로 결단한다.'라는 의미였습니다. 글을 읽는 선비가 칼을 집어 들다니 언뜻 어울리지 않는다는 생각이 들 수도 있습니다. 칼은 옳다고 믿는 일은 반드시 실천해야 한다는 조식의 강한 신념을 상징하는 것이었습니다.

이처럼 조식은 늘 몸이 먼저 움직이는 행동파 선비였습니다.

조식의 제자들이 그의 말과 사상을 한데 엮어 편찬한 《남명집》(국립중앙박물관)

평소 조식은 현실을 외면한 채 책만 파고드는 선비들을 비판적인 시선으로 바라보곤 했지요.

"요즈음 공부하는 자들을 보면 손으로 물 뿌리고 비질하는 쉬운 예절도 모르면서 입으로는 하늘의 이치를 이야기하며 헛된 이름이나 훔쳐서 남들을 속이려 하고 있다."

– 조식, 《남명집》

그런데 여기에서 문득 의문이 듭니다. '실천'을 그렇게 중요하게 여긴다면, 오히려 관직에 나아가 세상을 바꾸는 정치에 힘써야 하는 것이 아닐까요? 하지만 조식은 선비들이 큰 화를 입는 '사화'가 계속되고, 왕의 외척 가문이 정치를 좌지우지하는 비

상식적인 환경에서는 관직에 나아가더라도 자신의 뜻을 펼칠 수 없다고 판단했습니다. 대신 지방에서 학문이 깊은 여러 선비들과 함께 날마다 바뀌는 정치 상황에 대해 솔직하게 의견을 나누고 논쟁하며 현실을 고민하는 편이 나라를 돕는 것이라 여겼지요.

이러한 조식의 모습은 마치 오늘날 신문이나 방송 같은 언론이 하는 역할과도 닮아 있습니다. 조정은 학식이 깊을뿐더러 많은 이들의 존경을 한몸에 받는 조식의 의견을 함부로 무시할 수 없었지요. 훗날 사람들은 관직에 나아가지 않고 지방에 머물며 막대한 영향력을 행사한 조식을 가리켜 '산림山林'이라 불렀습니다. 조식이 세상을 떠난 뒤 조선 사회는 선비들이 너도나도 산림이 되기를 열망하는 분위기가 널리 퍼지기도 했습니다.

🌀 목숨을 내놓고 올린 상소

조식은 늘 정치의 흐름에 신경을 곤두세우고 있었습니다. 그러다 자신이 직접 나서야 한다는 생각이 앞서거나, 임금이 조언을 구해 올 때면 주저하지 않고 상소문을 올리며 자신의 의견을 분명히 밝혔지요. 조식은 1555년명종 10년, 1567년선조 즉위년, 1568년선조 1년, 1571년선조 4년에 걸쳐 총 네 차례 상소문을 올렸습니다.

조식이 이렇게까지 정치에 큰 관심을 기울였던 이유는 무엇일까요? 오랜 세월 동안 경상도 곳곳을 돌아다니며 여러 선비와 사귀고 제자를 길렀던 조식에게는 백성들의 삶을 생생하게 들

여다볼 수 있는 기회가 많았습니다. 조식은 백성들의 어려움을
결코 외면하지 않으려 했습니다.

**선생님은 세상을 잊지 않았다. 백성들의 가난한 생활을 생각할 때
면 마치 자신이 아픈 것처럼 여기셨다. 가슴에 많은 말을 간직하고
있다가 혹 말을 꺼내실 때면 목이 메 눈물을 흘리시기까지 했다. 벼슬
을 맡고 있는 사람을 만나 이야기를 나누게 되면, 백성을 조금이라도
이롭게 할 방법에 대해 온힘을 다해 조언했고, 그것이 꼭 실현되기를
바랐다.**

― 정인홍,《내암집》

　　조식의 눈으로 본 당시 사회는 백성에게 너무나 가혹했습니다.
관리들의 부정부패로 백성이 부담해야 할 세금이 날로 불어나고
있었지만, 정작 이를 바로잡아야 할 정치는 점점 산으로 가고 있
었지요. 어린 왕을 대신해 권력을 잡은 외척은 제 배를 불리기에
여념이 없었고, 북쪽 지역에서는 임꺽정이 도적떼를 모아 난을
일으키며 사회를 더욱 혼란에 빠트렸습니다. 게다가 잊을 만하
면 일본의 해적 집단인 왜구가 남쪽 지방에 쳐들어와 약탈을 일
삼으며 백성에게 큰 피해를 입히기도 했습니다.
　　이처럼 나라의 운명이 바람 앞 등불과도 같았던 위기 상황 속
에서 조식은 상소를 통해 자신의 목소리를 높였습니다. 거친 말
도 서슴지 않으며 왕을 일깨우려 노력했지요. 백성을 위해서라
면 목숨을 걸고서라도 바른말을 해야 한다고 믿었던 것입니다.

경상남도 산청 조식이 학문을 연구하던 곳(국가유산청)

전하의 나라일은 이미 잘못되어 하늘의 뜻을 잃어버렸고, 백성들의 마음도 떠났습니다. 비유하면 큰 나무가 백 년 동안 벌레가 속을 먹어서 진액이 말라버렸는데, 회오리바람과 사나운 비가 언제 닥쳐올지 모르는 상황과 비슷합니다. 높은 관직에 있는 신하 중에는 충성스럽고 학문에 힘쓰는 자가 없고, 낮은 관직의 신하들도 권력 있는 이에게 아부하며 오직 재물만을 늘리고 있습니다. 또 주위의 오랑캐들도 우리를 업신여기고 계속해서 쳐들어오니 온갖 문제가 급하게 되었습니다.

- 조식,《남명집》

조식을 높게 평가하며 벼슬을 내리고자 했던 명종이었지만,

그 날선 비판을 아무렇지 않게 받아들이기란 결코 쉽지 않았습니다. 심지어 조식은 명종의 친어머니인 문정왕후를 정면으로 비판하기도 했습니다. "문정왕후는 깊숙한 궁중의 한 여인에 지나지 않는데 정치를 좌지우지하고 있다."라는 것이었지요.

이에 머리끝까지 화가 난 명종은 조식을 불경죄로 처벌하려 했습니다. 그러나 이렇게 조식을 벌해 언론을 막아버린다면, 앞으로 왕에게 소신 있게 바른말을 하는 인물들이 영영 사라질 위험이 있었습니다. 게다가 이미 조식의 명성이 높아져 많은 이들의 존경을 받고 있었기에 함부로 처벌하기도 어려웠습니다.

조식은 명종의 뒤를 이어 왕위에 오른 선조에게도 진심 어린 조언을 아끼지 않았습니다. 당시 사회가 큰 위기에 놓여 있으니, 몹시 위급하다는 의미의 '구급救急'이라는 두 글자를 마음속 깊이 새기고 정치를 펴야한다는 내용의 상소를 올렸지요. 주목할 만한 점은 조식이 왜구의 침입을 심각하게 우려하며 미리 대책을 세워야 한다고 강하게 주장했다는 사실입니다. 실제로 조식이 세상을 떠난 지 꼭 20년쯤 되는 해에, 임진왜란이 일어났으니까요.

🌀 의병의 영원한 스승

1572년선조 5년, 72살의 나이로 세상을 떠난 조식을 실록에서는 이렇게 평가하고 있습니다.

조식은 시골 후미진 땅에서 빛을 감추었지만 척박한 환경에서도 곧게 자라는 난초처럼 그 향기가 저절로 사람들에게 널리 알려지고, 그 명망은 조정에까지 이르렀다. 이에 조정에서 여러 번 관직을 내렸지만 모두 머리를 저으며 거절하였다. 그는 가난한 것을 편히 여기고 스스로의 도를 즐기면서 끝까지 관직을 얻으려 하지 않았으니, 그 뜻을 높이 살 만하다. 그러면서도 세상일을 잊지 못해 상소를 올려 자신의 '의義'를 지키며 사회의 폐단을 고치려고 하였다.

-《선조실록》

평생 동안 풍족하고 편안한 생활을 등지고 스스로의 올곧은 신념을 지켜온 조식은 조선 사회에 무엇을 남겼을까요? 조식이 세상을 떠난 뒤 임진왜란이 일어났을 때 그의 제자들은 누구보다 제일 먼저 의병을 일으켰습니다. 나라가 위기에 처하자 몸에 칼과 방울을 차고 날마다 '실천'을 강조했던 스승의 가르침을 따르기 위해 주저 없이 무기를 들고 싸움터로 나섰던 것입니다. 이처럼 조식의 가르침은 강산이 두 번이나 바뀔 만큼 오랜 세월이 지난 뒤에도 여전히 많은 이들의 마음속

조식의 업적을 기리기 위해 지어진 덕천서원(국가유산청)

에 깊이 남아 있었습니다.

MBTI로 살펴본 조선시대 인물
남명 조식 : ESTP

지금까지 김해 산해정의 이야기를 시작으로 남명 조식의 삶을 짧게나마 돌아보았습니다. 과거시험을 포기하고 지방에 머물면서도 끊임없이 여러 선비들과 어울리며 학문과 정치를 논한 조식 E, 책 속의 문장보다 사회를 현실적으로 변화시킬 수 있는 실천을 강조한 조식 S, 어떠한 상황에서도 자신의 신념을 굽히지 않은 조식 T, 정치의 흐름에 신경을 곤두세우며 때마다 알맞은 대책을 세우기 위해 날마다 고민한 조식 P.

이러한 사실들로 미루어 보아 조식의 MBTI는 엣팁 ESTP 가 아니었을까 합니다.

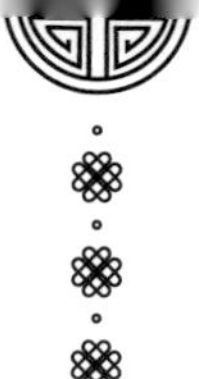

200권의 책을 남긴 천재 학자, 정약용

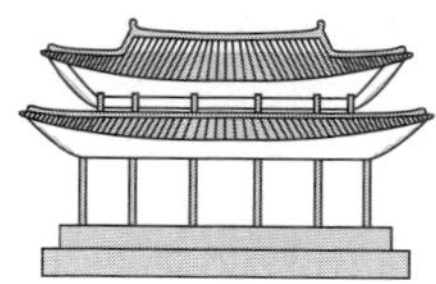

구불구불한 산맥과 그 사이로 흐르는 맑은 북한강을 볼 수 있는 곳, 경기도 남양주시에는 멋진 자연 풍경만큼이나 특별한 명소가 있습니다. 바로 다산유적지입니다. 다산유적지는 조선 후기 개혁 정치를 주도한 국왕인 정조의 총애를 한몸에 받았던 이름난 관리이자, 방대한 양의 책을 쓴 학자인 정약용을 기리는 장소입니다. '다산茶山'은 정약용의 호입니다. 정약용이 전라남도 강진에서 유배 생활을 하던 시절, 그가 머물던 곳 근처에 있었던 산의 이름이지요.

다산유적지에는 정약용이 태어난 집 '여유당與猶堂'은 물론, 정약용의 사상과 생전 업적을 전시하고 있는 공간인 다산기념관과 다산문화관, 정약용의 초상화와 위패를 모신 사당인 문도사 등이 자리하고 있습니다. 산책로를 따라 천천히 걸으며 유적지를 둘러보다 보면, 마치 정약용의 숨결이 그대로 전해지는 듯한 신비로운 분위기가 느껴지지요.

정약용은 여유당에서 태어나 어린 시절을 보냈으며, 75살의 일기로 생을 마감할 때에도 이곳에서 눈을 감았습니다. 사실 '여유당'이라는 건물의 이름은 정약용이 말년에 친히 붙인 특별한 명칭입니다. 여유당의 '여유與猶'는 노자의 말씀을 모아 놓은 경전인 《도덕경》에서 따온 말로, '어떤 것도 함부로 단정하지 않고 신중하게 생각하는 태도'라는 의미입니다.

기나긴 유배 생활을 마친 정약용은 여유당에 자신이 아끼는 책들을 한가득 쌓아두고 평생을 바쳐온 연구를 마무리했습니다. 그렇게 완성한 저술들을 모아 펴낸 책의 이름도 《여유당전서》라고 지었지요.

정약용은 왜 '여유'라는 단어를 마음속 깊은 곳에 두게 된 것일까요? 죽음을 앞둔 그가 끝내 '여유'를 자신의 마지막 철학으로 선택한 이유는 과연 무엇일까요? 지금부터 파란만장했던 그의 이야기 속으로 한 걸음씩 들어가 보겠습니다.

🌀 '삼미자 三眉子'라고 불리던 영특한 소년

정약용은 1762년 영조 38년 에 경기도 광주군 마현이라는 고을에서 경주 정씨의 막내아들로 태어났습니다. 마현은 앞서 언급

정약용 표준 영정(전통문화포털)

한 것처럼 오늘날에는 광주가 아닌 남양주에 속해 있습니다. 정약용의 아버지인 정재원은 성품이 강직하고 청렴하기로 소문난 인물이었습니다. 대대로 벼슬을 지낸 가문의 영향력을 바탕으로 한때 진주를 다스리는 관직을 지내기도 했지요.

정재원은 정약용이 4살이 되는 해부터 손수 학문을 가르쳐 주기 시작했습니다. 어려서부터 매우 총명했던 정약용은 공부를 시작한 지 얼마 되지 않아 《천자문》을 모두 익혔고, 7살부터는 혼자서도 척척 멋진 한시를 지었습니다.

공부하기를 너무나도 좋아했던 정약용은 10살이 되던 해 자신이 지은 시들을 정성스레 모아 한 권의 책으로 엮었습니다. 큰형 정약현은 그런 막내가 귀여웠던지 시집에 《삼미집三眉集》이라는 특별한 이름을 붙여 주었습니다. '삼미三眉'는 정약용의 별명이었습니다. 정약용은 2살 때 천연두를 심하게 앓은 탓에 눈썹이 세 갈래로 갈라져 독특한 외모를 가지게 되었는데, 이 모습을 두고 붙여진 애칭이었지요.

정약용이 고향 마현을 떠나게 된 것은 15살 때 한양 회현동오늘날 서울특별시 중구 회현동에 살던 풍산 홍씨 집안과 혼인을 하면서였습니다. 이미 선비라면 익혀야 할 성리학 경전을 모두 공부한 정약용은 이 무렵 조선의 대표 실학자 성호 이익의 사상을 처음 만나게 됩니다. 그동안 알던 사실들과는 차원이 다른 이야기에, 정약용은 마치 뭐에 홀린 것처럼 밤낮없이 이익의 책에 빠져들었지요.

어느덧 시간이 흘러 어엿한 청년이 된 정약용은 22살의 나이에 문과 1차 시험을 패스하고 조선의 최고 교육기관인 성균관에 입학하게 됩니다. 그 후 여느 때처럼 성균관에서 열심히 문과 최종 시험을 준비하고 있던 어느 날, 정약용의 운명을 뒤바꿀 귀한 인연이 찾아옵니다.

정약용을 특별히 눈여겨보게 된 이는 다른 누구도 아닌 국왕 정조였습니다. 유생들의 공부를 독려하기 위해 성균관에 들른 정조는 미래의 인재를 미리 점찍어 둘 목적으로 유생들에게 이런저런 질문을 던졌습니다. 어떤 질문이든 막힘없이 대답하는 정약용은 많은 유생 중에 단연 돋보였지요. 그렇게 정약용은 정조의 마음에 쏙 들어오게 됩니다. 쇠락해 가던 조선을 다시 일으켜 세울 꿈을 꾸던 젊은 왕 정조에게 정약용은 조선의 희망찬 미래로 깊이 각인되었던 것입니다.

🐚 천주교에 마음을 빼앗겨 공부를 소홀히 하다

정약용의 앞날은 그야말로 꽃길만이 예정되어 있었습니다. 정조가 그의 과거 합격 소식만을 손꼽아 기다리고 있을 정도였으니까요. 그런데 웬일인지 그뒤로 정약용은 문과 최종 시험에 몇 차례 떨어지고 맙니다. 그렇게 애꿎은 시간만 흐르고 6년이 지난 뒤에야 비로소 2등으로 시험에 합격하여 벼슬로 나아갈 수 있었지요. 그동안의 시험에서 수석이란 수석은 다 거머쥐었던 정약용이었습니다. 그런 그에게 도대체 무슨 일이 생긴 걸까요?

청년 정약용의 마음을 과거시험에서 떠나게 한 건 바로 '서학西學'이었습니다. 서학은 서양의 학문을 통틀어 부르는 말입니다. 당시 조선의 선비들은 청나라를 다녀온 사신단이 싣고 온 여러 책들을 통해 서학을 접하기 시작했습니다. 일찍이 성호 이익이 저술한 책들을 두루 읽어온 정약용도 서학에 큰 관심을 가지고 있었지요. 이는 이익이 서학의 긍정적인 면들을 강조하며 새로운 학문으로 받아들이고 연구할 가치가 있다고 높게 평가했기 때문이었습니다.

정약용은 자연스레 서학을 깊이 연구하고자 하는 젊은 선비들과 친밀하게 교류하게 됩니다. 정약용과 함께 성균관에서 공부하며 친하게 지내던 이벽이 그 대표적인 인물이었지요. 훗날 이벽은 조선 선비들 사이에서 서학의 일부로 받아들여지고 있었던 천주교에 깊이 빠져 스스로 독실한 신자가 되기에 이릅니다. 이벽이 이승훈에게 세례를 받을 때 그 옆에는 정약용도 있었습니다. 이승훈은 조선 사람 중 최초로 천주교 세례를 받은 인물이었지요. 이후에도 정약용은 종종 큰형 정약전, 작은형 정약종과 함께 이벽이 주관하는 천주교 모임에 참여했습니다.

그뒤 정약용은 성균관의 출석을 빼먹을 정도로 천주교에 깊이 빠졌습니다. 당시 천주교에 대한 그의 깊은 관심은 그가 61살 때 직접 쓴 자신의 묘지명에도 잘 나타나 있습니다.

성균관에 다니던 시절 이벽을 따라 다니면서 천주교의 교리를 듣고 그 서적을 보았다. 이후 4~5년 동안 관심을 두었는데, 신해년1791, 정조 15년 **이래로 국가의 금지가 엄해진 후부터는 생각을 아주 끊어버렸다.**

- 정약용,《다산시문집》

천주교를 굳게 믿은 이벽에게 돌아온 건 끔찍한 최후였습니다. 오늘날 명동 근처에서 꾸준히 신앙 모임을 계속해 오던 어느 날, 도박 단속을 나온 관군에게 이 비밀스러운 모임이 발각되고 맙니다. 이 일로 모임을 위해 자신의 집을 공간으로 내주던 김범우는 멀리 유배되었습니다. 그리고 이벽은 천주교를 강하게 반대하던 아버지에 의해 집안에 감금된 후 얼마 지나지 않아 32살의 젊은 나이로 세상을 떠났지요.

훗날 천주교가 다시금 심각한 문제로 떠오른 건, 위에서 정약용이 언급한 것처럼 1791년정조 15년 에 이르러서였습니다. 충남 논산에서 지체 높은 양반 가문 출신이었던 윤지충과 권상연이 신앙을 지키고자 부모의 위패를 불태우고 제사를 거부하는 충격

240

적인 사건이 벌어진 것이지요. 이는 어버이에 대한 '효도'를 어떠한 가치보다 중요하게 여기던 조선 사회에서 상상조차 할 수 없는 일이었습니다. 그 뒤로 천주교는 조선 조정의 엄격한 감시 아래 탄압을 받게 됩니다. 이때 정약용도 정조 앞에서 천주교에 대한 마음을 완전히 버리겠노라 굳게 다짐했지요.

🌀 정조가 선택한 조선의 미래, 1762년생 정약용

마침내 정약용이 과거시험에서 최종 합격되었다는 소식에 뛸 듯이 기뻐한 건 그 누구도 아닌 정조였습니다. 관리로 임용되어 궁궐로 들어온 정약용에게 정조는 기다렸다는 듯이 이런저런 책을 모조리 내주었습니다. 그러고는 매일같이 성리학 경전을 읽고 그 안에서 중요한 내용을 뽑아 정리하라는 고난도의 숙제들을 한 아름 안겨 줍니다. 이러한 정조의 특별한 관심 덕분에 정약용은 유능한 관리로 무럭무럭 성장해 갔지요.

정약용에 대한 정조의 사랑은 유별났습니다. 숙제로 내 줄 책이 바닥나면 정약용을 궁궐로 불러들여 함께 술을 마시자고 할 정도였으니까요. 심지어는 꽃구경을 하거나 시를 짓는 등 여가 시간을 보낼 때도 정약용을 불러들였습니다. 게다가 틈만 나면 정조는 친히 글을 쓴 종이를 정약용에게 하사하고, 그 글에 이어 시를 짓도록 하기도 했습니다. 훗날 정약용은 정조가 자신에게 보여 준 특별한 애정에 대해 이렇게 회고하고 있습니다.

나는 시골에서 태어난 한없이 낮은 사람으로, 아버지나 형의 세력도 없는 편인데 오직 전하_{정조}께서 길러 주신 공에 힘입어 성장하게 되었다. 규장각에서 열린 시험에서 3년 동안 전하의 눈에 들어와 외람스럽게도 학사로 선발되어 높은 벼슬로 뛰어올랐다.

– 정약용, 《여유당전서》

　　규장각은 정조가 왕위에 오르자마자 야심 차게 건립한 왕실 도서관이었습니다. 정조는 규장각에 젊고 유능한 관리를 등용하여 학문의 발전을 꾀하는 한편, 이들을 자신의 지지 세력으로 키워 함께 개혁 정치를 펴나갈 꿈을 꾸고 있었지요.

　　규장각을 거친 정약용은 정조의 총애를 바탕으로 예문관 검열, 홍문관 교리, 사간원 사간, 형조참의 등 당시 내로라하는 관직을 두루 지냈습니다. 정조는 왜 이렇게 정약용을 아꼈을까요? 물론 정약용이 누구보다 특출 난 재능을 지닌 관리였기 때문이었다는 건 당시 누구나 아는 사실이었습니다.

　　정조의 마음을 온전히 알 수는 없지만, 정약용은 정조에게 어떤 애틋한 마음이 들게 하는 신하였던 것 같습니다. 정조가 성균관에서 정약용을 처음 만났을 때 제일 먼저 던진 질문은 출생년도였습니다. 신기하게도 정약용은 정조의 친아버지인 사도세자가 비운의 죽음을 맞이했던 해인 1762년_{영조 38년}에 태어났습니다. 이러한 우연이 정조에게 더욱 각별한 감정을 들게 했을 수도 있습니다. 아버지를 잃은 해에 태어난 총명한 젊은 유생, 정약용은 정조에게 단순한 신하가 아니라 자신의 뜻을 함께 펼쳐 나갈 평생의 동반자로 여겨졌을지도 모릅니다.

화성에 깃든 새로운 꿈

　정조의 총애를 받으며 이런저런 일을 척척 해결해 오던 정약용은 1792년 정조 16년 에 다시 특별한 임무를 맡게 됩니다. 바로 수원에 새로운 도시를 건설하는 일이었지요. 정조는 세자가 성인의 나이가 되면 왕위를 물려주고 자신은 화성으로 거처를 옮긴 다음, 그곳에서 조선을 개혁할 정책들을 펼칠 생각을 갖고 있었습니다. 정약용은 당연하게도 이러한 정조의 야심 찬 계획을 주도해 나갈 인재로 콕 집어 임명되었지요.

　이때부터 정약용은 어떻게 하면 수원에 지금까지와는 차원이 다를 튼튼한 성을 쌓아 올릴 수 있을까 고민합니다. 조선에 있는 성들을 연구하는 한편, 조선과 중국의 책은 물론, 서양에서 온 과학책까지 펼쳐보며 치밀하게 공부했지요.

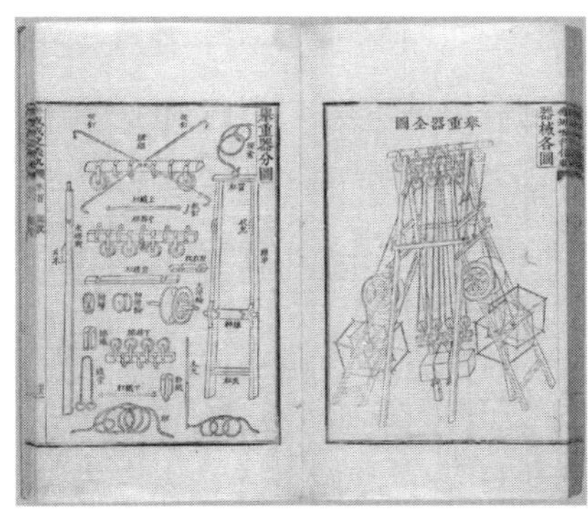

《화성성역의궤》에 담긴 거중기의
원리(국립중앙박물관)

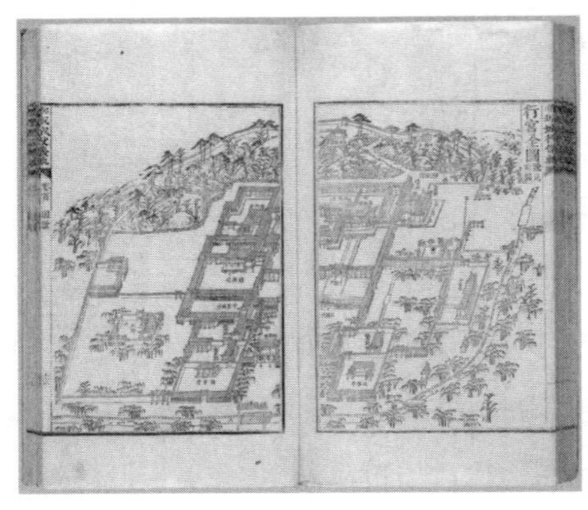

《화성성역의궤》에 실린 화성행궁
구조도(국립중앙박물관)

　그렇게 시간이 지나고, 이제 정약용의 손에는 놀라운 설계안이
들려 있었습니다. 설계안에는 이전까지의 조선에서는 찾아볼 수
없었던 놀라운 발명품을 구상한 그림도 들어 있었지요. 바로 '거
중기擧重機'라는 이름을 가진 기구였습니다. 거중기는 여러 사람
이 힘을 합해도 들 수 없었던 무거운 돌들중 을 '도르래'의 원리를
이용해 손쉽게 들어 올릴거 수 있었습니다.

　이러한 정약용의 활약으로 공사는 예정보다도 적은 비용으로,
또 신속하게 마무리되어 갔습니다. 정약용은 정조의 명을 받아
공사에 참여한 백성들이 고된 노동에 지치지 않도록 급료를 지
급하는 등 각별히 신경 쓰기도 했습니다. 언제나처럼 일을 성공
적으로 마무리한 정약용에게 정조는 "네가 거중기를 만들어 공
사비를 무려 4만 냥이나 줄여 주었구나!"라며 크게 칭찬해 주었
습니다.

　그렇게 조선의 미래 도시 '화성'이 수원에 위풍당당하게 자리
잡아가고 있던 어느 날, 기대에 부푼 정조는 어머니 혜경궁 홍씨

의 회갑 60살이 되는 해 을 기념하여 화성에서 잔치를 열겠다는 계획을 발표했습니다. 아버지 사도세자의 무덤을 화성 근처로 옮긴 지 얼마 지나지 않았을 때의 일이었지요.

1795년 마침내 조선 역사상 가장 성대한 왕의 행차가 시작되었습니다. 한양에서 수원 화성까지의 긴 여정이었습니다. 백성들은 너도나도 길거리에 나와 왕의 화려한 행렬을 구경했습니다. 정약용은 이때에도 왕의 성대한 행렬이 안전하게 한강을 건널 수 있도록 특별한 배다리를 설계하기도 했습니다.

"누구나 행복하고 잘 사는 나라를 만들 것이다." 화성으로 향하던 정조가 온 신하와 백성에게 당당하게 밝힌 뜻이었습니다. 그 모습을 가까운 곳에서 바라보던 정약용도 흐뭇하게 미소지었지요.

🌊 뜻밖의 죽음과 함께 찾아온 위기

그로부터 약 5년 뒤, 정약용에게 도저히 믿을 수 없는 소식이 전해집니다. 시름시름 병을 앓던 정조가 결국 세상을 떠났다는 이야기였습니다. 새로운 조선의 앞날만을 생각하며 밤낮없이 일해 온 지금까지의 시간들이 머릿속에서 주마등처럼 스쳤습니다. 하지만 정약용에게는 자신을 제 몸처럼 아껴 준 국왕의 죽음을 슬퍼할 시간마저 허락되지 않았습니다. 얼마 지나지 않아 나라를 어지럽힌 큰 죄인으로 몰리게 되었기 때문이었지요.

정조의 뒤를 이어 순조가 어린 나이로 왕위에 오르자, 천주교

정약용이 강진에서 유배 생활을 하던 당시 머물렀던 다산초당(국가유산청)

가 다시 심각한 사회 문제로 떠올랐습니다. 이러한 흐름 속에서 평소 천주교 신자들과 가까운 사이였던 정약용에게도 불똥이 튀었습니다. 더군다나 정약용은 어린 왕을 둘러싸고 새롭게 권력을 장악하려던 신하들에게 눈엣가시 같은 존재이기도 했습니다.

하루아침에 둘째 형 정약전, 셋째 형 정약종과 함께 죄인으로 끌려오게 된 정약용은 목숨을 구걸해야 하는 상황에 놓였습니다. 이 과정에서 정약용은 독실한 천주교 신자였던 형 정약종을 "정상이 아니다."라며 눈물로 증언해야 했습니다. 결국 정약종은 죽음을 피하지 못했고, 얼마 지나지 않아 정약용과 정약전은 각각 강진과 흑산도로 멀리 유배를 떠나야 했습니다.

이때 정약용의 나이는 40살이었습니다. 정치 무대에서 쫓겨나

후미진 시골에 갇혀 지내기에는 아직 창창한 나이였지요. 먼 길을 걷고 또 걸어서 유배지에 도착한 정약용을 따뜻하게 반겨 주는 이는 아무도 없었습니다. 유배지 근처에 살던 백성들은 죄인에게 호의를 베풀었다가는 화가 미칠까 두려워 그를 슬슬 피하기만 했습니다.

🌊 이루지 못한 꿈, 200권의 책이 되다

그러나 이대로 허망하게 무너질 정약용이 아니었습니다. 자신의 처지에 낙담해 있던 정약용은 곧 마음을 고쳐먹고, 갑작스레 생이별을 하게 된 아들들에게 결연한 내용의 편지를 적습니다.

"너는 지금 폐족몰락한 양반을 이르는 말 **이다. 어떻게 하면 폐족의 처지에서도 잘 대처하며 살아갈 수 있겠느냐? 오직 한 가지, 독서뿐이다."**

그렇게 기나긴 유배 생활이 시작되었습니다. 정약용은 우울한 마음이 들 때마다 더욱더 이를 악물고 손에서 책과 붓을 내려놓지 않았습니다. 책 속으로 파고들고 파고들어서 백성을 평안하게 할 올바른 정치에 대한 자신의 생각을 차근차근 정리해 나가기 시작했지요. 이 일은 정약용에게 정조와 함께 미처 이루지 못한 꿈을 펴나가는 것과도 같았습니다.

"고려 말기의 잘못된 정치와 연산군 때의 어지러운 정치의 여파가 아

직 남아 있고, 임진왜란이 끝난 뒤 임시방편으로 세운 정책들이 있을 뿐 오늘날 백성을 위한 법도가 바로 서지 못하고 있다."

- 정약용, 《경세유표》

　진심이 전해진 것일까요. 그의 곁에는 뜻을 함께하고자 하는 선비들이 하나둘씩 모여들기 시작했습니다. 든든한 제자들을 곁에 두게 된 정약용은 집필 작업에 속력을 내기 시작합니다. 오늘날에도 정약용의 이름을 높여 주고 있는 《경세유표》, 《흠흠신서》, 《목민심서》 등 유명한 책들은 이처럼 눈물겨운 과정을 거쳐 탄생했습니다.

　그렇게 어느덧 16년이라는 긴 세월이 흐르고 마침내 유배 생활이 끝난 뒤 고향인 마현으로 돌아왔을 때 정약용에게는 세상에 대한 어떠한 미련도, 욕심도 남지 않게 되었습니다. 자신이 태어난 정겨운 건물에 '여유당'이라는 새 이름을 붙여 주고는 그 후로도 책을 읽고 책을 쓰는 조용한 생활을 이어 갔지요. 갈수록 나이가 들어 눈이 어두워지고 심한 병을 앓게 되어도 붓을 내려놓는 법이 없었습니다.

　귀양지에서 풀려난 지 18년이 흐른 뒤인 1836년 헌종 2년, 정약용은 여유당에서 조용히 눈을 감았습니다. 그의 유언대로 장례는 검소하게 치러졌고 여유당에서 멀리 떨어지지 않은 곳에서 영원한 안식을 취하게 되었지요.

MBTI로 살펴본 조선시대 인물
정약용 : ISFJ

지금까지 다산유적지의 이야기를 시작으로 정약용의 삶을 짧게나마 돌아보았습니다. 평생을 공부에 매진하며 책 속에서 늘 답을 찾고자 했던 학자 정약용I, 정조의 든든한 조력자가 되어 주고자 천주교에 대한 관심과 흥미를 단호하게 끊어버린 정약용S, 이른 나이에 실패를 경험하고도 절망하지 않고, 백성에 대한 고민을 내려놓지 않은 정약용F, 자신의 신념을 믿어 주는 여러 사람의 도움을 받아 200권이라는 방대한 책을 세상에 남긴 정약용J. 이러한 사실들로 미루어 보아 정약용의 MBTI는 잇프제ISFJ가 아닐까 합니다.

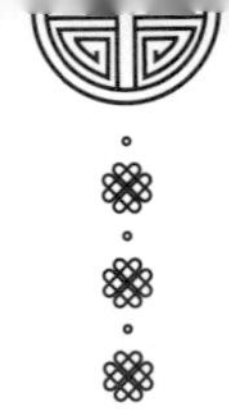

홍대용

충청남도 천안에는 조선 후기 천문학의 발전을 이끈 홍대용을 기리기 위해 지어진 특별한 과학관이 있습니다. 산세와 어우러진 웅장한 규모의 이 과학관은 홍대용이 태어난 장소라고 알려진 생가 뒤편에 자리 잡고 있지요. 과학관에서는 홍대용의 삶과 업적을 생생하게 돌아볼 수 있는 동시에, 밤하늘에 반짝이는 다양한 별도 감상할 수 있습니다. 또 지구 밖 우주 환경에서 겪을 수 있는 여러 가지 현상을 직접 체험해 볼 수 있는 특별한 전시관도 마련되어 있습니다.

홍대용, 아마 많은 분들에게 꽤나 낯선 이름이 아닐까 싶습니다. 성리학이 나라를 경영하는 철학이자 주류 학문이었던 조선 사회에서 천문학에 깊은 관심을 기울였던 인물이 있었다는 사실이 무척 신선하게 다가오기도 합니다.

홍대용은 언제나 시선을 멀리 두던 사람이었습니다. 자신이 서 있는 세상을 넘어서, 우주를 바라보며 알게 된 사실들로 사회가 가진 고정관념의 틀을 깨고자 끊임없이 노력했지요. 그가 꿈꿨던 세상은 과연 어떤 모습이었을까요? 지금부터 홍대용의 삶이 남긴 발자취를 따라가며 그의 생각과 시선이 머물렀던 곳을 함께 들여다보려 합니다.

〰 세상이 정해 준 길을 거부하다

홍대용은 1731년영조 7년, 당대 권력의 중심이라 할 수 있는 아주 이름난 집안에서 태어났습니다. 그의 가문인 남양 홍씨는 조선 정치의 중심 세력이었던 노론에 속해 있었지요. 마음만 먹으면 탄탄한 벼슬길이 열릴 수 있는 환경이었습니다.

하지만 홍대용은 관직에는 별다른 뜻이 없었습니다. 나이가 들어 젊은 시절을 돌아보며 남긴 기록에서도 과거시험에 응시하긴 했지만 애초에 자신이 원하던 길은 아니었다고 밝히고 있지요. 이처럼 그에게는 시험을 위한 틀에 갇힌 공부를 꾸준히 이어갈 마음이 처음부터 없었습니다.

홍대용이 본격적으로 학문을 배우기 시작한 건 12살 석실서원에 들어간 이후부터였습니다. 경기도 남양주에 자리한 석실서원은 김상용과 김상헌 형제의 학문과 사상을 기리기 위해 1656년효종

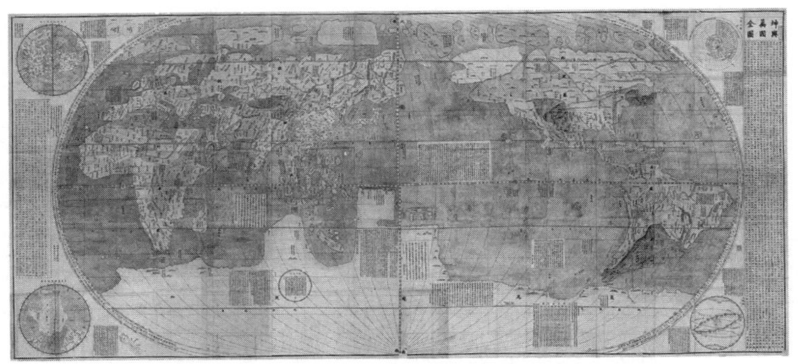

숙종 대에 조선에 전해졌다고 알려진 세계지도, 〈곤여만국전도〉(위키백과)

7년에 지어진 곳입니다.

형 김상용은 병자호란1656년, 효종 7년 당시 왕족을 모시고 강화도에 피란을 떠났다가, 국왕 인조가 청나라에 항복했다는 소식을 듣고 화약고에 불을 질러 스스로 목숨을 끊은 인물입니다. 한편 당시 임금인 인조를 보필하며 남한산성에 머물고 있던 동생 김상헌 역시 청나라에게 절대 무릎을 굽혀서는 안 된다는 척화론을 끝까지 주장했던 인물이었지요.

그러나 시간이 지날수록 홍대용의 관심은 김상용과 김상헌 형제가 추구했던 사상과는 다른 방향으로 흘러가기 시작했습니다. 옛 성현들의 말씀과 가르침이 미주알고주알 담겨 있는 유학 경전보다는 천문학, 수학 등 실용적인 학문에 더 시선이 갔던 것이지요.

이러한 홍대용의 학문적 성향은 나주목사로 임명된 아버지를 따라 나주에 가면서 더욱 뚜렷해지기 시작했습니다. 그는 호남

계절에 따라 달라지는 별자리를 기록한 천구의(실학박물관)

지역에서 꽤 이름을 알리고 있던 나경적을 나주로 초청해 본격적으로 천문학 연구를 시작했습니다. 평소 서양에서 들어온 책들을 연구하며 자명종, 자전마_{자동} 맷돌 등 다양한 기구를 만들어온 나경적의 조언과 도움을 받아 혼천의라는 이름의 과학기구를 발명하게 됐지요. 혼천의_{渾天儀}는 '둥근혼 하늘천 을 관찰하는 기구의'라는 뜻으로, 천체의 위치와 움직임을 정확히 측정할 수 있는 기구였습니다.

이후 농수각_{籠水閣}이라는 자신만의 천문대까지 세운 홍대용은 이곳에 혼천의를 설치하고는 하늘을 관측하며 연구를 이어갔습니다. 그로부터 3년 뒤에는 나경적과 함께 혼천의와 자명종을 결합하여 통천의를 설계하고 완성했지요. 통천의는 천체의 운행을 바탕으로, 자동으로 날짜와 시각을 알려주는 그야말로 획기적인 최첨단 발명품이었습니다.

 넓은 세상으로 나갈 기회를 얻다

세상 사람이라면 누구나 바라 마지않던 부귀영화를 뿌리치고 자신만의 길을 찾아 나선 홍대용, 그는 그렇게 내로라하는 천문학 전문가가 되었습니다. 평소 홍대용과 가까이 지내던 박지원은 그의 올곧은 성품에 대해 다음과 같이 증언하고 있지요.

"덕보홍대용의 호 **는 학식과 견문이 넓었다. 특히 역법**하늘을 관측하여 날짜와 시간을 계산하는 법 **에 조예가 깊어 혼천의 등 여러 기구를 만들었으며, 생각이 깊어 남과는 다른 독창적인 지혜가 있었다."**

박지원의 말처럼 홍대용은 늘 세상에 얽매이지 않고 끊임없이 새로운 것을 배우고자 노력했습니다. 어느새 그의 시선은 조선을 넘어 청나라로 향하게 되었습니다. 역관을 만나면 중국말을 물어보고 직접 배울 정도로 그는 새로운 세계에 목말라 있었지요. 언젠가 청나라에 가서 다양한 이들과 교류하게 될 날을, 그는 간절히 그리고 있었습니다.

기회는 오래 지나지 않아 찾아왔습니다. 35살이 되던 해, 사신단의 일원으로 임명된 숙부 홍억을 따라 청나라를 여행할 기회가 생긴 것입니다. 얼어붙은 압록강을 건너려는 순간, 그는 주체할 수 없는 부푼 마음을 담아 시를 지었습니다. 시는 "하늘이 사람을 세상에 낸 데는 다 이유가 있는 법이다. 하지만 나처럼 보잘것없는 인생이 이룬 게 과연 무엇이 있었던가?"라는 문장으로 시작됩니다. 그만큼 홍대용은 청나라로 떠나는 여행을 일생일대의 기회로 여기고 있었던 것입니다.

🌅 청나라에서 만난 새로운 세상과 친구들

조선 사람이라면 누구나 청나라를 오랑캐라고 무시하던 시절이었지만, 홍대용은 달랐습니다. 그는 청나라가 멸망하지 않고 100여 년이 넘도록 태평성대를 이루고 있는 데에는 분명 그만한 이유가 있을 것이라고 생각했습니다. 하지만 그 역시도 조선에서 나고 자란 사람이었기에 청나라에 대한 뿌리 깊은 편견을 처음부터 벗어 던지기란 쉽지 않았습니다.

지금 세상에는 오직 우리 조선만이 중국의 옛 제도를 온전히 지켜오고 있습니다. 청나라 국경으로 들어가니 무식한 이들이 우리 사신단의 복장을 보고 웃지 않는 자가 없었습니다. 뿌리를 잊은 무식한 그들의 모습이 참 가여웠습니다.

– 홍대용, 《담헌서》

위의 글은 청나라에 도착한 직후 홍대용이 남긴 기록입니다. 당시 조선 사람들은 찬란한 중화 문명을 꽃피운 명나라가 멸망한 뒤에도, 그 전통을 홀로 지켜 가고 있다는 사실에 큰 자부심을 느끼고 있었습니다. 그런데 명나라 복장을 한 홍대용 일행을 보고 청나라 사람들이 비웃었던 것입니다. 이에 홍대용은 부끄러움을 느끼기보다는 오히려 명나라의 복식을 알아보지 못하는 청나라 사람들을 '무식하다'며 비판했습니다. 하지만 청나라에서 머무는 시간이 길어질수록, 홍대용은 자신의 생각이 점점 바뀌고 있음을 느꼈습니다.

수많은 마차가 거리를 달리니, 바퀴 굴러가는 소리가 천둥처럼 커서 사람들 말소리도 들리지 않는다. 정말 대단하고 장대한 광경이다. 이곳에 앉아 우리나라의 가난한 모습을 떠올리니, 괜히 마음이 쓸쓸하고 안쓰러워져 저절로 탄식이 나온다.

- 홍대용, 《담헌서》

무엇보다 놀라운 건 청나라의 번영이었습니다. 거리를 가득 메운 청나라 사람들은 비단옷을 입고 풍족한 삶을 누리고 있었으며, 조선에 비해 인심 또한 훨씬 넉넉해 보였습니다.

며칠 후 홍대용은 청나라의 수도인 연경북경, 오늘날 베이징에서 엄성, 반정균, 육비 등 청나라 학자들과 함께 깊이 교류할 기회를 갖게 됩니다. 처음 홍대용은 그들의 학문적 수준을 시험하며 깊은 경계심을 보였습니다. 그러나 편견 없이 솔직담백한 태도로 일관되게 자신을 대해 주는 그들의 모습을 보며 점점 마음을 열게 됩니다.

우리는 넓은 소매 옷을 입고 큰 갓을 쓰고 경망스럽게 굴며 우쭐거리지만, 바닷가에 있는 오랑캐에 지나지 않는다. 만약 처지를 바꾸어 우리가 청나라 사람들을 대접했다면 아마도 그들을 노비처럼 천하게 여기고 능멸할 것이다. 세 사람엄성, 반정균, 육비은 나를 마치 옛 친구처럼 여기고, 정성을 다하지 못할까 오히려 두려워하면서 속마음을 털어 보여 주었는데, 이런 행동과 마음은 우리가 도저히 따라갈 수 없는 것이다.

– 홍대용,《담헌서》

엄성이 그렸다고 전해지는 홍대용의 초상화(위키백과)

무려 일곱 차례나 청나라 학자들과 만나 다양한 주제로 깊이 있는 토론을 나눈 홍대용은 이처럼 이전과는 완전히 달라진 사람이 된 것이지요.

다섯 달가량의 여행을 마치고 조선에 돌아온 뒤에도 홍대용은 이들과 맺은 소중한 인연을 이어가기 위해 부단히 노력했습니다. 특히 동갑이었던 엄성과는 먼길을 마다하고 계속해서 편지를 주고받으며 특별한 우정을 나누었지요. 홍대용이 귀국한 이듬해, 엄성은 우정을 기념하며 홍대용의 초상화를 그려 선물해 주기도 했습니다.

 세상의 편견에 정면으로 맞서다

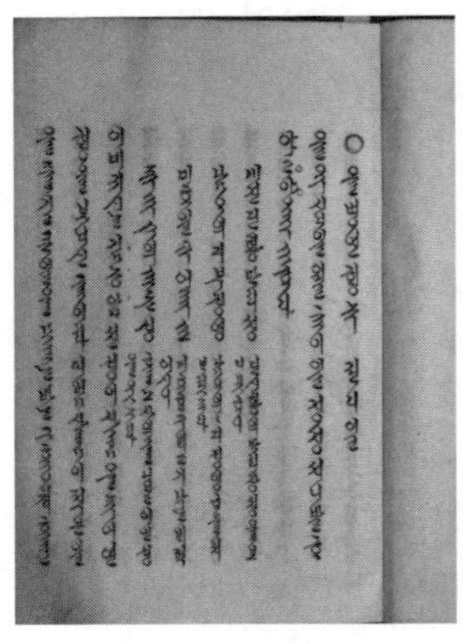

홍대용이 어머니가 읽을 수 있도록 훈민정음으로 다시 풀어 쓴 《을병연행록》(실학박물관)

청나라에 대한 홍대용의 새롭고도 신선한 시각은 훗날 많은 이들에게 영향을 미쳤습니다. 청나라의 앞선 문물을 배워 조선을 개혁해야 한다고 주장했던 북학파가 대표적입니다. 북학파에는 평소 홍대용과 가깝게 지내던 박지원을 포함하여 박제가, 이덕무 등 많은 이들이 속해 있었습니다.

그러나 홍대용의 행보를 모두가 긍정적으로 받아들인 것은 아니었습니다. 석실서원에서 함께 공부하며 우정을 나눴던 절친한 친구 김종후마저도 그에게 등을 돌렸지요. 김종후는 홍대용이 오랑캐에 지나지 않는 청나라 학자들과 깊이 교류한 것 자체가 큰 잘못이라고 비판했습니다.

김종후를 포함한 몇몇 이들의 거센 반발로, 홍대용이 청나라 학자들과 교류한 사실을 기록한 책이 세상에 내놓지 못할 위기에 처해지기도 했습니다. 이렇듯 병자호란이 끝난 지 무려 100여 년이 지났는데도, 아직까지 많은 이들에게 청나라는 아픈 손가락이었습니다.

하지만 홍대용은 이대로 멈추지 않았습니다. 청나라에서 보고 듣고 느낀 것들을 세상에 꼭 전하고 싶다는 열망이 그를 움직였던 걸까요. 그는 자신의 편협했던 시선을 깨뜨려 준 사실들을 진심 어린 문장으로 담아, 〈의산문답〉이라는 소설로 엮어냈습니다.

의산문답의 배경은 조선과 중국의 경계에 위치한 의무려 산입니다. 홍대용이 청나라로 향하던 길에 직접 올라 본 산으로 알려져 있지요. '문답'이라는 제목에서 알 수 있듯이, 이 소설에는 가상 인물인 실옹과 허자가 등장하여 세상만사에 대해 긴 대화를 나눕니다. 홍대용이 이 소설에서 가장 하고 싶었던 말은 과연 무엇이었을까요?

🌊 실옹 vs 허자, 조선 사회의 선택은?

실옹은 세상과 인연을 끊고 의무려 산에 은거하는 신선 같은 인물입니다. 한편 허자는 조선 사회가 요구하는 교육 과정을 차근차근 밟아 온 전형적인 선비이지요. 우연히 실옹을 만나게 된 허자는 범상치 않은 그의 모습에 이끌려 이런저런 가르침을 구합니다. 허자가 던진 질문은 청나라를 다녀온 홍대용이 마주했던 조선 사람들의 뿌리 깊은 편견과 이어져 있었습니다.

그 질문은 바로 중화와 오랑캐의 차이에 대한 것이었습니다. "오랑캐는 영원히 오랑캐일 수밖에 없지 않느냐?"는 것이 허자의 생각이자 질문이었습니다. 이에 실옹은 중화와 오랑캐를 나누는 것 자체가 무의미하다는 논리를 펼쳐 나갑니다.

충남 천안에 있는 담헌 홍대용의 묘(국가유산청)

하늘에서 내려다본다면 안과 밖을 나눌 수 없듯이, 중화와 오랑캐도 나눌 수 없다. 사람들은 누구나 자기 나라 사람을 아끼고 자기 임금을 존중하며 자기 나라와 풍속을 지키며 살아갈 뿐이다.

– 홍대용, 〈의산문답〉

나아가 실옹은 지구가 둥글기 때문에 애초에 '중심'이라고 할 수 있는 중화는 이 세상에 존재할 수 없다고 말합니다. 구의 형태를 가진 지구에서는 어느 나라든 자신이 서 있는 곳이 중심이 될 수밖에 없다는 논리였지요. 이뿐만 아니라, 우주에는 지구와 비슷한 세계가 무수히 존재한다는 우주 무한론도 함께 주장했습니다.

하늘에 가득한 별들은 저마다 하나의 세계가 아닌 것이 없다. 별들의 입장에서 본다면 지구 역시 그냥 하나의 별일 뿐이다. 이렇게 무한한 세계가 하늘에 흩어져 있는데, 오직 이 지구만이 하늘의 중심이라고 말하는 것은 말이 되지 않는다.

– 홍대용, 〈의산문답〉

이러한 실옹의 말에는 홍대용이 오랜 시간 하늘과 별을 관측하며 알게 된 과학적 사실은 물론, 그가 청나라를 직접 여행하며 온몸으로 느낀 사실들이 모두 담겨 있었습니다.

그러나 이후에도 홍대용이 조선 사회에 남긴 깊은 사유는 극히 일부 사람들의 마음을 열어 주었을 뿐입니다. 가슴 아픈 과거에서 벗어나지 못한 많은 이들은 그의 이러한 과감하고 혁신적인 생각에 관심조차 두지 않았지요. 아주 오랜 시간이 흐른 뒤에야, 홍대용은 조선 사회의 앞날을 미리 내다본 사상가이자 과학자로 평가받게 되었습니다.

MBTI로 살펴본 조선시대 인물
홍대용 : INTP

지금까지 홍대용과학관의 이야기를 시작으로 짧게나마 그의 삶을 돌아보았습니다. 세상이 정해 놓은 길을 따르기보다 깊은 사유를 통해 자신만의 신념을 세운 홍대용I, 하늘과 별, 우주를 관측하며 사회의 본질을 탐구하고 새로운 세계관을 연 홍대용N, 과학적 사실을 바탕으로 논리적이고 이성적으로 기존 사회의 편견을 깨고자 한 홍대용T, 틀에 얽매이지 않고 열린 마음으로 끊임없이 세상을 배우고자 한 홍대용P.

이러한 사실들로 미루어 보아 홍대용의 MBTI는 인팁INTP가 아닐까 싶습니다.

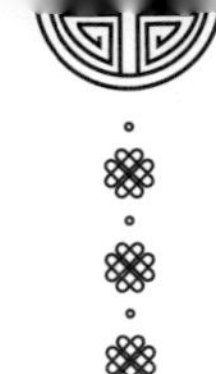

박지원

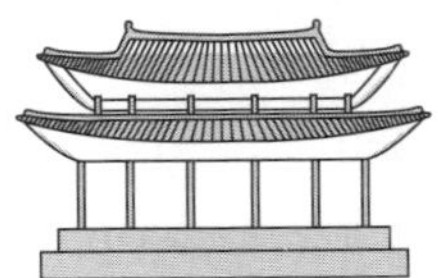

경상남도 함양군 안의면에 위치한 용추계곡은 울창한 숲과 맑은 물이 어우러진 아름다운 장소로 이름나 있습니다. 기백산과 금원산에서 흘러오는 시원한 물줄기를 따라 걷다 보면 약 15m의 높이의 웅장한 용추폭포가 모습을 드러냅니다. 근처에는 무려 1500여 년 전 신라 시대에 지어진 역사가 깊은 사찰, 용추사도 자리하고 있습니다. 이처럼 자연과 역사의 조화 속에서 사계절 내내 다양한 매력을 즐길 수 있는 안의면은 오늘날에도 많은 사람들에게 사랑받고 있습니다.

용추사로 들어가는 입구인 일주문(국가유산청)

　지금으로부터 약 200여 년 전, 이 안의면을 특히나 사랑했던 한 인물이 있었습니다. 바로 조선 사회의 여러 문제에 대해 다양한 논의를 펼쳤던 실학자 연암 박지원입니다. 50이 넘은 나이에 안의를 다스리는 현감으로 부임하게 된 박지원은 어떻게 하면 이곳에 사는 백성들의 삶을 풍요롭게 할 수 있을까, 깊이 고민했습니다.

　그러던 어느 날 기발한 생각에 그는 무릎을 탁 칩니다. "물이 풍부한 이곳의 장점을 최대한 활용할 수 있는 기구를 만들자."라고 결심한 거죠. 얼마 지나지 않아 그는 청나라의 기술을 참고하여 물레방아를 지었습니다.

　팽글팽글 돌아가며 풍부한 물을 손쉽게 운반해 주는 물레방아 덕에 백성들은 한결 편하게 농사를 지을 수 있게 되었습니다. 이에 한 해 한 해 지날수록 수확물도 점차 늘어났지요. 이때부터 물레방아는 안의면의 상징이 되었습니다. 오늘날에도 용추계곡 근처에는 박지원의 업적을 기리기 위해 그의 호인 '연암'을 딴 '연암물레방아공원'이 조성되어 있지요.

박지원, 그는 어떻게 이처럼 기발한 발상을 하게 된 것일까요? 그는 공자왈, 맹자왈 먼 과거에만 틀어박혀 있는 학문에서 벗어나 백성을 이롭게 할 수 있는 기술을 발전시켜야 한다며 일평생을 힘껏 주장했습니다. 명문대가에서 태어났지만 현실에 안주하지 않고 늘 개혁과 혁신을 꿈꾸었던 박지원, 지금부터 말도 많고 탈도 많았던 그의 일생을 천천히 들여다보겠습니다.

가난한 명문대가에서 태어나다

박지원은 1737년 영조 13년 에 서소문과 숭례문 사이에 위치한 '야동 野洞'이라는 곳에서 태어났습니다. 야동의 위치에 대해서는 약간의 논란이 있지만, 오늘날 서울 서대문역 근처로 추정됩니다.

박지원의 가문인 '반남 박씨'는 명문 중의 명문이었습니다. 그의 할아버지 박필균은 노론의 핵심 인물로, 30여 년 동안 높은 관직을 두루 거치며 정치를 이끌었던 인물입니다. 하지만 그는 부를 축적하는 데는 관심을 두지 않고 청렴한 생활을 고집하며 일평생을 검소하게 살았지요. 박지원의 아버지 박사유도 벼슬을 탐하지 않고 조용히 지내며 학문에 몰두하는 삶을 선택했습니다. 이러한 집안 분위기 탓에 박지원의 가문은 그 명성이 무색

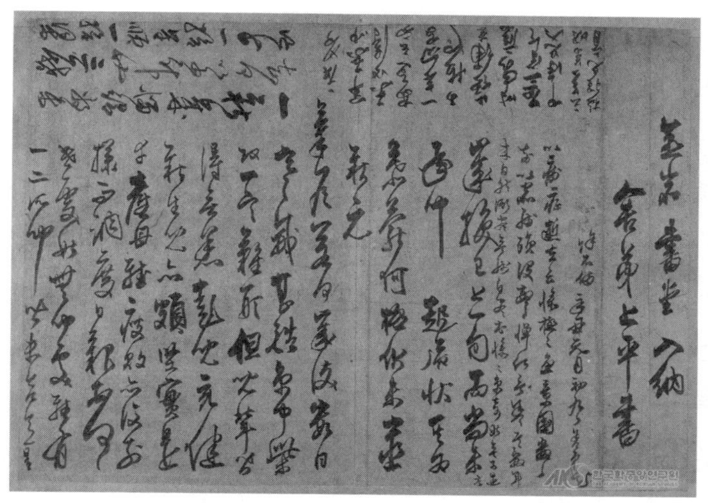

박지원의 서체(한국학중앙연구원)

할 만큼 늘 경제적인 어려움을 겪어야만 했습니다.

이러한 가정 환경 탓에 명문대가에서 태어난 아이들은 보통 일찍부터 학문을 시작하는 경우가 많지만, 박지원은 그렇지 못했습니다. 그가 처음으로 책을 펼쳐 본 것은 비교적 늦은 나이인 16살 때였습니다. 그마저도 장인 이보천의 도움으로 겨우 공부를 시작할 수 있었지요. 그러나 다행히도 박지원은 학문에 뛰어난 재능을 보였습니다. 수년 동안 다양한 책을 두루 읽은 그는 타고난 글쟁이의 면모를 보였습니다. 과거시험을 준비하면서 틈틈이 다양한 글을 지어 온 덕분에 그는 이른 나이에 자신만의 개성이 넘치는 독창적인 문체를 완성할 수 있었습니다.

하지만 일은 잘 풀리지 않았습니다. 1765년 영조 41년, 29살의 나이에 처음 치른 과거시험에서 처참히 떨어지고 말았던 것입니다. 그런데 문제는 그의 실력이 아니었습니다.

1760년, 할아버지가 세상을 떠난 이후 점점 기울어져 가던 집안 사정이 청년 박지원의 어깨를 무겁게 짓누르고 있었습니다. 어떻게든 가난한 집안을 일으켜 세워야 한다는 부담감은 그에게 큰 스트레스를 주었고, 결국 며칠씩이나 잠을 이루지 못할 정도의 심각한 우울증마저 불러왔습니다.

그런데 이러한 현실에도 불구하고, 그의 마음은 과거시험에서 자꾸만 멀어져만 갔습니다. 당시 조선 조정은 날이 갈수록 심해지는 노론과 소론의 정치적 갈등 때문에 큰 혼란을 겪고 있었습니다. 정치가 바로 서지 못하는 상황이 이어지면서 백성들의 삶은 나날이 어려워지고 있었지요.

결국 회의감을 이기지 못한 박지원은 얼마 지나지 않아 벼슬에 대한 뜻을 완전히 접어버렸습니다. 이때 그는 이미 1차 과거시험에 합격해 임금 영조의 기대를 한 몸에 받고 있었지요. 그러나 마침내 오래된 고민을 훌훌 털고 일어나 한양을 떠나기로 결심한 그를 막을 수 있는 건 아무것도 없었습니다.

은둔 생활 중에 얻게 된 호 '연암'

사실 박지원이 한양을 떠나도록 부추긴 인물도 있었습니다. 그는 바로 영조의 뒤를 이어 정조가 즉위하자 큰 권력을 쥐게 된 홍국영이었지요. 박지원은 정조를 뒷배 삼아 막강한 권력을 행사하려는 홍국영을 좋게 보지 않았습니다. 홍국영도 그런 박지원

원나라에서 충선왕을 모시던 고려시대
성리학자 이제현의 초상화(국립중앙박물관)

의 속마음을 눈치채고 있었지요.

평소 어떠한 상황에서도 자신의 소신을 굽히지 않고 밀어붙이는 박지원의 성향을 잘 알고 있던 주변 사람들은 그를 뜯어 말렸습니다. 막강한 권력을 행사하고 있는 홍국영과 대립해 봤자 박지원에게 좋을 게 없다는 것이었습니다.

더군다나 박지원의 가문은 정조의 친아버지인 사도세자의 처벌을 찬성했던 노론 벽파와 가까운 집안이었습니다. 이러한 정치적 배경은 박지원의 입지를 한없이 좁게 만들었습니다. 엎친 데 덮친 격으로 얼마 지나지 않아 그의 가난한 살림을 힘껏 도와주던 장인과 형수마저 세상을 떠났습니다. 이처럼 정치적인 불리한 상황과 개인적인 불행이 겹치면서 박지원은 자연스럽게 벼슬 생활에 대한 미련을 내려놓고, 한양을 떠날 수밖에 없는 처지에 놓이게 된 것이었지요.

그렇게 박지원은 북쪽의 큰 도시인 송도와 평양을 거쳐 남쪽의 경치 좋은 곳으로 이름난 속리산, 가야산, 단양까지 한반도 곳곳을 떠돌며 방랑의 시간을 보냈습니다. 그러다 마침내 황해도 금천군 연암동에 자리를 잡았지요. 연암동의 어떤 면모가 그의 마음을 사로잡았는지는 알 수 없지만, 이곳은 고려시대 명망 높은 학자이자 관리였던 이색과 이제현이 살던 곳이었습니다. 그러나 박지원이 도착했을 때의 연암동은 이미 옛 명성을 잃고 초라하고 쓸쓸한 모습을 하고 있었지요.

멀고 먼 길을 헤매다 마침내 연암동에 터를 잡고 머물기로 결심한 박지원은 그 지명인 '연암'을 자신의 호로 삼았습니다. 제비 연燕에 바위 암巖 자를 쓰는 '연암'은 산속 바위에 제비들이 둥지를 틀고 옹기종기 모여 사는 모습을 흔히 볼 수 있어 붙여진 이름이었습니다.

연암이라는 이름 아래 그는 새 마음으로 자신의 삶을 일구어 가기 시작했습니다. 시끄러운 세상과 결별한 채 외진 산골 속에 자리한 초가집을 거처 삼아 손수 밭농사를 지으며 검소한 생활을 가꾸어 갔지요. 이때의 생생한 경험은 훗날 그가 농사와 목축에 대한 책을 쓰게 된 든든한 발판이 되어 주기도 했습니다.

조선을 넘어 새로운 세계로 발을 뻗다

그렇게 세상 속에서 영원히 잊히기를 결심한 연암, 그런데 그런 그에게 생각지도 못한 기회가 찾아옵니다. 1780년 정조 4년 2월, 연암과 불편한 관계였던 홍국영이 정조의 믿음을 잃어버리고 정계에서 쫓겨나게 되었던 것입니다. 그 무렵 연암은 가끔 연암동으로 자신을 찾아오는 제자들을 가르치며 세상에 대한 자신의 철학을 전하고 있었습니다. 홍국영의 몰락 소식을 들은 연암은 마음속 깊이 억눌러 두었던 열망을 다시 꺼내 듭니다. 은둔 생활을 뒤로하고 세상에 한 번 더 나가 보기로 결심한 것이죠. 그를 움직이게 만든 건 조선보다도 더 넓은 세상을 경험하고 싶다는 간절한 소망이었습니다.

그가 조선을 넘어 청나라로 가고 싶다는 꿈을 꾸게 된 것은 한양에 살던 시절, 함께 어울렸던 북학파 학자들의 영향 덕분이었습니다. ‘북학北學’이란, ‘북쪽에 있는 청나라를 배워야 한다’라는 뜻입니다. 병자호란 당시 오랑캐라고 여기던 청나라에 무릎을 꿇은 후로 조선 관리와 학자들 사이에서는 ‘북쪽의 청을 정벌해야 한다’라는 주장인 ‘북벌론北伐論’이 큰 인기를 끌고 있었습니다. 그런데 점차 시간이 지나면서 북벌론은 자연스레 수그러들게 되었지요.

조선에서 영조와 정조가 차례로 왕위에 오르던 시절, 청나라는 중국 역사상 가장 넓은 영토를 차지하며 최고의 전성기를 누리고 있었습니다. 해마다 청나라의 수도 연경북경으로 파견되는 사신단의 경험을 통해 이러한 청나라의 현실을 직접 목격하는 조선의 관리들도 하나둘 늘어 갔습니다. 그중 몇몇 인물들은 굴욕적인 과거는 잊고 청나라의 앞선 문물을 배워야 한다고 주장하기 시작했습니다.

평소 조선의 사회 현실에 누구보다 비판적이었던 박지원은 북학파 학자들과 가깝게 어울리며 새로운 시각을 배워나갔습니다. 특히 '지구는 돈다.'라는 지전설과 '우주는 한계가 없는 무한한 공간이다.'라는 우주무한론 등 당시로서는 매우 파격적인 주장을 펼친 홍대용과 매우 친한 사이였지요. 홍대용은 연경에서 청나라 학자들과 깊은 우정을 나누었던 경험을 박지원에게 자주 들려주며 그의 시야를 넓혀 주었습니다. 박지원은 이 생생한 이야기를 들으며 언젠가 자신도 더 넓은 세상을 경험할 날을 그려 보곤 했지요.

연암동에서 한양으로 돌아온 지 얼마 되지 않아, 마침내 기회는 찾아왔습니다. 청나라 황제 건륭제의 생일을 축하하기 위한 사신단의 일원으로 선발된 것입니다. 부푼 가슴을 안고 조선의 국경을 넘은 박지원은 그 여정 속에서 자신이 목격한 새로운 세상을 기록하며 이후 '실학實學'이라는 학문의 흐름을 만들어 가는 데 앞장서게 됩니다.

🌊 놀랍고 신비로운 여행지, 열하

그렇게 발을 들인 청나라, 어떤 모습이었을까요? 박지원은 생각보다도 더 좋아 보이는 청나라의 모습에 질투마저 느낍니다. 청나라는 어디까지나 명나라의 영토를 빼앗은 힘센 오랑캐에 지나지 않는다고 생각했는데 말이지요. 북경으로 향하는 길에 있었던 작은 마을에서 만난 청나라 백성들은 행복해 보였습니다. 그들은 벽돌 담장이 둘러싸인 번듯한 집에서 살았고, 그 앞에 잘 정비된 넓은 도로에서는 쉼 없이 수레와 마차가 오가고 있었지요.

이는 질투하는 마음이로다. 내 평소 무얼 부러워하거나 시샘하는 성격이 아니거늘, 지금 남의 국경에 발을 들여놓고 본 것이라곤 만분의 일에 지나지 않는데 이렇게 안 좋은 마음이 드는 건 어째서일까?

- 박지원, 《열하일기》

박지원의 초상화(위키백과)

지금 있는 곳은 청나라의 '만분의 일에 지나지 않는다.'라는 박지원의 말은 곧 현실이 되었습니다. 보통 청나라에 파견되는 조선 사신단은 수도인 연경까지만 여행이 허락되는데, 이번 사행에서는 특별히 열하熱河 지역까지 가볼 수 있게 된 것입니다.

황성 안에는 자금성이 있는데 주홍색 두길 높이의 담벼락이 17리나 둘러쳐 있고, 지붕에는 금색 유리기와를 덮었다.

- 박지원, 《열하일기》

쉼 없이 달려 연경에 도착했건만, 사신단은 곧 황제가 열하로 떠났다는 소식을 듣게 됩니다. 열하는 오늘날 중국의 하북성에 속한 지역으로, 청나라 황제들이 종종 여름철에 더위를 피해 휴가를 떠나던 별장이 위치한 곳이었습니다. 어쩔 수 없이 사신단은 다시 열하로 더딘 발걸음을 떼기 시작합니다. 먼 길을 헤쳐 가느라 피곤한 와중에도 끊임없이 펼쳐지는 놀라운 광경에 박지원의 눈은 쉴 틈이 없었습니다. 그는 여행길에서 마주한 진귀한 풍경들을 하나라도 놓칠세라 꼼꼼히 기록해 두었지요.

그렇게 긴 시간을 달려 도착한 열하는 박지원이 태어나서 처음 보는 것투성이었습니다.

내 평생 기이하고 괴상한 볼거리를 열하에서 다 보았다. 대부분 이름 도 몰라 글로 다 기록하지 못해 너무나 안타깝다.

– 박지원, 《열하일기》

황제의 칠순 잔치를 축하하기 위해 세계 곳곳에서 모인 외국 사신단의 생소한 외모는 물론 길거리를 자유로이 누비는 기이한 동물들까지, 그야말로 놀라움의 연속이었지요. 그렇게 장장 6개월 동안 이어진 청나라 여행은 박지원의 많은 생각들을 바꾸어 놓았습니다. 자신이 알게 된 것들을 더 많은 이들이 공감해 주기를 바랐던 박지원은 곧 붓을 들고 열하에서의 나날들을 생생하게 기록하기 시작했습니다.

1948년에 정음사에서 편찬된 박지원의 《열하일기》(국립한글박물관)

🌀 베스트셀러 《열하일기》를 집필하다

그렇게 박지원의 손끝에서 탄생한 책 《열하일기》는 곧 조선의 관리와 학자들 사이에서 큰 주목을 받게 됩니다. 《열하일기》에는 청나라의 앞선 문물들을 한데 모여 있는 것은 물론, 농업, 상업, 수공업 등 백성들의 실생활에 도움이 될 만한 이야기들이 가득했지요. 이 책은 단순한 여행기가 아니라, '백성들의 생활에 현실적으로 이로움을 주는 학문을 연구해야 한다.'는 취지에서 등장한 '실학'이라는 새로운 학문의 흐름 속에서 중요한 이정표가 되어 주었습니다.

하지만 모두가 《열하일기》를 좋아한 것은 아니었습니다. 오랑캐인 청나라를 어떻게 본받을 수 있느냐라는 것이었지요. 이뿐 아니라《열하일기》가 유학 경전의 문장 형식에 따르지 않고 자유롭고 생동감 넘치는 독창적인 문체로 쓰였다는 점도 비판의 이유가 되었습니다. 심지어 당시 임금이었던 정조마저도《열하일기》의 문체를 좋지 않게 평가했습니다. 정조는 박지원의 파격적인 문체가 조선의 통치 철학인 성리학의 권위를 훼손할 수 있다고 생각했습니다.

결국 박지원은 정조에게 반성의 글을 올리며 한발 물러서는 태도를 보였습니다. 날로 거세지는 비판 속에서 그는 자신의 뜻을 완전히 굽히지 않으면서 겸손한 자세로 상황을 풀어가려 했던 것이지요. 박지원의 이러한 태도는 정조에게 긍정적으로 비춰졌습니다. 박지원의 학문에 대한 열정과 나라를 향한 진심을 높이 평가하게 된 정조는 그에게 여러 벼슬을 내리며, 그의 능력을 인정했습니다.

이에 박지원은 안의면에서 농사에 편리한 물레방아를 만든 것처럼, 자신이 할 수 있는 선에서 조선의 환경을 개선하고자 끊임없이 노력했습니다. 그의 이러한 행보는 책 속에만 머물지 않고, 백성의 삶을 풍요롭게 하고자 실천했던 진정한 실학자의 모습 그 자체였습니다.

박지원의 목소리를 대신한 허생

하지만 그렇다고 해서 박지원이 자신의 생각을 모두 접은 것은 아니었습니다. 그는《열하일기》속에 〈허생전〉이라는 소설을 지어, 허생이라는 허구의 인물의 입을 빌려 하고 싶었던 말을 모두 털어놓았지요. 소설 속 허생은 청나라를 정벌하려는 계획을 갖고 있던 이공을 호되게 꾸짖고 있습니다.

> **이놈, 소위 사대부**士大夫, 대대로 벼슬을 지내온 양반 집안 **란 도대체 어떤 놈들이야.** 오랑캐의 땅에 태어나서 제멋대로 사대부라고 뽐내니 어찌 앙큼하지 않느냐? 그토록 자랑스레 여기는 새하얀 바지와 저고리는 실로 제사를 지내는 상인喪人의 차림일 뿐이고 머리를 한데 묶어 송곳같이 틀어 올린 것은 오랑캐의 방망이 상투에 불과하다. 무엇이 예법이니, 아니니하며 뽐낼 게 있으랴. 너희들은 명나라를 위해 원수를 갚고자 한다고 하면서 오히려 그까짓 상투 하나만을 아끼고 있을 뿐이다. 또 말달리기, 창찌르기, 활쏘기 등에 힘써야 하는데도, 그 불편한 넓은 소매를 고치지 않고서 제 딴에는 이게 예법이라고 말한단 말이냐.
>
> ― 박지원, 《열하일기》, 〈허생전〉

허생은 조선이 외치는 '북벌'이 얼마나 허망한 주장인지를 날카롭게 꼬집어 비판합니다. 결국 따지고 보면 조선 역시 오랑캐의 땅에서 세워진 나라에 지나지 않는데, 홀로 옷차림이나 상투에 자부심을 느끼며 예법만 따지고, 정작 전쟁에 필요한 무예에는 소홀하다는 것이었지요.

이러한 허생의 말은 '북벌을 하려 한다면, 청나라의 앞선 문물을 배우고 한 다음에도 늦지 않는다.'라는 평소 박지원의 주장과 자연스레 이어집니다. 이처럼 박지원은 조선의 현실과 이상 사이의 모순 안에서 끊임없이 '실학'을 앞장서 외쳤던 실천파 학자였습니다.

MBTI로 살펴본 조선시대 인물
박지원 : ESFP

지금까지 안의면의 이야기를 시작으로 박지원의 삶을 짧게나마 돌아보았습니다. 어려운 환경 속에서도 북학파 학자들과 가까이 지내며 늘 긍정적인 생각을 하려 했던 박지원 E, 조선의 현실에 맞춰 당장 실천 가능한 개혁안들을 마련해야 한다며 힘차게 주장한 박지원 S, 백성들의 삶을 어떻게 하면 풍요롭게 할 수 있을까, 끊임없이 고민한 박지원 F, 주어진 상황에 맞게 유연하게 대처하며 자신의 철학을 조금씩 실천해 가려 했던 박지원 P.

이러한 사실들로 미루어 보아 박지원의 MBTI는 엣프피 ESFP 가 아닐까 합니다.

3장

칼과 창으로 나라를 지켜낸 장수들

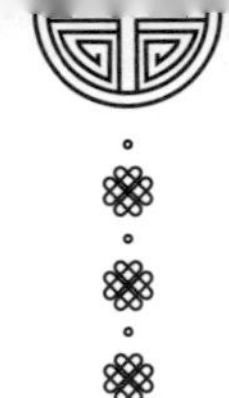

이순신

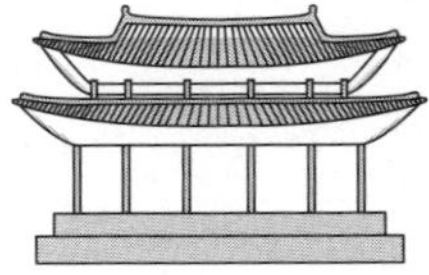

　한반도 남쪽 끝, 경상남도 통영에서 한산도로 향하는 배는 매 정시마다 운항합니다. 선착장에서 배를 타고 고요한 바다를 가로지르다 보면, 문득 이 바다에서 얼마나 많은 이들이 목숨을 잃었을까 하는 생각에 잠기게 됩니다. 바다와 햇빛이 만들어 내는 윤슬을 넋 놓고 바라보다 보면 어느새 목적지에 도착합니다. 바다를 곁에 둔 오솔길을 따라 걸어 들어가면 제승당을 만나게 되지요.

　'승리를 만드는 곳'이라는 뜻의 제승당은 이순신이 동료, 부하 장수들과 함께 전투 작전을 논의하던 집무실이었습니다. 원래 이름은 '운주당'이었는데요. 임진왜란이 끝난 지 100여 년이

제승당 수루(국가유산청)

1978년 통영 한산도 제승당에서 바라본 해안(부경근대사료연구소)

지난 1740년, 통제사에 임명된 조경이라는 인물이 이순신을 기리기 위해 '승리를 이루는 곳'이라는 의미를 담아 이곳의 이름을 '제승당制勝堂'으로 바꾸었습니다.

제승당의 오른쪽에는 바다를 한눈에 내려다볼 수 있는 수루가 있습니다. 수루 안으로 들어서면 이순신이 남긴 시를 확인해 볼 수 있지요.

한산섬 달 밝은 밤에 수루에 홀로 앉아

큰 칼 옆에 차고 깊은 시름하는 차에

어디서 일성호가일본군이 부르는 노래 는 남의 애를 끊나니.

– 이순신, 〈한산도가〉

깊은 밤 홀로 수루에 앉아 고민에 빠진 이순신의 모습이 선명

281

하게 그려지는 듯합니다. 이순신, 이 이름 세 글자는 그가 세상을 떠난 이후부터 오늘날까지 수많은 이들의 존경과 사랑을 받으며 환히 빛나고 있습니다. 그러나 살아생전 끝도 없이 피로 얼룩진 전투에 나가야만 했던 이순신 본인은 스스로의 운명을 어떻게 받아들이고 있었을까요? 어떤 생각으로 그 모든 시간을 홀로 견뎌 왔을까요?

🌊 어려운 집안에서 무인이 되기를 꿈꾼 소년

이순신은 서울 건천동, 오늘날 을지로 3가역 근처에서 나고 자랐습니다. 백전백승 명장으로 이름을 떨친 이순신, 그 유명세 때문에 이순신의 집안은 대대로 무인 집안이 아니었을까 생각하기 쉽습니다. 그러나 이순신의 6대조 이변, 증조부 이거, 할아버지 이백록은 무인이 아닌 문인이었습니다. 조선시대에는 무인보다 문인이 많은 이들의 존경을 한 몸에 받았지요. 성리학을 국가의 통치 철학으로 삼은 조선에서는 어떻게 보면 당연한 일이었습니다.

그런데 문인으로서 탄탄한 경력을 쌓아오던 이순신 집안이 예기치 못한 화를 입게 되었습니다. 사림의 대표적 인물인 조광조의 목숨을 앗아간 기묘사화, 기억하시나요? 이순신의 할아버지 이백록은 평소 조광조가 내세웠던 사회 개혁안에 깊이 공감하고 있었습니다. 그러던 어느 날 이백록은 성종의 제삿날에 아들의 혼인을 치렀다는 이유로 곤장을 맞게 됩니다. 이 사건은 단순한

충남 아산시에 있는 이순신 동상(공공누리)

처벌이 아니라, 기묘사화의 연장선에서 벌어진 일이었지요. 결국 혹독한 형벌을 이겨내지 못한 이백록은 끝내 세상을 떠나고 말았습니다.

이백록의 갑작스러운 죽음 이후 충남 아산으로 이사하게 된 이순신의 집안에는 어두운 그림자가 드리우기 시작했습니다. 이순신의 아버지 이정은 이백록의 억울함을 알리려 여러 차례 갖은 방법을 쓰며 시도했지만, 아무 소용이 없었지요.

지나간 과거는 뒤로 한 채 과거시험에 전념해 보려 해도 쉽지 않았습니다. 계속해서 문과 시험에서 떨어지자, 이정은 아들들에게 기대를 걸기 시작합니다. 자신의 못 다 이룬 꿈을 이루어 주기를 바랐던 것이지요. 이에 아들들의 이름을 중국의 태평성대를 이끌었다고 전해지는 황제들의 묘호를 따와 지었습니다. 이

희신, 이요신, 이순신, 이우신. 셋째 아들인 이순신은 그렇게 '순' 황제의 이름을 물려받게 되었습니다.

그러나 이순신은 아버지의 기대와는 달리 문과보다 무과에 남다른 재능을 보였습니다. 임진왜란이 일어나기 직전 이순신을 수군의 대장으로 추천한 고향 친구 류성룡은 그의 어린 시절을 다음과 같이 회상했습니다.

이순신은 어린 시절 영특하고 활달했다. 다른 아이들과 놀 때면 나무로 화살을 만들어 전쟁 놀이를 했다. 마음에 거슬리는 사람이 있으면 그 눈을 쏘려고 해 어른들도 그를 무서워했다. 자라면서 활을 잘 쏘았으며, 장차 무과에 합격하여 장군이 되고자 했다.

– 류성룡, 《징비록》

21살이 되던 해에 이순신은 붓을 내려놓고 본격적으로 무과 시험을 준비하기 시작했습니다. 아산에서 이순신과 함께 무과를 준비하던 또래 소년들은 어딘가 남달라 보이는 그를 믿고 따랐습니다. 그의 조카 이분의 기록에 따르면, "함께 수련하던 소년들이 종일 서로 장난을 치면서도 이순신에게만은 감히 반말을 하지 못하고 존경했다."고 전해집니다.

그렇게 7년이 흐른 뒤, 이순신은 한 차례 쓰라린 실패를 겪고 나서야 32살에 비로소 무인의 길에 들어섰습니다. 반면 그의 오랜 라이벌로 알려진 원균은 27살에 무과에 합격했으니, 이순신은 다소 늦은 감이 있었습니다. 게다가 그의 딱딱하고 올곧은 성품은 관직 생활마저 순탄치 않게 만들었습니다.

이순신은 청렴결백의 아이콘이었습니다. 상사가 부정을 저지르면, 사사건건 옳고 그름을 따지며 결코 넘기지 않았습니다. 직속 상사였던 서익이 옳지 못한 방법으로 관직을 얻으려 하자 단호하게 막았던 일, 이순신을 눈여겨보던 병조판서오늘날의 국방부 장관의 혼인 제안을 거절한 일, 지방을 다스리던 관리가 관아의 나무를 베려 하자 나라의 재산을 함부로 훼손해서는 안 된다며 꾸짖은 일 등 여러 이야기가 전해집니다.

이후 이순신에게 앙심을 품게 된 서익은 그를 관직에서 쫓아내기 위해 수단과 방법을 가리지 않았습니다. 결국 관직에서 물러나게 된 이순신은 더 낮은 품계에서 다시 벼슬 생활을 시작할 수밖에 없었지요.

한편 조선의 대학자 율곡 이이도 이순신에게 체면을 구긴 일이 있었습니다. 이이는 이순신이 자신과 같은 '덕수 이씨' 가문이라는 점을 들어 류성룡에게 그를 만나보고 싶다는 뜻을 전했습니다. 당시 이이는 모든 관리의 인사권을 쥐고 있던 이조판서의 자리에 있었습니다.

어떻게 보면 억울한 일을 겪고 낮은 벼슬에 머물던 이순신에게 구원의 손길이 닿을 기회였다고도 할 수 있지요. 그러나 이순신은 "같은 가문이니 만나볼 수는 있지만, 이이가 이조판서로 있는 동안 만나는 것은 옳지 않다."며 단칼에 거절했습니다. 류성룡도, 이이도 그의 완고한 태도에 고개를 절레절레 흔들지 않았을까요?

🌊 전라좌도의 수군 대장이 되다

1590년 선조 23년, 조선 사회에 심상치 않은 분위기가 감돌기 시작합니다. 일본이 조선을 침략해 올 수 있다는 소문 때문이었습니다. 조선과 꾸준히 교류해 오던 대마도는 조선 조정에 적극적으로 전쟁의 가능성을 알렸습니다. 동서남북 사면이 바다로 둘러싸여 있는 대마도는 조선과의 무역을 통해 식량과 생필품을 얻고 있었습니다. 그런 조선이 일본과의 전쟁을 벌인다면 대마도와의 교류를 끊을 테고, 그렇게 되면 대마도는 심각한 경제적 어려움에 처할 수밖에 없었지요.

대마도가 몇 차례에 걸쳐 경고를 해왔음에도 조선 조정은 꿈쩍하지 않았습니다. 왜구를 무찌른 신궁이 세운 나라답지 않게, 오랜 세월 평화가 이어지면서 조선의 국방 상태는 날로 나빠지고 있었습니다. 사람들은 군대의 의무마저 제대로 지려고 하지 않았지요.

그래도 소문을 아주 무시할 수는 없었습니다. 당시 임금이었던 선조는 신하들에게 유능한 장수를 추천하라고 명하였습니다. 이순신이 무과에 급제한 지도 어느덧 10년, 류성룡은 능력에 비해 늘 낮은 관직에만 머물러 있었던 이순신을 전라좌수사로 추천했습니다. 이순신의 나이 47살 때의 일이었습니다. 여기서 '좌도'란, 남쪽을 바라보는 임금의 왼편에 해당하는 지역을 뜻하며, 전라도의 동쪽우측 지방을 가리킵니다.

수군을 이끌게 된 이순신은 사람들의 생각이 어떻든 신경 쓰지

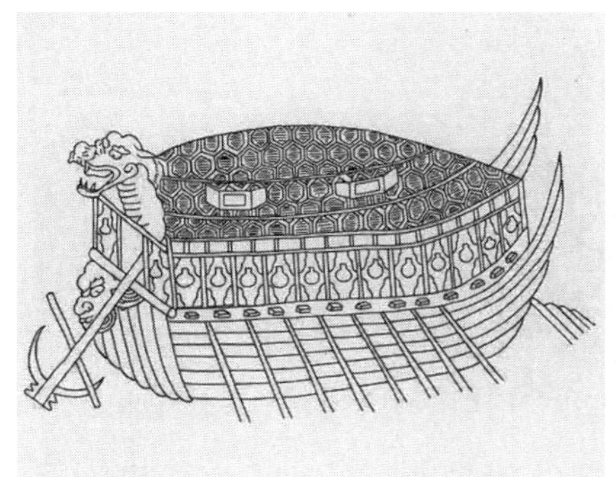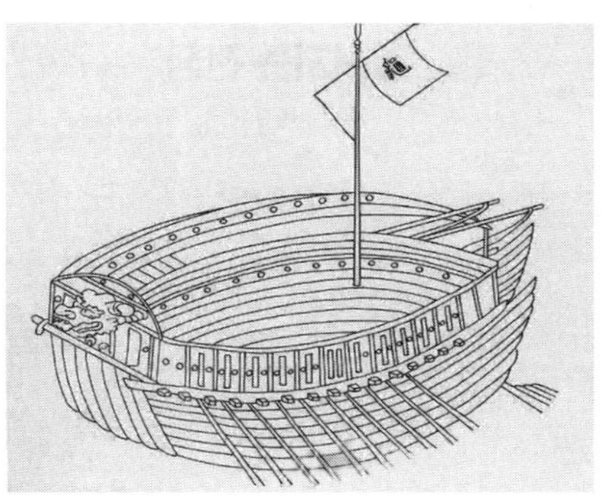

《이충무공전서》에 수록된 거북선(한국학중앙연구원)

않고 자신이 맡은 일에 책임을 다하고자 했습니다. 군영에 식량과 무기를 넉넉하게 준비해 두는 것은 물론, 수군의 전투함인 판옥선을 다시 설계하고 만들었습니다. 이 시기 판옥선에 지붕을 씌운 모양의 거북선도 새롭게 탄생하게 되었습니다.

전투함 정비를 마친 뒤에는 날마다 바다로 나가 실전과도 같은 훈련을 이어갔습니다. 불행인지 다행인지, 이순신이 거북선에서 대포를 발사하는 훈련을 마친 날은 전쟁이 일어나기 딱 보름 전의 일이었습니다.

🌊 길어지는 전쟁

1592년 선조 25년 4월, 대규모 일본군이 거짓말처럼 부산 앞 바다로 밀려 들어옵니다. 임진왜란, 길고 긴 7년 전쟁의 시작이었습니다. 하루가 다르게 북쪽으로 성큼성큼 올라오는 일본군 앞에 조선 조정은 어쩔 줄을 몰라 했습니다. 북방에서 여러 차례 여진족을 무찌른 경험이 있는 베테랑 장수 신립마저도 충주 탄금대에서 일본군에 대패하고 말았습니다.

결국 선조는 한양을 버리고 머나먼 피난길을 떠났습니다. 평양을 거쳐 명나라와 국경을 맞대고 있는 의주까지 올라가 날마다 신하들에게 명나라로 망명하겠다는 자신의 뜻을 내비쳤지요. 신하들은 한나라의 왕이 다른 나라로 피난을 가는 경우는 있을 수 없다며 선조를 한사코 뜯어말렸습니다.

바람 앞의 등불처럼 위태롭기만 했던 조정에 첫 승전보를 전한 이는 다름 아닌 이순신이었습니다. 이 소식을 들은 선조는 기쁨을 감추지 못했고, 이후로도 이순신의 승리는 끊이지 않았습니다. 오늘날에도 많은 사람들이 이순신의 탁월한 전략과 전술을 잘 알고 있기에, 이제는 승리의 비결을 하나하나 되짚어 보는 것도 다소 지루할 정도입니다. 그만큼 이순신은 명장 중의 명장이자, 불패의 영웅으로 깊이 각인되어 있습니다.

이순신이 남쪽의 바다를 철저히 방어하고 있었기에 북쪽으로 올라온 일본군은 발만 동동 구르게 되었습니다. 서해를 거쳐 식량을 운반하려던 일본군의 계획이 이순신 때문에 모두 틀어졌기

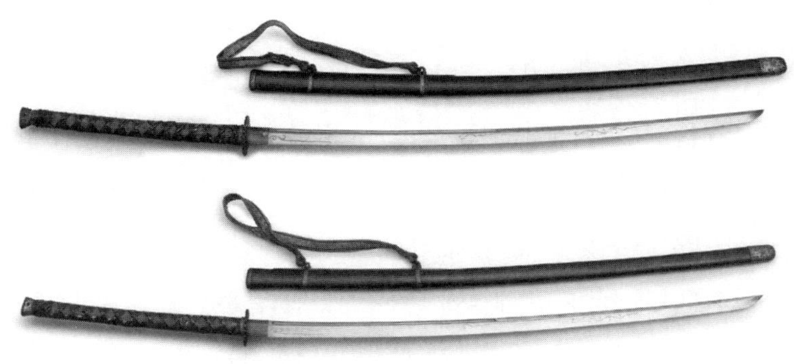

왜란 당시 이순신이 날마다 들여다보며 마음을 다스렸던 장검(국가유산청)

때문입니다. 그런 와중에 조정이 요청한 명나라의 구원병이 마침내 조선에 도착했고, 명군과 조선군은 힘을 합해 평양성을 되찾는 데 성공했습니다.

하지만 명나라 군대는 남의 나라 전쟁에서 큰 희생을 치르고 싶지 않아 했습니다. 일본군 역시 끝이 보이지 않는 전쟁에 지칠 대로 지쳐가는 상황이었지요. 그렇게 입장이 딱 맞아떨어진 명군과 일본군은 조선 조정의 의견을 철저히 무시한 채 제멋대로 휴전 협상을 벌이기 시작합니다.

🐚 수군이 전멸하다

휴전 협상이 이어지는 동안 조선군은 일본군을 함부로 공격하지 말라는 명나라군의 말도 안 되는 명령에 따라야만 했습니다. 나라 땅을 쑥대밭으로 만들어 놓은 철천지원수를 가까이 두고도 조선군은 아무것도 할 수 없었지요. 답답해진 선조는 이순신에게 남해안에 쌓아 둔 왜성에 머물고 있던 일본군을 공격하라는 명령을 내렸습니다. 바다에서 성을 공격한다는 것은 결코 쉬운 일이 아니었지만, 이순신은 열악한 여건 속에서도 선조의 명을 충실히 따랐습니다.

엎친 데 덮친 격으로 당시 수군 사이에서는 전염병이 돌고 있었습니다. 길어진 전쟁 탓에 청결하지 못한 환경에 오랫동안 노출된 수군은 적군의 칼과 총이 아닌 병마로 무수히 목숨을 잃어 갔습니다. 이순신도 병을 피해 갈 수 없었습니다. 이순신은 병에 시름하면서도 병이 앗아 간 수군의 병력을 다시 메우기 위해 치열하게 노력했습니다. 언제고 전쟁이 다시 시작될 수도 있으니까요.

이순신의 예견은 틀리지 않았습니다. 명군과 일본군은 결국 서로의 입장을 좁히지 못했고, 휴전 협상은 3년이라는 긴 시간 동안 어떠한 성과도 거두지 못한 채 허망하게 끝이 났습니다. 그 소식을 듣고 크게 분노한 도요토미 히데요시는 조선을 다시 침략하여 전라도, 경상도, 충청도의 땅만이라도 일본의 영토로 삼으라는 무시무시한 명령을 내립니다. 이 전쟁을 정유년1597년, 선조

이원익의 초상화(국립중앙박물관). 이원익은 이순신에 대한 불신이 깊어진 선조 앞에서 이순신이 뛰어난 장수임을 거듭 강조하며 그를 변호했다.

30년에 다시재 난란이 일어났다고 하여 '정유재란'이라고 합니다.

이순신의 존재가 두려웠던 일본군은 섣불리 움직이지 못했습니다. 그러나 얼마 지나지 않아 예상치 못한 변수가 생기고 말았습니다. 선조가 이순신의 벼슬을 빼앗고, 원균을 새로운 수군 대장으로 임명한 것이었지요. 일본군에게는 참으로 기쁜 소식이 아닐 수 없었습니다.

이순신이 한양으로 끌려가 심한 형벌을 받는 동안, 조선 수군은 칠천량 해협에서 일본 수군과 치열한 전투를 벌였습니다. 그러나 원균이 이끈 조선 수군은 처참한 패배를 당하고 말았습니다. 전쟁이 시작된 이후 조선 수군이 일본군에게 패한 것은 이번이 처음이었습니다.

그렇게 이순신이 휴전 협상 기간 동안 병마와 싸우며 필사적으로 모았던 병력은 허망하게 무너졌고, 거북선은 전멸했으며, 판옥선도 단 13척만이 남는 암울한 상황에 놓이게 되었습니다. 바다를 장악한 일본군은 임진왜란 때는 감히 넘볼 수도 없었던 전라도로 진격해 수많은 조선 백성을 무자비하게 살해했습니다.

🌊 다시 명량에서

선조는 왜 이순신의 벼슬을 빼앗고, 그에게 큰 벌을 내린 걸까요? 사실 선조는 꽤 오래전부터 이순신을 탐탁지 않은 시선으로 바라보고 있었습니다. 전쟁이 일어난 뒤 임금의 권위는 땅으로 떨어져만 가는데, 전투마다 수많은 일본군을 죽음으로 내몰며 백성들에게 큰 인기를 얻고 있는 이순신이 달갑지만은 않았던 것이지요.

실제로 선조는 피난 중에 백성의 성난 민심을 여러 차례 피부로 느꼈습니다. 임진왜란 초반에는 백성들이 북쪽에서 순찰 활동을 벌이고 있던 왕자 임해군과 순화군을 직접 잡아 일본군에게 넘겨주는 사건까지 일어났으니까요.

혹시라도 이순신이 다른 마음을 품고 반란을 일으키지 않을까 하는 생각에, 선조는 끊임없이 불안해하고 걱정했던 것 같습니다. 남해안에 다녀온 신하들에게는 "이순신이 혹시 일을 게을리하지는 않는가?"라며 마치 흠집을 찾아내고 싶은 심정인 것처럼 쏘아붙이곤 했지요. 이처럼 이순신을 향해 쌓여온 선조의 일그러진 미움은 비극의 시작이 되고 말았습니다.

휴전 협상이 성과를 거두지 못하면서 심상치 않은 분위기가 일던 때였습니다. 선조는 일본군이 대마도에서 대규모 병력을 이끌고 조선으로 넘어올 것이라는 일본 측의 정보를 입수했고, 이

국보 《난중일기》(국가유산청)

를 철석같이 믿으며 이순신에게 즉각 출정을 명령했습니다. 그러나 이번만큼은 이순신도 선뜻 명령을 따르지 못했습니다. 혹시라도 일본군이 잔꾀라도 부려 조선 수군을 위험에 빠뜨리려는 속셈이라면, 수군이 큰 피해를 입게 될 수도 있었습니다. 선조는 자신의 명령을 어긴 이순신에게 크게 분노했습니다. "용서할 수 없다."며 그를 당장 한양으로 압송해 오도록 했지요.

그런데 원균이 칠천량에서 처참하게 패배하고, 일본군이 전라도에서 기세를 떨치자 선조는 다시 이순신을 남쪽으로 돌려보냅니다. 감옥에서 풀려나던 날, 이순신은 몸을 가눌 수 없을 정도로 술을 마셨습니다. 자신을 믿어 주지 않고, 결국 제 동료와 부하들을 죽음으로 내몬 임금이 얼마나 미웠을까요? 그러나 전쟁은 아직 끝나지 않았습니다. 무거운 마음을 짊어지고 남쪽으로 내려와 다시 수군 병력을 모으기 시작합니다. 백성은 이순신이 가는 길마다 나와보며 그에게 응원의 마음을 보탰지요.

그러나 비극은 끊이지 않았습니다. 어머니의 부고가 전해진 것

293

입니다. 이순신의 어머니는 아들이 한양으로 끌려갔다는 소식을 듣고 크게 걱정한 나머지 홀로 여수에서 배를 타고 올라가다가 병을 얻어 세상을 떠나고 말았습니다. 80살의 늙은 몸이 힘든 여정을 버티지 못했던 것이지요. 어머니의 부고를 접한 이순신은 《난중일기》에 다음과 같이 자신의 솔직한 심정을 기록했습니다.

4월 16일 어머니의 시신을 상여에 싣고 돌아오면서 통곡했다. 슬픔으로 가슴이 찢어지는 듯하니 무슨 말을 할 수 있겠는가. 다만 어서 빨리 죽었으면 할 따름이다.
4월 19일 어머니 영전 앞에 울면서 작별했으나 어찌하겠는가. 하늘과 땅 사이에 나 같은 사람이 어디 또 있을까. 일찍 죽는 것보다 못하다.

– 이순신, 《난중일기》

그저 죽기만을 기다릴 뿐이라는 말이 참 아프게 다가옵니다. 그러나 지치고 지친 마음을 어떻게든 어르고 달래야만 했습니다. 쉽지 않은 전투를 남겨 놓고 있었으니까요.

이러한 상황에서 선조는 또다시 따르기 어려운 명령을 전합니다. "수군의 병력이 적으니 권율이 이끄는 육군에 들어가서 함께 싸우라."는 것이었습니다. 그러나 이순신은 다시 목숨을 걸고 선조의 뜻을 거부했습니다. "신에게는 아직 13척의 배가 있습니다." 자신을 미워하는 왕의 명령을 어기고 승리해야만 하는 전투에 나아간 이순신의 마음은 어땠을까요? 13척 대 133척, 명량해전의 기적은 이렇게 어려운 현실 속에서 이루어졌습니다. 전투를 마친 이순신도 크게 안도하며 "천운이었다."라고 말했을 정도였지요.

🌀 모두가 예상하지 못한 명장의 최후

잠시나마 한숨 돌리는가 싶었지만, 다시 이순신에게 가슴 아픈 소식이 전해졌습니다. 명량에서의 패배를 복수하려는 일본군이, 이순신이 청년 시절을 보낸 충남 아산으로 내려가 마을을 쑥대밭으로 만든 것입니다. 그 과정에서 이순신의 셋째 아들, 이면이 무참히 살해되었습니다. 이순신은 또다시 깊은 슬픔에 무너질 수밖에 없었습니다.

10월 14일 내가 죽고 네가 사는 것이 올바른 이치인데 네가 죽고 내가 살다니 이것은 이치가 잘못된 것이다. 천지가 캄캄하고 태양이 빛을 잃는구나. 슬프다, 내 어린 아들아. 나를 버리고 어디로 갔느냐.
10월 16일 내일은 막내아들의 죽음을 들은 지 나흘째 되는 날이다. 마음 놓고 통곡할 수도 없으므로 군영 안에 있는 강막지의 집으로 갔다.

– 이순신, 《난중일기》

그러나 이순신에게는 마음 놓고 슬퍼할 시간도 없었습니다. 임진왜란을 일으킨 원흉, 도요토미 히데요시가 마침내 세상을 떠났던 것입니다. 명량해전에서 패한 뒤로 남해안에 있는 왜성에

노량해전이 치열하게 벌어지는 모습(국립중앙박물관)

서 옴짝달싹도 못 하고 있던 일본군들은 이 소식을 듣고 서둘러 일본으로 돌아가려 했습니다. 무려 7년 동안이나 이어진 전쟁을 더 이상 계속해 나갈 이유가 일본군에게도 없었던 것이었지요.

이를 가만두고 지켜볼 이순신이 아니었습니다. 일본군이 철수할 것이 분명해진 상황에서, 마지막 전투를 치를지는 오직 이순신의 선택에 달려 있었습니다. 길고 긴 전쟁에서 허망하게 목숨을 잃은 무수한 백성의 원혼을 생각했던 걸까요. 이순신은 한치의 망설임도 없이 서둘러 전투를 준비합니다.

하지만 당시 이순신을 도와 전투를 이끌어야 했던 명나라 장수 진린의 생각은 달랐습니다. 전쟁이 곧 끝날 것이 뻔한데, 굳이 싸워서 희생을 키울 필요가 없다고 생각한 것이지요. 이에 진린은 일본군이 원군을 요청하기 위해 보낸 염탐선을 목격하고도 모른 척했고, 심지어 일본군에게 뇌물을 받기까지 했습니다.

그렇게 결코 유리하다고 볼 수 없는 상황 속에서 최후의 전투가 시작되었습니다. 하지만 이순신은 포기하지 않았습니다. 멀찍이 전투를 지켜보고만 있던 진린도 이순신의 용맹함에 감동하여 싸움에 동참했지요.

오늘날의 우리는 노량에서 벌어진 이 마지막 전투의 결말을 잘 알고 있습니다. 치열하게 싸우던 이순신은 갑작스레 날아든 일본군의 총탄을 맞고 결국 세상을 떠나고 맙니다. 실록은 당시의 상황을 생생하게 전하고 있습니다.

후대에 그려진 이순신 초상화(국립공주박물관)

이순신이 진린에게 말하기를 '적의 구원병이 수일 내에 당도할 것이
니 먼저 공격하겠습니다.'하니, 진린이 허락하지 않았으나 이순신은
듣지 않았다. 이순신이 나팔을 불며 배를 몰아가자 진린은 어쩔 수 없
이 그 뒤를 따랐다.

- 《선조실록》

선조는 노량에서 수군이 크게 이겼다는 소식을 듣고도 의심을
거두지 않았습니다. 승리의 소식을 전한 신하에게 혹시나 사실
이 지나치게 과장된 것은 아닌지 되물었지요. 여전히 이순신에
대한 노여움이 풀리지 않았던 것입니다. 역사에 만약은 없다고
하지만, 만약 이순신이 노량에서 죽지 않고 살았다면, 선조와 이
순신의 관계는 이후에 어떻게 되었을까요? 어려운 상상은 아닙
니다.

끝이 보이지 않을 정도로 길게 이어진 이순신의 장례 행렬은
충남 아산으로 향했습니다. 백성들은 이순신의 죽음을 '마치 제
부모가 세상을 떠난 것처럼' 여겼습니다. 너무 많은 백성이 몰려
들어 행렬이 나아가지 못할 지경이었다고 실록은 전하고 있습
니다. 이순신의 마지막 전투를 크게 반대했던 진린도 장례 행렬
을 따라갔습니다. 그러고는 아산에서 직접 이순신의 묏자리를
정해 주었지요. 그렇게 기나긴 전쟁도, 이순신의 고통스러운 삶
도 끝이 났습니다.

MBTI로 살펴본 조선시대 인물
이순신 : ISTJ

지금까지 한산도 제승당의 이야기를 시작으로 짧게나마 이순신의 삶을 돌아보았습니다. 많은 이들의 존경을 한 몸에 받았지만 스스로의 신념을 뚝심 있게 지켜가며 조용히 주어진 삶을 살아낸 이순신I, 어떠한 상황에서도 자신에게 주어진 직무의 책임과 의무를 다하고자 했던 이순신S, 개인의 삶은 비극으로 얼룩졌지만, 동료와 부하, 백성에 대한 사랑으로 다시 일어난 이순신T, 철두철미한 계획과 대비로 전투마다 승리를 거둔 이순신J.

이러한 사실들로 미루어 보아 이순신의 MBTI는 잇티제ISTJ가 아니었을까 합니다.

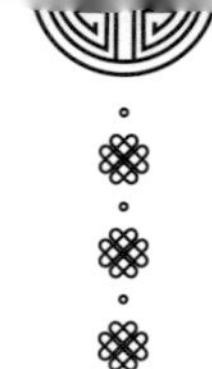

곽재우

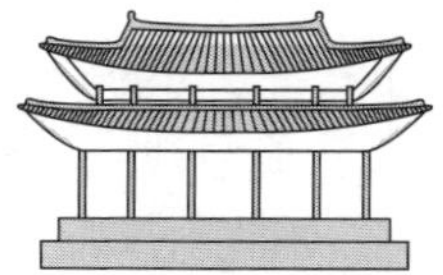

오늘날 경상남도 창녕군에는 낙동강이 굽이쳐 흐르는 절경을 한눈에 내려다볼 수 있는 특별한 정자, 망우정이 자리하고 있습니다. 이름 그대로 '근심을 잊는다.'라는 뜻을 담은 이 정자는 임진왜란 당시 최초로 의병을 일으킨 장수 곽재우가 손수 세운 것으로 알려져 있습니다. 임진왜란 당시 붉은 옷을 입고 전장을 누비며 가는 곳마다 승전보를 울린 그는 '홍의장군'이라는 이름으로 사람들에게 살아 있는 전설처럼 회자되었습니다.

그러나 전쟁이 끝난 뒤 곽재우는 조정으로부터 아무런 공로도 인정받지 못한 채 망우정에서 홀로 쓸쓸한 여생을 보내야 했습니다. 절벽을 휘돌아 흐르는 푸른 강물을 바라보며 애써 근심을

망우정(국가유산청)

잊으려 했던 그 심정은 과연 어떠했을까요? 고요한 강물은 오늘날 우리가 미처 헤아리지 못할 수 있는 깊은 이야기를 품고 있는 것만 같습니다.

출세의 미련을 버리고 지은 정자, 망우정

곽재우와 같은 시대를 살아간 학자 이호민은 그의 공을 드높이며 다음과 같은 시를 지었습니다.

들으니 홍의장군은 聞道紅衣將

왜군을 노루 쫓듯 한다고 하네 逐倭如逐獐

그대를 위해 말하니 끝까지 힘을 다해 爲言終戮力

곽재우와 함께 의병을 일으키고 전장에서 싸운 사람들의
명단(국가유산청)

곽분양처럼 되소서 須似郭汾陽

곽분양은 반란군을 진압하는 공을 세운 뒤 오래도록 부귀영화를 누렸던 중국 당나라 장수 곽자의를 말합니다. 이호민은 곽자의가 그랬던 것처럼 곽재우도 나라로부터 공을 인정받고 편안하고 영예로운 여생을 보내기를 진심으로 바랐던 것입니다. 하지만 안타깝게도, 곽재우는 곽자의와는 전혀 딴판인 말년을 보냈습니다.

곽재우가 나라를 사랑하는 마음은 결코 곽자의에 뒤지지 않았습니다. 일본군이 조선 땅을 침범했다는 소식을 듣자마자, 그는 마치 기다리고 있었다는 듯 곧바로 의병을 일으켰습니다. 군사를 모으기 위해 자신의 전 재산을 아낌없이 내놓으며 의병 활동에 온 마음을 다했지요. 한반도 의병 역사의 첫 장을 써 내려간 곽재우, 이때 그의 나이는 마흔이었습니다. 조선 사람들의 평균 수명을 생각한다면 결코 젊은 나이라고는 할 수 없었지요. 그는 어떤 청년기를 보낸 뒤 이 순간을 맞이하게 된 걸까요?

곽재우는 1552년 명종7년에 경상도 의령에서 태어났습니다. 그의 가문인 현풍 곽씨의 시조 곽경은 중국 송나라에서 고려로 삶의 터전을 옮긴 인물이었습니다. 그 뒤로 현풍 곽씨 가문에서는 여러 뛰어난 관리들이 탄생했습니다. 곽재우의 증조할아버지 곽위는 시를 짓는 데 특별한 재능을 지닌 현감이었고, 할아버지 곽지번은 문과에 급제한 뒤 성균관 사성 등 높은 관직을 지냈습니다. 아버지 곽월 또한 여러 청요직을 두루 역임한 유능한 관리였습니다.

이러한 핏줄을 물려받아 곽재우도 어릴 적부터 글공부에 재능을 보였다고 전해집니다. 일찍이 숙부 곽규에게 공자가 쓴 역사서인 《춘추》를 배우며 학문에 발을 들인 곽재우는 그 후로 중국 제자백가서를 두루 읽었습니다.

10대 후반의 나이에는 의주를 다스리는 목사로 임명된 아버지를 따라 명나라의 수도 북경에 가서 견문을 넓힐 기회도 얻게 됩니다. 훗날 그의 상징이 된 붉은 옷은 이때 중국에서 가져온 비단으로 지어 입은 것이라고 전해집니다.

차근차근 학문을 익힌 곽재우는 1585년 선조 18년, 32살의 나이에 2등이라는 우수한 성적을 거두며 과거시험에 합격했습니다. 그러나 뜻밖의 일이 벌어졌습니다. 당시 국왕이었던 선조가 그의 답안지를 읽고는 내용이 불손하다는 이유로 합격을 취소해 버린 것입니다.

불쑥 찾아온 불행은 여기에서 멈추지 않았습니다. 이듬해 그를 아끼고 지지해 주던 아버지가 갑작스레 세상을 떠나게 된 것이었지요. 크게 낙담한 곽재우는 세상에 대한 뜻을 접고, 고향으로 내려와 은둔 생활을 시작합니다. 그가 노년을 보내게 된 망우정을 손수 지은 것도 이때의 일이었습니다.

🌊 하늘이 내려 준 홍의장군

그렇게 고향에서 평온한 나날을 보내고 있던 어느 날, 잊혔던 곽재우의 이름 석 자를 다시 세상에 알릴 뜻밖의 기회가 찾아옵니다. 기나긴 7년 전쟁, 임진왜란이 일어난 것이었지요. 1592년 4월, 부산에 발을 들인 일본군은 한양을 향해 거침없이 전진하기 시작했습니다. 소식을 들은 곽재우는 그동안 농지를 경영하며 모은 전 재산을 아낌없이 쏟아부으며 군사를 모으기 시작했습니다.

조선이 세워진 뒤 2백여 년이 지났는데, 갑자기 위급한 사태가 일어나자 신하들은 모두 자신의 안위만을 생각하고, 임금 역시 지방을 돌보지 않고 있다. 시골에 묻힌 몸이라는 핑계로 가만히 있을 수만은 없다. 지금 일어나지 않는다면 전국에 나라를 지킬 인물이 하나도 없다는 이야기가 돌게 될 것이다. 이 어찌 부끄러운 일이 아니겠는가.

- 조경남, 《난중잡록》

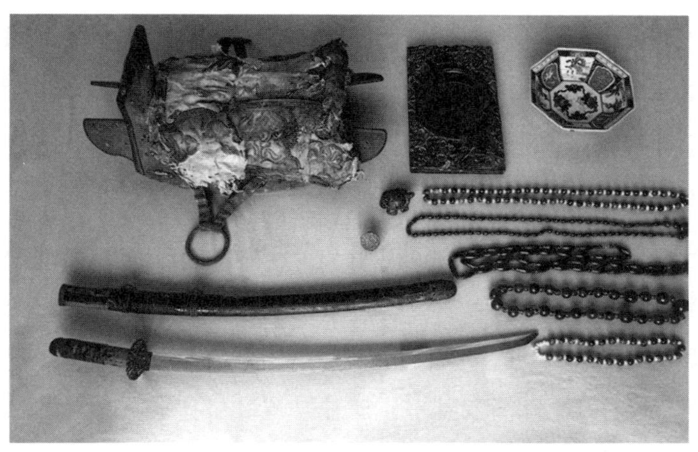

경상남도 의령 충익사에서 보관하고 있는 곽재우의 유물(국가유산청)

이처럼 곽재우가 단 1초의 망설임도 없이 의병을 일으킬 수 있었던 배경에는 아내의 외할아버지이자 장인의 스승이었던 남명 조식의 영향도 크게 작용했습니다. 조식은 이황, 이이와 함께 조선 성리학의 발달을 이끈 대표적인 학자입니다. 그는 평소 칼을 차고 다니며, 학문에서 배운 가르침을 삶 속에서 실천해야 한다는 점을 끊임없이 강조했습니다. 선비가 성리학에서 말하는 의리를 지키기 위해서는 무예 또한 꾸준히 닦아야 한다고 여겼던 것이지요.

곽재우는 조식의 가르침에 따라 어릴 적부터 활쏘기와 말타기 등을 꾸준히 연습하고 병서를 즐겨 읽었습니다. 갑작스럽게 닥쳐온 전쟁은 그가 다져온 무예 실력을 마음껏 발휘할 수 있는 무대가 되어 주었습니다.

싸울 때는 반드시 붉은 옷을 입고 높은 관리가 입는 복장을 한 채 '천 강홍의장군天降紅衣將軍, 하늘이 내려 준 홍의장군'이라 스스로 일컬으며 말을 달려 적진을 누비곤 했다. 말을 타고 갑자기 나타났다 사라졌다 하니 왜적들은 그 자취를 좇기 어려웠다.

적이 대규모의 군대를 이끌고 돌격하는데 재우는 조금도 놀라지 않고 활을 쏘아 갑옷 입은 자 5~6명을 연달아 넘어뜨렸다. 적의 탄환이 비 오는듯해도 태연하니, 아군이 그의 모습을 보고 사기가 높아져 결사 적으로 싸웠다. 이에 적의 선봉 말 수십 필이 넘어져 죽고, 적군들도 많이 죽었다.

- 조경남, 《난중잡록》

고향 의령에서 의병을 일으킨 곽재우는 지리에 밝다는 이점을 살려 시도 때도 없이 기습 작전을 펼쳤습니다. 길을 몰라 헤매는 일본군이 나타나면 매복해 있다가 갑자기 나타나 귀신처럼 그 들의 목숨을 거두었지요. 이처럼 곽재우는 경상도에서 전라도로 넘어가는 길목을 철통같이 방어하며 일본군의 진입을 완벽히 차 단했고, 덕분에 조선은 곡창지대인 전라도를 끝까지 지킬 수 있 었습니다.

🌀 의병인가, 도적인가

하지만 곽재우가 처음 의병을 일으켰을 당시 모두가 그를 응원 한 것은 아니었습니다. '의병'이라는 개념이 생소했던 사람들은

곽재우 흉상(전쟁기념관)

재산을 내던지며 군사를 모으려는 그를 보며 미쳤다고 수군거릴 정도였지요. 처음 군사를 모집할 때 가진 재산을 모두 쏟아붓는 바람에 가족들이 입을 옷조차 남지 않았고 굶주림까지 감내해야 했다고 하니, 어쩌면 이러한 주변의 시선과 비난도 당연한 일이었는지도 모릅니다.

심지어 어떤 이들은 곽재우의 군사가 의병이 아니라 사실은 도적 떼가 아닌가 하는 의심을 품기도 했습니다. 이런 소문은 곽재우가 빈 성에 들어가 무기와 군량을 챙겨 나온 일을 계기로 퍼지게 되었습니다. 실제로 의령 일대에는 여러 도적떼가 자주 출몰했기 때문에 그런 소문이 돌게 된 것도 무리는 아니었습니다.

곽재우의 의병 활동 소식이 조정에 전해졌을 때, 국왕 선조 역시 그를 전적으로 신뢰하지는 않았습니다. 이는 실록에 남아 있는 선조의 발언에서도 드러납니다. 선조는 "곽재우가 김수를 죽이려 한다는데, 혹시 자신의 군사를 믿고 그런 것이 아닌가."라며 의심의 눈초리를 거두지 않았습니다.

당시 김수는 관찰사로서 경상우도의 행정, 사법, 군사권을 모두 책임지고 있던 인물이었습니다. 그러나 임진왜란이 발발하자 진주성의 방어를 포기하고 거창으로 후퇴했고, 이후 용인 전투에서도 패배하면서 그의 위신은 땅에 떨어졌습니다.

이에 곽재우는 김수의 책임을 강하게 비판하며 그를 처형해야 한다는 과격한 주장을 펼쳤습니다. 물론 김수의 잘못은 분명했지만 그가 왕을 대신해 경상우도의 방어를 맡고 있던 높은 관리였다는 점을 생각해 보면, 곽재우의 주장은 선조에게 결코 달가운 것이 아니었지요.

조정 안에 흐르고 있던 불편한 분위기는 당시 방어 전략을 수립한다는 임무를 띠고 한양에서 경상도로 파견된 초유사 김성일의 증언을 통해서도 엿볼 수 있습니다.

곽재우가 비록 담력이 있고 용맹하나 뚜렷한 계획이 없는데도 당치도 않게 큰소리를 잘 칩니다. 패배한 지방관이나 장수의 소식을 들으면 꼭 처형해야 한다고 주장하며, 관리들에게 예의에 어긋난 말을 많이 하니 그를 '미친 도적'이라고 비난하는 이들도 있습니다.

-《선조실록》

그러나 김성일은 곽재우가 지닌 장수로서의 역량과 자질만큼은 높이 평가하며, 그를 적극적으로 변호했습니다. 다행히 곽재우는 이후 이어진 전투에서 연달아 승리를 거두며 이러한 기대에 부응했지요. 그의 활약에 마음이 누그러진 선조는 곽재우에게 여러 관직을 내리며 그 공로를 치하했습니다. 심지어 비변사에서는 곽재우의 의병 부대를 한양으로 불러 왕을 호위하게 하자는 건의까지 나올 정도였습니다.

🌊 고향으로 잠적해 버린 홍의장군

그 후로도 물불을 가리지 않고 자신의 생각을 거침없이 밝히는 곽재우의 성향은 종종 주변 사람들과의 갈등을 불러오기도 했습니다. 그러나 그의 진심을 알고 깊이 이해한 이들은 오히려 그의 독불장군 같은 면모를 강직함과 신념의 표현으로 받아들이며 높이 평가했습니다. 특히 자신의 공을 드러내려 하지 않는 청렴한 태도는 많은 이들의 마음을 사로잡았지요.

곽재우는 "중요한 것은 왜적을 죽이는 것뿐이다. 왜적의 목을 베어다 공을 요구해서 무엇 하겠는가. 만약 훗날에 공을 인정받기 위해 왜적을 죽인다면, 그것은 진심으로 마음에서 우러나 하는 일이 아니다."라며 군사들을 단속하였다.

－《선조실록》

이때부터 곽재우는 실록에서 '재주가 있고 명망이 높은 사람'이라는 수식으로 자주 등장합니다. 조선 조정에서 유망한 관직의 인사를 논의할 때마다 그의 이름은 늘 거론되었지요. 그런데 1595년 선조 28년 가을, 아직 전쟁이 끝나지 않은 시점에 곽재우는 돌연 관직을 내려놓고 자신의 고향으로 돌아가 버렸습니다. 실록에서는 그 이유를 곽재우가 명나라와 일본이 휴전 협상을 벌이는 것에 대해 불만을 품었기 때문이라고 기록하고 있습니다.

그 뒤로도 2년에 가까운 시간 동안 조선 조정은 계속해서 그를 다시 관직에 임명하려 했지만, 곽재우는 병을 핑계로 계속해서 거절했습니다. 오늘날 남아 있는 자료로는 그 이유를 명확히 밝힐 수 없지만, 아마도 곽재우는 당시 동료 의병장 김덕령의 억울한 죽음에 큰 영향을 받았던 것으로 보입니다.

1596년 7월 전쟁이 막바지에 다다랐을 무렵, 충청도 부여군에서 이몽학이라는 인물이 반란을 일으켰습니다. 가까스로 난이 진압되고 반란을 주도한 이들을 잡아들였을 때, 조선 조정에는 또 다른 충격적인 소식이 전해집니다. 김덕령, 최담령, 홍계남, 곽재우 등의 의병장들이 난에 가담했다는 이야기였습니다.

선조는 거론된 의병장 중에 김덕령을 잡아들이라는 명령을 내립니다. 이몽학의 난이 발생했다는 소식을 듣고 난을 진압하러 가는 길이었던 김덕령은 그렇게 갑자기 억울한 누명을 쓰고 체포되었지요. 그리고 얼마 지나지 않아 혹독한 고문 끝에 감옥에서 숨을 거두고 맙니다. 이는 곽재우의 입장에서는 간담이 서늘해질 수밖에 없는 소식이었습니다. 김덕령 대신 자신이 목숨을 잃었을 수도 있는 일이었으니까요.

🌊 고래를 타고 노니는 신선이 되다

시간이 흘러 어느덧 길고 긴 전쟁도 끝이 났습니다. 얼마 지

임진왜란 당시 곽재우의 활동상이 생생하게 담겨 있는 《망우집》(국립중앙박물관)

나지 않아 조선 조정에서는 나라를 위해 힘껏 싸운 이들에게 상을 내리기 위한 회의가 연일 이어졌습니다. 하지만 최종적으로 확정된 공신의 목록에는 끝내 곽재우의 이름이 실리지 않았습니다. 벼슬을 계속 거절해 온 곽재우를 선조가 탐탁지 않게 여겼기 때문이었지요.

심지어 선조는 "우리나라 강토를 회복할 수 있게 된 건, 모두 명나라 덕분이다. 우리나라 사람은 한 일이 없다. 이는 내가 직접 겪은 사실이다."라며 곽재우는 물론, 조선 장수들의 공을 모조리 낮게 평가했습니다.

이후 선조가 죽고 그의 아들 광해군이 왕위를 이었을 때에도 곽재우는 조정의 부름을 줄곧 거절했습니다. 조정의 계속되는 요청에 못이겨 잠시 한양에 올라온 적도 있었으나, 얼마 지나지 않아 병을 핑계로 다시 고향으로 돌아갔지요. 그러고는 곡기를 끊고 솔잎과 물만 마셨습니다. 초라한 행색으로 망우정에서 여생을 보내던 곽재우는 그렇게 쓸쓸히 세상을 떠났습니다. 사관은 곽재우의 죽음에 대해 실록에 다음과 같이 기록해 두었습니다.

사신은 논한다. 곽재우는 참으로 부귀영화를 하찮게 여기는 장부였다. 그는 왜란이 일어난 직후 벼슬 없는 서생의 신분으로 의병을 모아 왜적을 물리치며 관직에 올랐다. 전쟁이 끝난 후에 조정은 그에게 여러 차례 벼슬을 내렸지만, 그는 이를 뜬구름과 같은 것으로 여기며 고향으로 내려갔다. 삿갓을 쓰고 편안하게 지내며 세상사에 무관심했으나, 문득 국가를 생각하게 될 때면 항상 마음을 쓰며 잊지 못하였다.

- 《광해군일기》

전쟁이 끝난 뒤 많은 이들의 존경을 한몸에 받았음에도 세상을 등지고 고독한 최후를 선택한 곽재우. 그가 세상을 떠난 이후에도 사람들은 그의 말년을 두고 끊임없이 회상했습니다. 강가에 있는 망우정에서 시를 읊으며 지내다가, 대낮에 고래를 타고 떠난 신선이 되었다는 전설 같은 이야기마저 전해질 정도였지요. 조선 후기, 나라의 개혁에 온 힘을 쏟았던 국왕 정조 역시 자신의 문집인 《홍재전서》에서 임진왜란 시기의 대표적인 장수로 이순신과 함께 곽재우를 언급하기도 했습니다.

MBTI로 살펴본 조선시대 인물
곽재우 : ENFJ

지금까지 망우정 이야기를 시작으로 짧게나마 곽재우의 삶을 돌아보았습니다. 전쟁이 일어나자 가장 먼저 의병을 일으켜 여러 전투에서 타고난 리더십을 보여 준 곽재우E, 지리를 잘 안다는 자신만의 강점을 살려 일본군을 크게 물리친 곽재우N, 불의를 보면 결코 물러서는 법이 없었던 곽재우F, 철두철미한 전략을 세워 여러 전투에서 승리를 거머쥔 곽재우J.

이러한 사실들로 미루어 보아 곽재우의 MBTI는 엔프제ENFJ가 아니었을까 합니다.

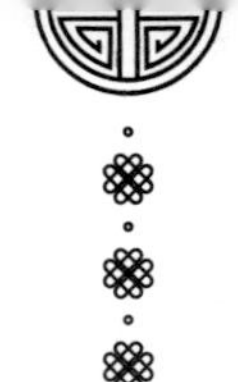

정기룡

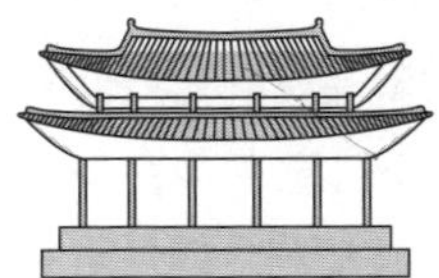

한반도 남쪽 끝에 자리한 하동은 지리산과 섬진강이 어우러져 빚어낸 보물 같은 고장입니다. 산과 강이 만나 계절마다 다채로운 풍경을 그려내는, 마치 한 폭의 그림 같은 곳이지요. 동쪽으로는 경상도 진주와 사천, 서쪽으로는 전라도 구례와 광양에 맞닿아 있어 경상도와 전라도의 경계를 이루는 곳이기도 합니다.

하동 섬진강(하동군청)

경충사(국가유산청)

하동의 남쪽 끝에는 한 장군의 생애를 기리는 특별한 장소가 있습니다. 임진왜란이 일어났을 때 지휘하는 전투마다 시원한 승리를 거두었던 '전쟁의 신' 정기룡의 사당, 경충사입니다. 경충사가 자리한 장소는 하동에서 나고 자란 정기룡이 어린 시절 글을 배우고 무예를 연마했던 곳으로 알려져 있습니다.

가난한 가문에서 태어나 일찍 철이 든 소년

정기룡은 씩씩하고 용감했으며, 그의 두 눈은 마치 횃불처럼 빛났다.
적진에 뛰어들어 일본군을 무찌를 때, 적들이 일제히 그를 향해 조총
을 쏘아도 한 발도 명중하지 못했다. 그는 전투 중 목이 마르면 적의
배를 가르고 그 간을 씹었으며, 높은 참호를 단숨에 뛰어넘고, 가파른
절벽이나 위험한 언덕길도 마치 매처럼 날아올랐다.

– 정구정,《매헌실기》,〈정기룡전〉

7년 동안 이어진 임진왜란 중 단 한 번도 부상을 입거나 패배
하지 않았다고 전해지는 정기룡, 세상은 그를 전쟁의 신으로
기억하고 있습니다. 사실 그대로 받아들이기에는 어려울 만큼

정기룡과 관련된 기록을 모아 놓은 《매헌실기》(국립진주박물관)

다소 과장된 표현이라고 할 수 있지만, 그만큼 당시 그의 명성이 얼마나 대단했지는지를 보여주는 것이겠지요.

정기룡은 1562년 **명종 17년** 에 하동의 가난한 양반 가문에서 태어났습니다. 정확히 알 수는 없지만 정기룡이 태어날 때 그의 어머니는 출산의 어려움으로 세상을 떠난 것으로 전해집니다. 그럼에도 그는 활쏘기에 뛰어나고 전쟁놀이를 좋아하는 씩씩한 아이로 자랐습니다.

그러나 무인의 길을 꿈꿨던 정기룡에게 현실의 벽은 높았습니다. 아버지는 정기룡과 그의 형이 문과 시험에 합격하여 집안을 일으켜 주기를 간절히 바랐던 것이지요. 유학을 국가의 통치 이념으로 삼은 조선에서는 무인보다는 문인이 사람들의 인정과 대우를 받았기 때문입니다. 아버지의 간곡한 부탁에 정기룡은 자신의 꿈을 접고 열심히 글을 읽었지만, 시간이 날 때마다 활쏘기와 말타기 연습도 남몰래 이어갔습니다.

집안이 어려워 일찍 철이 든 탓일까요? 소년 정기룡이 아버지를 생각하는 효심은 깊고 또 깊었습니다. 하찮은 물건이라도 얻게 되면 반드시 아버지에게 드렸고, 자라서는 가난한 집안을 돕기 위해 물고기를 잡는 일까지 마다하지 않았다는 기록들이 이를 잘 보여줍니다. 하지만 아버지에게는 자식들의 앞날을 지켜볼 시간이 허락되지 않았습니다. 정기룡이 13살이 되던 해에 그만 세상을 떠나고 말았던 것입니다.

그로부터 7여 년이 흐른 뒤, 정기룡은 형과 함께 과거시험을 보러 먼 길을 떠났습니다. 그런데 그 길에서 형마저 병을 얻고 말았습니다. 정기룡은 아픈 형의 몫까지 최선을 다해 시험을 치렀습니다. 그러나 1차 시험에 합격했다는 가슴 벅찬 소식을 안고 형을 찾아갔을 때, 형은 이미 눈을 감은 뒤였습니다. 크게 상심한 정기룡은 그후 3년 동안 아버지와 형이 그토록 뜯어말렸던 활과 화살을 들지 않았다고 합니다.

이후 청년 정기룡이 어떻게 지내 왔는지는 자세히 알 길이 없습니다. 임진왜란이 일어나기 6년 전인 1586년 선조 19년, 스물다섯의 나이로 무과 시험에 합격했다는 사실만이 전해질 뿐입니다. 운명의 장난일까요. 날마다 무인의 삶을 꿈꿔 온 정기룡에게 뜻밖에 찾아온 전쟁은 오히려 절호의 기회가 되어 주었습니다.

왜적을 이기려면 정기룡을 찾아가라

정기룡이 처음으로 존재감을 드러낸 건 경상남도 거창현에서 벌어진 신창 전투에서였습니다. 1592년 4월, 불씨에 부산을 습격한 일본군은 맹렬한 기세로 북쪽을 향해 전진하기 시작했습니다. 이 소식에 놀란 조정은 조경이라는 무관을 경상도를 방어할 장수로 지목하여 파견했지요. 전투를 치르러 급히 내려가던 조경의 길을 막은 건 다름 아닌 정기룡이었습니다.

우리나라는 태평한 시대가 이어져 오다가 갑자기 강성한 적군을 만나게 되었으니 이기기가 참으로 어렵습니다. 그러나 보병 전술을 쓰는

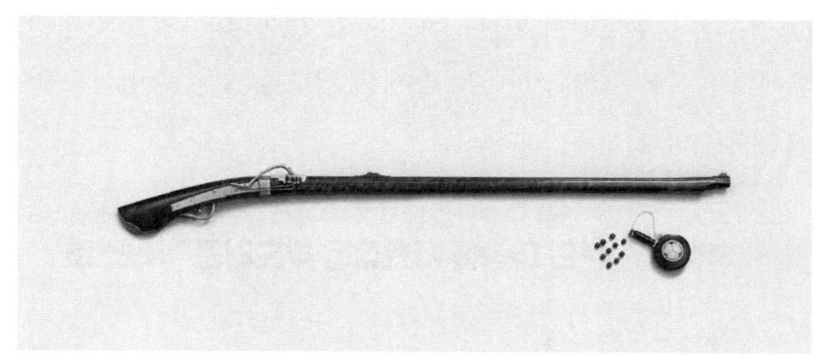

임진왜란 당시 조선군을 공포에 떨게 만들었던 일본군의 조총(국립진주박물관)

왜적을 평탄한 들과 넓은 벌판으로 유인하여 기병으로 이리저리 돌진하여 공격한다면 승산이 있습니다.

- 정구정,《매헌실기》,〈정기룡전〉

정기룡의 당당하고 씩씩한 태도에 조경은 단번에 마음을 빼앗기고 말았습니다. 흔쾌히 그에게 군사 일부를 맡겼지요. 그러나 부산진과 동래성에서 일본군에게 처참히 패배했다는 소식을 들은 조선군의 사기는 이미 크게 떨어져 있었습니다.

이윽고 5백여 명의 일본군이 거창현에 나타났지만, 정기룡을 따르던 기병들은 겁에 질려 앞으로 나서기를 망설였습니다. 그러나 정기룡은 주저하지 않고 적진으로 말을 달려 돌진했습니다. 그 용맹한 모습에 감동한 부하들은 이내 용기를 얻고 너도 나도 전투에 뛰어들어 함께 싸웠습니다. 그 결과 큰 승리를 거둘 수 있게 되었지요. 그 후로도 정기룡은 승전보를 끊임없이 이어

갔습니다. 경상도에서 일본군과 전투를 벌이려면, 반드시 정기 룡에게 도움을 구해야 한다는 말이 돌 정도로 그는 큰 명성을 얻 게 되었습니다.

 백성과 부하의 마음을 사로잡은 부드러운 카리스마

정기룡은 전투만 잘하는 것이 아니었습니다. 임진왜란 당시 오 늘날로 치면 국무총리 자리에 있었던 류성룡은 정기룡이 한 지 역의 방어를 맡겨도 될 만큼 뛰어난 리더십을 갖추고 있다며 높 게 평가했지요.

정기룡은 날래고 용감하여 싸움을 잘합니다. 하지만 그에게 한양으로 올라오는 길목에 위치한 상주의 방어를 맡긴 이유는 단지 적군을 무 찌르라는 이유에서만은 아니었습니다. 병졸을 모아 위급한 사태에 대 비하게 하려는 목적도 있었습니다.

- 《선조실록》

이처럼 류성룡은 정기룡에게 큰 직책을 맡기면 자연스럽게 그를 따르는 군사들이 곳곳에서 모여들 것이라고 믿고 있었습 니다. 정기룡이 이렇게까지 부하들에게 인기가 많았던 이유는 과연 무엇이었을까요? 이는 어떠한 전투에서든 승기를 거머쥐 는 그의 뛰어난 전술과 무예 실력 때문이기도 했지만, 항상 부하 를 먼저 생각하는 따스한 마음씨 덕분이기도 했습니다.

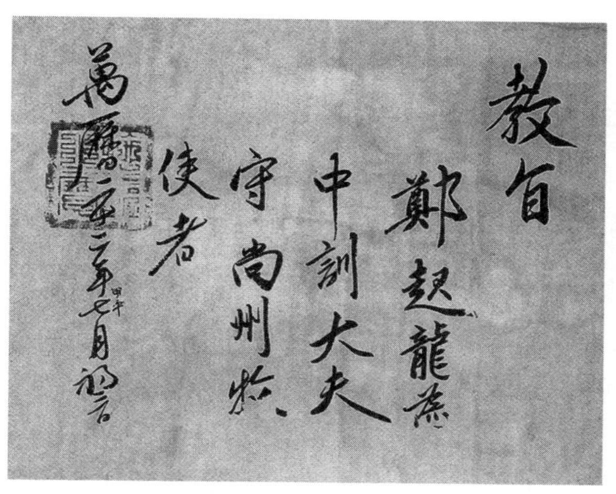

정기룡을 상주를 지키는 대장으로 임명한다는 명령이 적힌 선조의
교지(국가유산청)

정기룡은 전투에서 이길 때면 매번 부하들이 세운 공을 상세히 적어 조선 조정에 보고하곤 했습니다. 자칫 자신의 공에 가려져 부하들이 적절한 포상을 받게 되지 못할까, 늘 염려했기 때문이었지요. 만약 보고서를 올렸는데도 부하가 마땅한 평가를 받지 못하면, 다시 정성스레 상소를 올리기까지 했습니다.

백성을 아끼는 그의 마음은 이보다 더 깊었습니다. 정기룡은 자신의 부하들이 백성에게 조금이라도 피해를 끼치는 행동을 하면 반드시 엄벌에 처했습니다. 그가 백성을 얼마나 소중히 여겼는지는 이제 막 상주의 방어를 맡게 되었을 때의 작은 일화만 보아도 잘 알 수 있습니다.

당시 백성들은 일본군이 곧 쳐들어온다는 소식에, 산골짜기 곳곳에 숨어 서로를 부둥켜안고 울며 발만 동동 구르고 있었습

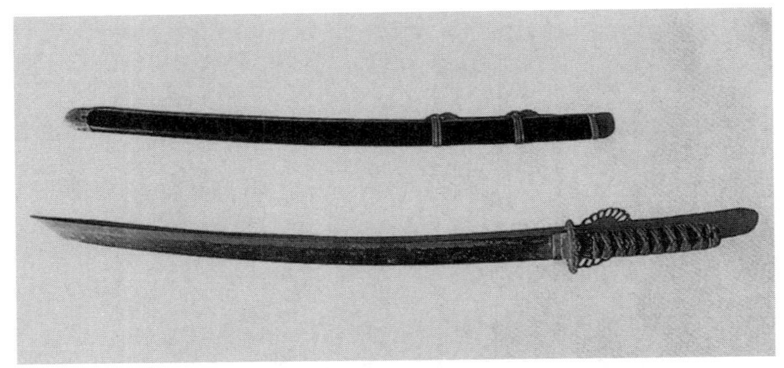

하동 경충사에 남아 있는 정기룡의 검(국가유산청)

니다. 정기룡은 이런 상황에서 성급히 일본군을 공격하면, 적군이 사방으로 흩어져 이곳저곳에 숨어 있는 백성들에게 해를 끼칠까 걱정했습니다. 그래서 그는 홀로 말을 타고 적진을 누비며 일본군을 백성이 없는 곳으로 유인했습니다.

조선 조정은 이 전투에 대해 "정기룡이 만약 한나절만 늦게 도착했다면 상주 고을 백성들 중에는 살아남은 이가 없었을 것이다."라고 평가했습니다. 이때부터 백성들 역시 정기룡을 마치 친부모처럼 따르게 되었지요. 임기가 끝나 그가 상주를 떠나게 되었을 때, 백성들이 길목을 막고 가지 말라고 애원했다는 일화가 전해질 정도였습니다.

🌊 조선의 장수 중 정기룡이 제일이다

그러나 전장을 자유자재로 누비며 부하와 백성에게 높은 명성을 얻었던 정기룡에게도 시련은 찾아왔습니다. 문제는 명나라

임진왜란이 끝난 후 명나라가
승리를 기념하기 위해 그린 병풍
중 일부(국립중앙박물관)

군대가 조선을 돕기 위해 참전하면서 시작되었습니다. 사실 일본은 조선을 넘어 명나라를 정벌한다는 구실로 전쟁을 일으켰습니다. 이에 조용히 상황을 지켜보던 명나라는 일본군이 명나라와 국경을 맞댄 곳까지 올라왔다는 소식을 듣고 부랴부랴 군대를 파견했습니다. 이처럼 명나라가 조선에 군대를 보낸 이유는 '순망치한脣亡齒寒 다시 말해 '입술조선이 없으면, 이명나라가 시리다.'는 이유 때문이었습니다.

　이런 탓에 명나라군은 전투에 적극적인 의지를 보이지 않았습니다. 벽제관오늘날 고양시에서 일본군에게 크게 패배한 후로는 전쟁을 이어갈 뜻을 완전히 잃어버리고 말았지요. 그렇게 명나라군과 일본군 사이에서 기나긴 휴전협상이 시작되었습니다. 하지만 명나라와 일본의 입장 차이가 너무도 컸기 때문에 3여 년이나 이어지던 협상은 별 소득을 얻지 못한 채 실패로 끝이 나고 말았습니다.

1597년 선조 30년, 전쟁은 다시 시작되었고 정기룡은 군사가 400명이 채 넘지 못하는 불리한 상황에서 이곳저곳에서 출몰하는 일본군과 맞서 싸워야만 했습니다. 그러나 명나라군의 태도는 예전과 별반 다를 게 없었습니다. 거리가 멀다는 이유로 전투에 참여하지 않는 것은 물론, 남몰래 일본군에게 편지를 보내 다시 휴전협상을 추진하려고도 했지요.

어느 날, 명나라 장수 모국기가 정기룡과 대화를 청했습니다. 일본군과의 협상에 대해 그의 의견을 물어보려 했던 것이지요.

저는 싸우는 장수입니다. 이런 제가 화해를 말한다는 건 있을 수 없는 일입니다. 더군다나 왜적 일본군은 우리와 하나의 하늘 아래에서 같이 살 수 없는 원수입니다.

— 정구정, 《매헌실기》, 〈정기룡전〉

당당하게 자신의 뜻을 굽히지 않는 정기룡을, 모국기는 갖은 말로 협박하려 했습니다. 그럼에도 정기룡은 자신은 조선 조정의 신하이니, 함부로 말할 수 없다며 거절의 뜻을 명확히 전했지요. 모국기의 이러한 행동은 명나라 조정이나 조선 조정의 뜻은 아니었습니다. 정기룡보다 높은 자신의 지위를 이용하여 전투를 회피하고자 했을 뿐이었지요.

이러한 상황에서 명나라군의 도움을 바라는 건 사치였습니다. 가까운 거리에 일본군이 있는데도, 명나라군은 갖은 핑계를 대며 전투에 참여하지 않았습니다. 심지어 조선군이 전투에서 승리하여 얻어 온 일본군의 머리수급를 당당히 요구하기까지 했습니다. 전쟁 중에는 적의 머리를 얼마나 많이 베었느냐에 따라 공이 정해졌기 때문이었습니다.

명나라군의 부끄러움을 모르는 행동에, 정기룡의 부하들은 크게 분노했습니다. 하지만 정기룡은 부하들의 편을 들기는커녕, 명나라군에게 적의 머리뿐만 아니라 사로잡은 일본군 포로까지 모두 넘겨주었습니다. 아무리 명나라 군대가 밉더라도, 긴 전쟁을 끝내기 위해서는 조선군보다 수가 많은 그들의 힘이 꼭 필요했기 때문이었습니다. 이처럼 정기룡은 당장의 감정에 휘둘리기보다 자신이 짊어지고 있는 책임을 먼저 생각하는 리더였습니다.

늘 싹싹한 태도를 보이는 정기룡에게 명나라군도 서서히 마음을 돌리기 시작했습니다. 뼈를 깎는 심정으로 쌓아 올린 신뢰는 곧 또 다른 명성으로 돌아왔습니다. 전쟁이 끝난 후 임금 선조를 만난 명나라 장수들은 "정기룡과 같은 사람은 얻기 쉽지 않다.", "조선의 여러 장수 중 정기룡이 제일이다."라는 등 그에 대한 칭찬을 아끼지 않았습니다.

끝나지 않을 것만 같았던 7년의 긴 전쟁도 마침내 막바지에 이르렀습니다. 평범한 일상이 서서히 제자리를 찾아가고 있었지만, 정기룡은 다시 묵묵히 무인의 길을 걸어갔습니다.

전쟁이 끝난 뒤 정기룡이 맡게 된 직책은 수군의 대장이었습니다. 왜란 당시 이순신의 직책이기도 했던 '삼도수군통제사'가 그의 새로운 임무였지요. 임진왜란 당시 '바다는 이순신, 육지는 정기룡'이라는 수식어를 얻었던 정기룡은 그 명성에 걸맞게 1622년 광해군 14년 의 어느 날, 군대의 진영 안에서 마지막 숨을 거두었습니다.

경상북도 상주에 있는 정기룡의 묘(국가유산청)

MBTI로 살펴본 조선시대 인물
정기룡 : ESFJ

하동의 이야기를 시작으로 지금까지 짧게나마 정기룡의 삶을 돌아보았습니다. 남다른 카리스마로 전쟁 초반부터 많은 이들의 신뢰를 한 몸에 받았던 정기룡E, 명나라군의 갖은 방해에도 평정심을 잃지 않고 전투의 승패만을 생각했던 정기룡S, 부하와 백성을 사랑하는 마음이 깊었던 정기룡F, 매 전투마다 뛰어난 전술을 세워 백전백승을 거두었던 정기룡J.

이러한 사실들로 미루어 보아 정기룡의 MBTI는 엣프제ESFJ가 아니었을까 합니다.

4장

세상에 맞선 아웃사이더들

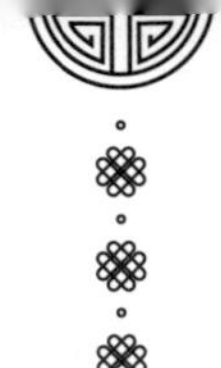

임꺽정

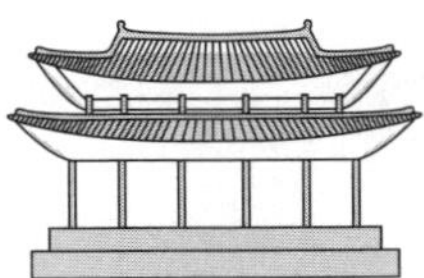

깎아지른 듯한 벼랑을 녹색의 한탄강이 휘돌아 흐르고 있습니다. 그림과 같은 풍경을 자랑하는 강원도 철원의 고석정입니다. 고석정은 수많은 드라마, 특히 사극의 촬영지로 이름나 있습니다. 이미 많은 분들이 고석정의 매력을 알고는 몇 번이고 재차 방문하고 있다고 합니다.

이처럼 오늘날 많은 이들의 사랑을 한 몸에 받고 있는 고석정, 이곳에는 재미난 사연이 숨어 있습니다. 고석정은 임꺽정이 조선 조정의 숨 막히는 추격전을 피해 몸을 숨겼던 곳이었습니다. 임꺽정은 조선시대 대표 도적으로 이름난 인물이지요. 흥미진진한 사연 덕분에 고석정의 곳곳에서는 임꺽정과 관련된 에피소드

고석정(국가유산청)

를 기념하는 동상이나 다양한 일화를 만나볼 수 있습니다.

군도 임꺽정의 탄생

임꺽정, 그의 구체적인 인생 스토리는 모르더라도 그 이름 석 자는 오늘날 많은 이들에게 잘 알려져 있습니다. 조선 후기 유명한 실학자인 성호 이익은 임꺽정을 장길산, 홍길동과 함께 조선의 3대 도적으로 손꼽았습니다. 임꺽정은 세상을 떠난 뒤에도 '군도群盜'의 대표적인 사례로 사람들의 입에 자주 오르내렸습니다. 사회가 혼란하고 어려워지면 조선의 백성은 무리를 지어 약탈, 절도 등으로 생계를 꾸려 나가곤 했는데, 이러한 무리들을 '군도'라고 부릅니다.

임꺽정은 군도 중에서도 조선 조정을 '벌벌 떨게'할 정도로 그 위용이 대단했습니다. 조정은 임꺽정이 이끄는 군도를 잡아들여 벌을 주고자 노력했지만, 번번이 허탕을 쳤습니다. 조정이 임꺽정에 대한 대책을 세우기 시작한 건 1559년 명종 14년 3월이었습니다. 그런데 임꺽정에게 벌을 내렸다는 기록은 1562년 1월에야 비로소 등장합니다. 무려 3여 년 동안이나 임꺽정은 조정을 완벽하게 따돌린 것이지요.

당시 조선을 다스리고 있던 왕은 명종이었습니다. 20대의 젊은 왕 명종은 전국 이곳저곳에서 강성한 세력을 떨치는 임꺽정 때문에 밤낮없이 깊은 근심에 빠져 있었습니다.

임꺽정이라는 조그마한 도적이 많은 죄를 짓고도 오랫동안 법망을 피하고 있다. 오랫동안 무예를 닦지 않았기 때문에 조정이 치욕만 당하고 이들을 쉽게 잡지 못하고 있다. 훗날 을묘년과 같은 난리가 또 일어난다면 어떻게 될지 모르겠으니 한심스러운 일이다.

- 《명종실록》

'을묘년과 같은 난리'는 1555년 명종 10년 왜구가 조선을 침략한 사건을 이릅니다. 당시 일본에는 전국을 다스리는 통일된 조정이 없었습니다. 당시 일본은 너도나도 일본 열도 전체를 지배하고자 하루가 멀다 하고 치열한 전쟁이 벌어지던 어수선한 시대에 놓여 있었지요. 이 시대를 전쟁 '전' 자와 나라 '국' 자를 써서 '전국시대 戰國時代'라고 부릅니다. 일본의 도적이자 해적인 왜구는 전국시대의 혼란을 틈타 종종 조선에 침입하여 생필품을 약탈했습니다. 고려 말부터 있었던 왜구의 피해가 조선 명종 대까지도 이어지고 있었던 것입니다. 명종은 임꺽정을 잡느라 조정이 한눈을 파는 사이 혹여 왜구가 다시 침입해 온다면 더 큰 피해가 닥칠까 우려했습니다.

날이 갈수록 명종은 임꺽정 문제에 더욱 신경을 곤두세웠습니다. 임꺽정을 당장 잡아들이라는 명령을 직접 여러 차례 내릴 정도였지요. 심지어 임꺽정을 잡았다는 소식을 듣고는 반드시 죽이지 말고 생포하여 한양으로 압송하고, 궁궐 안에서 죄를 물으라는 특명을 내리기도 했습니다.

그러나 이때 잡힌 임꺽정은 '진짜' 임꺽정이 아니었습니다. 임꺽정을 잡지 못하는 시간이 길어지면서 그의 현상금은 높아져만 갔습니다. 그러자 임꺽정을 잡았다고 거짓으로 보고하여 인생 한방, 부귀영화를 노리는 이들이 등장했던 것입니다. 이때 임꺽정과 함께 난을 일으킨 무리라며 체포된 이들은 욕망에 눈이 먼 관리의 레이더망에 걸린 죄 없는 백성이었습니다. 결국 이들은 오해를 풀지 못하고 온갖 고문을 당하다 억울한 죽임을 당해야만 했습니다.

🌊 임꺽정을 응원하는 백성들

그렇다면 임꺽정은 어떻게 조정의 수사망을 요리조리 피해 갈 수 있었을까요? 이와 관련된 기록 하나를 소개해 드리겠습니다.

임꺽정은 양주의 백정이다. 성품이 교활하면서도 사납고 용맹스러웠다. 무뢰배들을 불러 모아 도적질을 한 지 이미 오래되었지만 조정에서는 까맣게 모르고 있었다. …… 관청에서 임꺽정을 잡으려고 하면 경기와 황해도 일대의 백성이 그 소식을 임꺽정에게 비밀리에 전달하였다. 이 때문에 임꺽정의 무리가 거침없이 날뛰니 관청에서 막을 수가 없었다. 조정에서는 지방에 관리를 보내 사정을 알아보게 했는데 임꺽정의 무리가 신을 거꾸로 시고 다녀 발자취를 혼란스럽게 하였다. 관리가 구월산에 갔다가 그 발자국을 보고 이미 임꺽정 무리가 떠난 줄 알고 돌아오던 길에 숨어 있던 임꺽정 무리에게 죽임을 당하였다. …… 조정에서 다시 지방의 군사와 수령에게 군사를 임꺽정을 잡게 했는데 임꺽정이 백성과 다시 내통하여 소식을 듣고는 밤에 높은 곳으로 올라가 숨어 있다가 활을 비 오듯 쏘아대니, 추격하는 군사들이 흩어져 버렸다.

-《대동야승》

이처럼 임꺽정은 '신을 거꾸로 신는' 등 교묘한 방법으로 관군을 따돌렸습니다. 실제로 임꺽정은 꽤나 영리한 도적이었던 것 같습니다. 자신의 부하들을 관군으로 위장시켜 관청에서 근무를 서게 하는 등 대범한 계획을 벌였던 일화도 전해질 정도이니까요.

위의 자료에서 확인할 수 있듯이 임꺽정이 도적 생활을 무사히 이어갈 수 있었던 숨은 비결은 수많은 백성이 도와주었기 때문이었습니다. 그렇다면 왜 백성들은 임꺽정을 응원하고 지지했던 걸까요? 그 이유는 《조선왕조실록》에서 찾아볼 수 있습니다. 당시 임꺽정을 이야기한 수많은 기록은 그의 잔인함과 교활함에 초점을 맞추고 있습니다.

그 이유는 《조선왕조실록》이 나라를 다스리는 왕이나 신하의 입장에서 쓰였기 때문입니다. 하지만 이러한 기록을 자세히 살펴보다 보면, 숨어 있는 진실을 엿볼 수도 있지요. 실록을 기록하는 일을 하는 관리, 사관史官은 실록의 한쪽 귀퉁이에 자신만의 솔직한 의견을 남겨놓곤 했습니다. 이를 사평史評이라고 합니다. 사관의 평가라는 뜻이지요. 실록은 왕을 포함해서 당대를 살았던 그 누구도 함부로 내용을 확인해 볼 수 없었습니다. 그 덕에 사관은 마음 놓고 자신의 진심을 오늘날의 댓글처럼 써 둘 수 있었던 것입니다. 임꺽정에 대한 사관의 솔직한 생각을 엿볼 수 있는 사평 하나를 소개해 드리겠습니다.

사신은 논한다. 국가가 선한 정치를 펴지 않고 신하의 횡포와 수령의 포학함이 백성의 살과 뼈를 깎고 피를 말리니, 백성은 손발을 둘 곳이 없고 억울함을 호소할 곳도 없으며 굶주림에 절박하여 하루도 살기가 힘들다. 백성이 연명하고자 도적이 된 것인데 이는 정치를 잘못했기 때문이요, 백성의 죄가 아니다.

- 《명종실록》

이처럼 사관은 자신의 양심을 실록에 꾹꾹 눌러 담아 놓았습니다. 여기에서 조금은 의아한 생각이 듭니다. 조선이 건국된 지

150여 년이 채 되지 않았는데 당시의 사회 상황이 고려 말과 별반 다르지 않습니다. 고려 말 신하들의 부정부패를 해결하고자 야심차게 토지 개혁까지 추진하여 세운 새 나라 조선이 아니었던가요?

안타깝게도 조선은 연산군 대를 거쳐 인종, 명종 대로 오면서 극심한 혼란기를 겪게 되었습니다. 왕과 혼인 관계를 맺은 신하인 외척들이 권력을 휘어잡은 후로, 마치 도미노가 쓰러지듯 여러 사회 문제가 터지기 시작했던 것입니다. 사관의 말대로 정치가 바로 서지 못하니 백성들의 삶이 고달파졌습니다. 수많은 백성이 임꺽정을 두 팔 벌려 환영했던 건 이러한 이유에서였습니다.

군도에서 의적으로

그런데 사실, 임꺽정은 잘못된 정치 체제를 뒤엎고 바로잡아 보고자 일어난 의로운 도적, '의적義賊'이 아니었습니다. 당대 어려운 사회를 어떻게 바꾸어 보겠다는 철학을 갖고 있던 군도가 아니었던 것이지요. 임꺽정이 탐관오리를 벌주거나 관아를 털어 백성에게 도움을 주었다는 기록을 간혹 찾아볼 수는 있지만, 민가를 불사르거나 약탈한 뒤 백성들을 아무 이유 없이 살해했다는 기록도 종종 보입니다.

그런데도 오늘날까지 많은 사람들이 임꺽정을 의리로 똘똘 뭉친 도적으로 기억하는 건 후대에 나온 임꺽정과 관련된 여러 콘

홍명희가 쓴 소설《임꺽정》(국립한글박물관)

텐츠 덕분입니다. 일제 강점기에 작가로 활동했던 홍명희라는 인물이 쓴 소설《임꺽정》이 그 시작이었지요. 홍명희는 자그마치 12여 년 동안 조선일보에 임꺽정 이야기를 연재했습니다. 홍명희는 임꺽정이 조선시대 가장 낮은 신분인 '백정'이었다는 사실에 주목했습니다. 백정은 소나 돼지 등 가축을 죽여 고기를 만드는 사람입니다. 하는 일이 천하다고 하여 많은 이들에게 차별과 무시를 당했지요.

홍명희는 백정으로 태어나 자신의 현실에 굴복하지 않고 사회에 반기를 든 임꺽정을 높게 평가했습니다. 일본의 억압 속에서 하루하루 독립을 꿈꾸어야만 했던 시절에 과거 임꺽정의 이야기가 큰 힘이 되어 주었던 걸까요. 홍명희의 간절한 바람이 담긴 소설은 도적 임꺽정을 의적 임꺽정으로 새롭게 만들어 주었습니다. 홍명희의 작품을 시작으로 임꺽정에 대한 세상의 관심도 점점 더 깊어졌지요.

3년이나 조선 조정을 공포에 떨게 한 임꺽정, 그는 어떠한 최후를 맞게 되었을까요? 조선 팔도를 누비며 힘을 과시하던 임꺽정은 자신의 오른팔이었던 부하 서림의 배신으로 끝내 붙잡히고 말았습니다. 궁지에 몰린 임꺽정은 관군으로 위장하여 도망치다가 비 오듯 쏟아지는 추격대의 화살을 맞고 말았지요. 삶과 죽음의 경계에서 임꺽정은 "서림아, 서림아, 네가 어떻게 나를 버리고 항복할 수 있느냐 ……."라고 외쳤다고 합니다. 긴 시간 동안 이름을 날리던 임꺽정은 이처럼 쓸쓸한 죽음을 맞이했습니다.

임꺽정의 실제 삶이 어떠했든 임꺽정은 때로는 도적의 모습으로, 때로는 의적의 모습으로 우리 곁에 남아 있습니다. 이처럼 역사는 사람들의 희망과 열망에 따라 전혀 다른 이야기로 읽히기도 합니다. 역사책을 볼 때 그 속에 숨어 있는 작가의 의도를 간파할 수 있는 안목을 갖춰야 하는 이유가 바로 여기에 있습니다.

MBTI로 살펴본 조선시대 인물
임꺽정 : ENTP

지금까지 고석정의 이야기를 시작으로 임꺽정의 삶을 짧게나마 돌아다보았습니다. 혼란한 사회 상황 속에서 많은 이들을 똘똘 뭉치게 하여 도적을 일으킨 임꺽정E, 치밀한 계획과 영리한 수법으로 3년간이나 조정을 따돌린 임꺽정N, 목적을 이루기 위해선 잔인한 면모도 서슴없이 드러냈던 임꺽정T, 부하의 배신을 예견하지 못해 허무하게 죽음을 맞이한 임꺽정P.

이러한 사실들로 미루어 보아 임꺽정의 MBTI는 엔팁ENTP 이 아닐까 합니다.

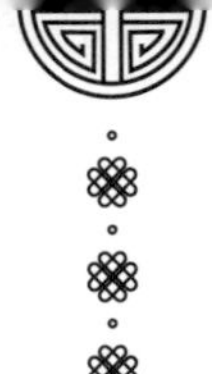

정여립

깎아지른 듯한 벼랑이 겹겹이 마주하고 있고, 그 사이로 맑은 물이 휘돌아 흐릅니다. 전라북도 진안에 있는 죽도는 산맥인데도 마치 섬과 같은 형상을 하고 있습니다. 그림 같은 풍경을 자랑하는 이곳 죽도는 용서받지 못할 사상을 꿈꾼 선비, 정여립이 최후를 맞이한 곳입니다. 25살의 젊은 나이에 문과 시험에 1등으로 합격하여 왕의 비서 기관인 홍문관에서 관직 생활을 시작한 정여립은 많은 이들에게 인정받는 인재 중의 인재였습니다. 그런 그가 39살에 돌연 벼슬을 그만두고 내려와 죽도에서 생을 마감하게 된 이유는 무엇이었을까요?

죽도 근처에 있는 마이산에서 내려다본 풍경(진안군)

🌀 조선의 볼드모트

관군에게 쫓겨 도망치던 정여립은 죽도의 풀숲에 바싹 엎드려 있었습니다. 이미 사방은 관군의 손아귀에 들어간 후였습니다. 더 이상 죽음을 피할 수 없음을 직감한 정여립은 칼을 거꾸로 돌려 땅 깊숙이 꽂아 넣었습니다. 그 순간, 그를 체포하라는 명을 받고 파견된 현감 민인백이 다가와 마지막 설득을 시도했습니다. 조정에서 억울함을 잘 보살펴 줄 테니 순순히 궁궐로 같이 가자는 것이었습니다. 그러나 정여립은 아무 미련 없이 칼을 향해 몸을 던졌습니다.

민인백의 말이 무색하게 이미 숨을 거둔 정여립에게는 가혹한 형벌이 이어졌습니다. 그의 시신은 많은 사람에게 본보기를 보이기 위해 군기시 앞에 전시되었습니다. 무기와 병기를 만드는 관청이었던 군기시는 오늘날 서울시청 자리에 위치해 있었습니다. 경복궁의 정문인 광화문에서 그다지 멀지 않은 곳이었지요.

당시 임금이었던 선조는 역모를 꾀하면 어떠한 벌을 받는지를 분명히 보여 주고자 했습니다. 100여 일 동안 정여립 사건에 관련된 인물들을 철저히 조사하고 처벌하는, 피로 얼룩진 무대가 열렸습니다. 정여립의 집에는 그가 여러 인물과 주고받은 편지가 그대로 발견되었고, 이 편지를 바탕으로 수많은 사람이 선조에게 의심을 받게 됐습니다. 이 과정에서 처형된 이는 50여 명, 귀양을 간 이는 20여 명, 옥에 갇힌 이는 400여 명에 달했습니다. 심지어 8살의 코흘리개 아이부터 80살의 연로한 노인까지 참혹한 죽음을 피해 가지 못했지요.

선조의 정여립에 대한 분노는 유별났습니다. 그의 부모와 자손은 교수형에 처해졌고, 그가 살던 집은 모두 헐려 흔적조차 남지 않은 평평한 터로 변했습니다. 정여립의 본가인 동래 정씨의 일가 친척들은 고향에서 쫓겨나 전국으로 뿔뿔이 흩어졌고, 정여립의 이름은 가문의 족보에서 영원히 지워졌습니다. 정여립이 죽은 뒤 시간이 많이 지나서도 사람들은 그를 정여립이라는 이름 대신 '역적'이라 불렀습니다. 조선에 볼드모트가 있었다면 바로 정여립이라고 말할 수 있을 정도로 그의 이름은 그야말로 기피 대상 1호였지요.

책과 사람을 좋아하던 짓궂은 청년

  정여립이 살았던 시기는 선조가 왕위에 오르고 사림이 본격적으로 중앙 정치를 이끌게 된 때였습니다. 그런데 사림 안에서 정치를 어떻게 이끌 것인가에 대한 논란이 벌어지면서 사림은 각각 서인과 동인이라는 붕당으로 나누어지게 되었습니다. 시간이 갈수록 서인과 동인의 갈등은 더욱 심해졌고, 이러한 혼란 속에서 선조 시기의 역사는 결국 서로 다른 두 가지 시각으로 기록되었습니다.

  《선조실록》은 선조의 뒤를 이어 왕위에 오른 광해군 시기에 완성되었습니다. 그런데 광해군이 인조반정으로 왕위에서 쫓겨나면서 인조를 왕위에 올리는 데 중요한 역할을 한 서인들은 《선조실록》을 수정하려는 작업을 시작합니다. 기존 실록이 동인의 입장에서 기록되었다고 생각했기 때문이었습니다. 이렇게 인조 시기에 다시 편찬된 《선조실록》을 《선조수정실록》이라고 부릅니다.

  그런데 정여립은 《선조실록》에서도 《선조수정실록》에서도 좋은 평가를 받지 못하고 있습

정여립와 관련된 내용을 담고 있는
《선조실록》 24권(국립고궁박물관)

니다. 역적으로 몰려 비극적인 최후를 맞이했기 때문에 어떻게 보면 당연한 결과일 수도 있습니다. 하지만 여기에는 또 하나의 숨은 이유가 있습니다.

정여립은 본래 서인이었습니다. 서인의 대표적 인물인 율곡 이이의 총애를 한몸에 받으며 탄탄대로를 걷던 촉망받는 청년이었지요. 그러나 어떤 사연이었는지 이이가 세상을 떠나자 정여립은 동인에 가담하여 이이의 흉을 보았습니다. 배신자는 어느 쪽에서도 환영받지 못하는 법, 서인도 동인도 그를 고운 시선으로 바라보지 않았습니다. 결국 정여립은 어느 기록에서든 악역으로 남을 수밖에 없었습니다.

이러한 이유로 오늘날 남아 있는 기록만으로 정여립의 인물됨을 객관적으로 파악하는 데는 한계가 있습니다. 어떤 책을 펼쳐 보아도 그를 맹비난하고 있기 때문에, 문장에 담긴 미움을 걷어 내고 그 이면을 깊이 들여다보아야만 정여립의 진짜 모습을 가려낼 수 있지요. 주의할 점을 말씀드렸으니 이제부터 실록에 기록되어 있는 정여립의 어린 시절을 살펴보겠습니다.

정여립의 어머니는 그를 낳기 전 이상한 태몽을 꾸었습니다. 고려 사회를 혼란에 빠트렸던 정중부가 여러 날 꿈에 나타난 것입니다. 정중부는 무신정변을 일으킨 장본인이었습니다. 이처럼 범상치 않은 태몽을 바탕으로 태어난 정여립은 일찍부터 잔인한 면모를 보였다고 합니다. 7살 무렵에 그는 까치의 새끼를 잡아 뼈를 부러트리고 살을 찢어 죽였습니다. 이를 우연히 목격한 노비가 그의 아버지에게 이 사실을 알렸고, 분노한 정여립은 아버지가 집을 비운 틈을 타 그 노비를 살해했습니다.

정여립의 무모한 행동은 그가 15살이 되던 해에도 계속 이어졌습니다. 그해, 그의 아버지는 고을 현감으로 부임하게 됩니다. 그런데 정여립이 아버지의 일을 제멋대로 처리하며 관여하기 시작했지요. 아버지는 아들의 지나친 행동을 못마땅하게 여겼지만 그저 고개를 절레절레 내저을 뿐 말리지 못했습니다.

청년이 된 정여립은 여자 문제까지 일으켰습니다. 전라북도 완주에서 나고 자란 정여립은 인근 고을 김제에 살던 여인과 결혼했습니다. 이때부터 완주를 떠나 김제에서 생활하기 시작했지요. 그런데 김제에서 남편을 잃은 지 얼마 지나지 않은 과부의 소문이 돌기 시작했습니다. 정여립은 과부의 미모를 탐하여 그를 냉큼 자신의 두 번째 부인으로 맞이했습니다. 주변 사람들은 정여립의 행동이 도덕적이지 못하다고 생각했지만, 그가 두려웠던 나머지 아무 말도 하지 못하고 혀만 내두를 뿐이었습니다.

자, 어떠신가요? 이처럼 그의 유년과 청년 시절은 부정적인 이야기로 가득 차 있어 균형 있는 시선으로 평가하기가 쉽지 않습니다. 그러나 정여립이 현감이었던 아버지의 일을 도맡아 했다는 일화나 과부를 첩으로 들였다는 이야기는 다르게 해석할 여지도 있습니다.

아직 어린 나이이었는데도 고을을 다스리는 일을 직접 처리했다는 점에서, 실무에 능한 인물이었음을 알 수 있습니다. 또한 과부를 두 번째 아내로 맞이한 일도 단순히 부정적으로만 볼 수만은 없습니다. 남편을 잃고 생계가 막막해진 여인을 돕기 위한 결정이었다고 해석할 수도 있지요. 당시 여성에게는 남편 없이 홀로 생활을 이어 나갈 수 있는 방법이 딱히 없었습니다. 물려받은 재산이 있지 않은 한, 딱한 처지가 될 수밖에 없었지요. 남성처럼 과거시험을 보고 월급을 받는 공무원이 될 수도 없었으니까요. 한편, 조선시대에는 남성이 여러 명의 부인을 두는 것이 매우 흔한 일이기도 했습니다.

이처럼 정여립에 대한 기록은 온통 부정적인 내용으로 가득하지만, 그 속에서도 미처 감추지 못한 긍정적인 요소를 엿볼 수 있습니다. 실제로 그는 학문에 대한 이해력이 남달랐다는 평가를 받았으며, 율곡 이이의 친구이자 대학자인 성혼도 정여립의 총명함을 칭찬했다고 전해집니다. 또한 여러 책을 가리지 않고 두루 읽어 박학다식했던 그는 늘 많은 이들의 관심을 받았으며, 그의 주변은 언제나 사람들로 북적였습니다.

🌊 왕의 존재에 의문을 품다

정여립은 종종 유학 경전에 대해 남다른 해석을 내놓았습니다. 도무지 이해할 수 없는 말을 늘어놓는 그에게서 점점 많은 사람들이 등을 돌리기 시작했지요. 그런데도 정여립은 자신과 생각이 다른 사람들을 설득하거나 포용하려 하지 않았습니다. 오히려 자신의 앞선 생각을 받아들이지 못하는 이들을 무시하기 일쑤였습니다.

"정여립은 총명하고 재치가 있었으며 말을 거침없이 잘하였다."
"정여립은 세상을 하찮게 여겨 그의 눈에는 완벽한 사람이 없었다. 뛰어난 지성을 바탕으로 유학 경전을 왜곡해 해석하기도 했으며, 그 논리는 바람처럼 빠르고 날카로워 누구도 쉽게 반박할 수 없었다."

-《선조수정실록》

일찍이 이이는 정여립의 오만한 성향을 걱정하고 있었습니다. 이이가 신하들의 인사를 도맡아 관리하는 이조판서로 일할 때의 일이었습니다. 이이는 선조에게 정여립이 "학문이 깊고 재주가 있다."며 그를 적극적으로 추천하곤 했습니다. 그러나 "비록 남을 업신여기는 단점이 있기는 하지만 흠 없는 사람이 어디 있겠습니까?"라고 덧붙이기도 했습니다.

이처럼 이이는 정여립을 넓은 마음으로 정여립을 감싸 주었지만, 다른 이들은 그렇게 하지 못했습니다. 결국 정여립은 점점 더 많은 사람들로부터 외면받게 되었지요. 도대체 정여립은 어떤 파격적인 생각을 가지고 있었기에, 그토록 논란의 중심에 서게 된 걸까요?

"천하는 공공의 물건이니 어찌 일정한 주인이 있으리오. 중국의 요임금, 순임금, 우임금은 왕위를 자신들의 아들이 아닌 어진 이들에게 물려 주었다. 이들이 바로 성인이 아니겠는가?"
"누구를 섬기든 왕이 아니겠는가? 누구를 부린들 백성이 아니겠는가?"

-《선조실록》

347

놀라운 생각이 아닐 수 없습니다. 조선은 왕의 가족, 다시 말해 왕족이 다음 왕위를 이어받는 '왕조' 국가였습니다. 바로 그 조선에서 한낱 선비에 지나지 않았던 정여립이 왕의 존재를 부정한다고 오해받을 수도 있는 위험한 말들을 서슴지 않고 했던 것입니다. 정여립은 중국의 태평성대를 이끌었다고 칭송받는 요, 순, 우 임금이 아들이 아닌 능력 있는 인물에게 왕위를 물려준 사실을 강조했습니다. 무조건 가족에게 왕위를 이어 주는 조선의 법을 에둘러 비판한 것이지요.

또한 정여립이 왕과 신하의 관계에 대해 가지고 있던 생각도 파격적이었습니다. 신하가 왕에게 무조건 충성할 필요가 없다는 게 그의 주장이었습니다.

이러한 정여립의 말들이 선조의 귀에 정확히 언제 들어갔는지는 알 수 없습니다. 그러나 선조는 정여립의 불손한 생각을 알기 전부터 이미 그를 미워하고 있었던 듯합니다. 실제로 이이가 정여립을 추천했을 때에도 별로 탐탁지 않아 했지요.

정여립이 관직 생활을 시작한 지 15년이 된 1584년 선조 17년 에는 그를 탄핵하는 상소가 연이어 올라왔습니다. 정여립이 그의 스승인 이이를 배신하고 비난했다는 이유 때문이었습니다. 선조는 크게 분노했습니다. 이후 정여립은 자신이 임금의 눈 밖에 났다는 사실을 직감했고, 별 미련 없이 관직을 내려놓고는 김제로 내려갔습니다.

🌀 자신만의 작은 세상, 대동계를 열다

정여립은 김제 제비산 앞에 터를 잡았습니다. 미륵신앙의 본거지로 유명한 금산사가 그 근처에 있었지요. 정여립이 김제로 왔다는 소식을 듣고 평소 그의 급진적인 생각에 동의하고 있던 많은 선비가 그를 찾아오기 시작했습니다. 사람들이 구름 떼처럼 불어나자 정여립은 거처를 김제에서 진안 죽도로 옮겼습니다. 섬인 듯하면서도 섬이 아닌 독특한 지형이 범상치 않은 그의 성향과 맞아떨어져 마음에 쏙 들어왔던 걸까요?

죽도에 서당을 세운 정여립은 수많은 제자를 길러냈습니다. 그런데 그의 교육 방식은 일반적인 서당과 달랐습니다. 단순히 글공부만 가르친 것이 아니었지요.

제자가 600여 명에 이를 정도로 많아지자 정여립은 '대동계大同契'라는 이름의 무인 단체를 결성합니다. '대동'은 유학 경전인 《예기》에 나오는 말입니다. 쉽게 말해 "온 천하를 공공의 것으로 여기는 세상"이라는 뜻이지요. 그 뜻에 걸맞게 정여립은 신분을 가리지 않고 천민 출신까지도 대동계의 일원으로 받아 주었습니다. 대동계에 속한 이들은 누구나 기존의 신분과 지위를 내려놓고 평등한 관계를 맺을 수 있었지요.

대동계는 매월 15일에 모여 활쏘기 대회를 열었습니다. 시간이 지나면서 대동계에는 무예의 고수들만 모여 있다는 명성이 점차 널리 퍼져 나갔습니다. 그러던 중, 1587년 선조 20년 전라남도 여수에 있는 섬 손죽도에 왜구가 침입하는 사건이 발생합니다.

김제 금산사 미륵전(국가유산청)

전주의 지방관이었던 남언경은 상황이 급해지자 정여립에게 대동계의 군사를 보내 도와 달라고 요청했지요. 날마다 무예를 갈고닦아 온 대동계는 왜구를 단숨에 제압하며 크게 혼쭐을 내주었습니다.

🌀 용서받지 못할 반역자로 기억되다

그런데 정여립을 곱지 않은 시선으로 지켜보던 이들은 기어코 이 일을 문제 삼았습니다. 왕의 존재를 위협할 정도로 위험한 생각을 가진 정여립에 대한 경계심이 드러난 것이지요. 왜구를 무찌를 정도로 강력한 군사를 거느릴 정도면 언제든 조정에 위협이 될 수 있으니까요.

1589년 선조 22년 선조에게 정여립이 반역을 준비하고 있다는 상소가 올라갔습니다. 당시는 일본이 조선을 침략할 것이라는 소문이 하루가 다르게 퍼지던 불안한 시기였습니다. 그런 상황에서 정여립이 일본이 조선을 쳐들어온 틈을 타 반란을 일으킬 계획을 세우고 있다는 내용이 선조에게 전해진 것이지요.

선조의 분노는 하늘을 찌를 듯했습니다. 결국 정여립의 대동을 향한 꿈은 그렇게 꺾이고 말았습니다. 39살, 아직 한창 젊은 나이였던 정여립은 하루아침에 진안 죽도의 이슬로 사라져 버리고 말았습니다.

정여립이 실제로 반역을 꾀했는가에 대해서는 오늘날 학자들 사이에서도 의견이 분분합니다. 한편에서는 서인이 동인을 정치에서 몰아내기 위해 정여립 사건을 조작했다고 주장합니다. 다른 한편에서는 선조가 서인과 동인으로 나뉜 조정을 효과적으로 운영하기 위한 정치적 계산으로 이 사건을 활용했다는 해석도 나오고 있습니다.

정여립이 세상을 떠나고 400여 년이 흐른 지금, 진실을 온전히 알기는 어렵습니다. 그저 우리가 알 수 있는 것은 왕조를 부정하는 용서받지 못할 사상을 가진 정여립이 희대의 반역자로 조선시대 내내 기억되어 왔다는 사실뿐입니다.

죽음을 앞둔 마지막 순간, 정여립은 과연 어떤 생각을 하며 스스로 목숨을 끊었을까요? 자신의 사상이 언젠가는 받아들여질 것이라고 믿었을까요, 아니면 역사의 거센 흐름 앞에서 끝내 후

MBTI로 살펴본 조선시대 인물
정여립 : ENTJ

지금까지 진안 죽도의 이야기를 시작으로 짧게나마 정여립의 삶을 돌아보았습니다. 책을 즐겨 읽고 총명하여 어딜 가든 주위에 사람이 몰려들었던 정여립E, 당시에는 상상도 할 수 없었던 놀라운 생각으로 주변을 깜짝 놀라게 했던 정여립N, 당시 사회에서는 인정받을 수 없는 자신만의 사상을 바탕으로 대동계를 조직한 정여립T, 모두가 평등한 새로운 세상을 꿈꾸었지만 결국 반역자로 몰려 처형되면서 희대의 역적이라는 지울 수 없는 낙인이 찍히게 된 정여립J.

이러한 사실들로 미루어 보아 정여립의 MBTI는 엔티제ENTJ가 아니었을까 합니다.

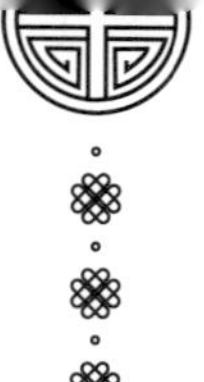

김삿갓

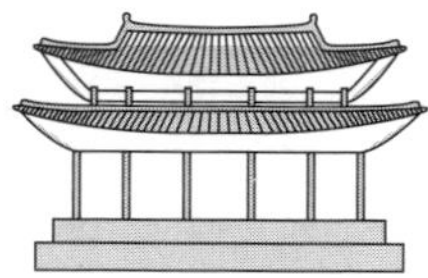

영월의 인기 있는 관광지, 한반도 지형
전망대(한국관광공사)

빼곡한 푸른 산 사이로 맑은 강물이 굽이굽이 흐르는 곳, 강원도 영월에는 특이한 이름의 지명이 있습니다. 바로 '김삿갓면'입니다. 삿갓은 갈대처럼 억센 풀을 엮어 만든 모자로, 조선 사람들이 즐겨 썼던 갓의 한 종류입니다. '김'은 성씨인 것 같은데, 그

영월 김삿갓문화제의 대표 캐릭터
(영월문화관광재단)

뒤에 '삿갓'이 바로 붙게 된 이유는 무엇일까요?

이 수수께끼는 김삿갓면에 있는 김삿갓 묘역으로 가 보면 풀 수 있습니다. 작은 봉분을 이루고 있는 묘 옆에 '김병연지묘'라고 적혀 있는 비석이 우뚝 서 있습니다. 김삿갓은 바로 이 김병연이라는 사람의 별명이었습니다.

해가 뜨나 비가 오나 눈이 오나 김병연은 삿갓을 푹 눌러쓴 채 전국 방방곡곡을 떠돌았습니다. 삿갓을 쓰고 바람처럼 나타나 아름다운 문장을 남기고는 하루아침에 자취를 감춰버리는 그를, 사람들은 김삿갓이라고 불렀습니다. 그가 이름을 널리 알릴 수 있었던 이유는 범상치 않은 차림새도 한몫했지만, 시를 참 잘 지었기 때문이었지요.

둥둥 떠돌아다니는 내 삿갓은 가벼운 배와 같나니
우연히 한번 쓴 것이 사십 평생을 지내 왔도다.
내 삿갓은 만천하의 바람과 비를 막아주니 홀로 근심이 없구나.

사십 대에 들어선 김삿갓이 스스로를 돌아보며 지은 시입니다.

광복 이후 시기에 만들어진 삿갓(국립민속박물관)

왠지 모르게 쓸쓸함이 배어 있는 문장입니다. 김삿갓, 그는 어떠한 사연으로 삿갓의 아이콘이 된 것일까요?

세상을 버리고 삿갓을 쓰다

김삿갓은 1807년순조 7년에 안동김씨 가문에서 태어났습니다. 당시 안동김씨 가문은 왕족과 맺은 가족 관계를 바탕으로 막강한 권력을 휘두르는 집안이었습니다. 남부럽지 않은 유년 시절을 보내던 김삿갓에게는 밝고 탄탄한 미래만이 기다리고 있는 것만 같았습니다. 그러던 어느 날, 김삿갓의 집안에 거짓말 같은 불행이 닥칩니다. 평안북도 선천에서 벼슬을 하던 할아버지 김익순이 하루아침에 큰 죄인이 되어 능지처참당했던 것입니다.

붉은 옷을 입고 도성 안을 돌며 과거시험 합격 소식을 알리고 있는 인물의 모습
(삼척시립박물관). 과거시험은 성리학을 통치 철학으로 삼은 조선에서 가장 모범적인 성공 사례로
여겨졌다.

능지처참은 죄인을 죽인 후 사지를 절단하여 각지에 돌려 보이는 잔인한 형벌로, 조선시대의 형벌 중 가장 무거운 벌이었습니다. 이때 김삿갓은 겨우 5살이었습니다.

도대체 어떤 일이 있었던 걸까요? 김익순이 형장의 이슬로 사라진 1811년에는 평안·함경도에서 몰락 양반 홍경래가 인근에 사는 백성을 모아 봉기한 사건이 벌어졌습니다. 그런데 당시 평안도의 행정과 치안을 도맡고 있던 김익순은 제대로 싸워보지도 않고 홍경래에게 바로 항복했습니다. 조선 조정은 바로 이 점을 괘씸하게 여긴 것이었습니다. 조정에 칼을 겨눈 반란 세력을 막아내기는커녕, 가담한 셈이었으니까요.

조선시대에는 큰 죄를 지은 죄인의 가족에게도 덩달아 형벌을 주는 '연좌제'라는 법이 있었습니다. 김익순의 죄로 김삿갓 가족의 목숨도 바람 앞에 선 등불처럼 위태롭기만 했습니다. 그러나 조선 조정은 어떤 이유에서인지 가족 모두를 처형하여 한 가문을 없애버리는 벌인 '멸문滅門'은 면해 주었습니다. 그 대신 김익순의 자손들이 과거시험을 볼 수 있는 자격을 빼앗아 버렸지요.

그후 김삿갓의 가족은 뿔뿔이 흩어졌습니다. 김삿갓의 부모는 막내아들 김병호를 데리고 경기도 쪽으로 피신했고, 김삿갓은 형 김병하와 함께 황해도 쪽으로 거처를 옮기게 되었습니다. 이후 김삿갓의 어머니가 가평을 거쳐 영월로 이주하면서 비로소 가족이 한자리에 다시 모일 수 있었으나, 이때는 이미 아버지가 화병으로 세상을 떠난 후였습니다.

어두운 그림자가 짙게 드리운 집안에서 김삿갓이 어떠한 청년으로 자랐을지 오늘날 전해지는 자료로는 상세히 알 수 없습니다. 다만 어느덧 20대의 나이가 된 김삿갓이 어머니가 마련한 영월의 새로운 터전에서 황씨와 결혼한 뒤 첫째 아들 학균을 낳으면서 평범한 가정을 꾸렸다는 사실만은 분명합니다.

어느 날, 김삿갓은 가문의 부끄러운 과거를 뒤로한 채 새로운 삶을 꾸려가기 위해 홀로 한양으로 떠났습니다. 이름과 출신을 철저히 숨기고 과거시험을 치르려 했던 것이지요. 하지만 일은 계획대로 잘되지 않았습니다. 엎친 데 덮친 격으로 이듬해에는 어머니가, 또 그다음 해에는 형 병하가 세상을 떠나는 불행이 연이어 닥쳐왔습니다.

현실을 부정하며 출세의 꿈을 꾸어 보려던 김삿갓의 바람은,

결국 새벽녘의 이슬처럼 허무하게 흩어져버리고 말았습니다. "새벽 종소리에 짚신을 신었고, 동쪽 땅을 돌며 시름으로 가득 찼노라." 절망과 푸념이 서린 그의 문장처럼, 그는 홀연히 방랑의 길을 택했습니다. 세상에 버림받기보다는 먼저 세상을 버리겠다는 각오였지요.

🌊 전국을 돌며 만난 사회의 민낯

전국 이곳저곳을 떠돌아다니던 김삿갓의 눈에 비친 백성의 삶은 참혹하기 그지없었습니다. 사실 김삿갓이 살던 당시 사회는 암흑기 그 자체였습니다. 정조가 19세기가 시작되는 시점인 1800년에 거짓말처럼 세상을 떠나고, 어린 세자가 그 뒤를 잇게 되면서 정치가 혼란해진 탓이었지요.

어린 왕을 둘러싸고 왕과 가족 관계를 이룬 외척이 정치의 실세로 등장하면서 사회에는 여러 문제가 생기기 시작했습니다. 많은 사람이 출세를 꿈꾸며 외척에게 아첨하면서 과거시험은 공정성을 잃어버렸습니다. 시험을 대신 봐 주거나 뇌물을 내고 관리가 되는 등 부정행위가 끊이지 않았지요.

이렇게 뽑힌 관리들에게 백성의 삶은 당연하게도 늘 뒷전이었습니다. 가뭄, 기근 등 자연재해가 계속되는 와중에도 관리들은 백성을 생각하는 정책을 펼치기는커녕, 과도한 세금을 거두어들이기 일쑤였습니다. 하루하루 열심히 일해도 늘 나빠지는 생계에 참다못한 백성들이 들고일어나기 시작합니다. 김삿갓의 할아

김삿갓의 시문이 남아 있는 경상북도 영양군의 시무나무 숲(국가유산청). 그는 전국 곳곳을 떠돌며 마을 사람들에게 하룻밤 묵을 곳이나 식사를 얻곤 했다.

버지 김익순이 대역죄인이 되어버리고 말았던 사건, 홍경래의 난도 이러한 시대적 배경에서 일어난 것이었습니다.

몰락한 집안에서 이룰 수 있는 꿈이 없다며 체념하고 가족들을 버린 채 방랑길에 나섰지만, 길에서 만난 백성의 삶은 자신보다 더욱 비참했습니다. 방랑의 시간이 쌓일수록 김삿갓의 세상을 바라보는 눈은 더욱 밝아졌습니다. 그는 자신의 불행을 넘어, 더 넓은 시야로 세상의 문제를 바라볼 수 있게 되었지요. 붓을 든 김 삿갓은 그런 사회의 모순을 날카롭게 비판하는 시를 남기기 시 작했습니다.

해 뜨니 원숭이가 들로 기어 나오고
고양이 지나가니 쥐가 전멸당했네.
황혼이 깃드니 모기가 처마에 이르고
밤이 되니 벼룩이 자리에서 쏘아대네.

이 시에는 힘이 센 순서대로 원숭이, 고양이, 쥐, 모기, 벼룩이 차례로 등장합니다. 원숭이는 고양이를, 고양이는 쥐를 괴롭히고, 쥐가 없어지니 모기가, 모기가 사라진 밤에는 벼룩이 연이어 문제를 일으킵니다. 사회 곳곳에 켜켜이 쌓인 부조리를 풍자한 것이지요. 본래 한문으로 쓰인 이 시에는 김삿갓이 비판하고자 했던 관리들의 관직명도 속속 숨어 있습니다.

굽은 나무로 서까래 만들고 처마 밑에 먼지 쌓인 곳
콩만한 방안에 겨우 몸을 눕혔네.
평생 긴 허리 굽히지 않으려 했는데
이 밤에는 한 다리 펴기도 어렵구나.
쥐구멍으로 연기가 스며들어 옻칠한 듯 까맣고
새는 어두워서 새벽이 온 지도 모를 지경이네.
그러나 하룻밤 옷이 젖을 일은 면했으니
떠날 때 주인에게 고맙다 사례해야지.

이 시는 길을 떠돌다 어느 집에 하룻밤 신세를 지게 되면서 남긴 것입니다. '콩'처럼 좁아 허리마저 제대로 펴지 못하는 방이

말을 타고 길을 지나는 양반에게 고개 숙여 인사하는 백성의 모습(한국학중앙연구원)

지만, 비를 피할 수 있으니 감사할 뿐이라는 내용이 참 안쓰럽습니다. 김삿갓은 하루 머물다 떠날 집이었겠지만, 이러한 집에서 생계를 이어가던 백성은 얼마나 불우한 삶을 살고 있었던 걸까요? 이처럼 김삿갓은 백성의 현실을 온몸으로 겪어내며, 세상에 대한 자신만의 철학을 점차 굳혀가기 시작했습니다.

너도나도 양반이 되려는 세상

김삿갓이 보기에 당시 조선 사회를 좀먹고 있는 무리는 '양반'이었습니다. 조선시대 사람들의 신분은 크게 양인과 천민, 이렇게 두 가지로 나뉩니다. 천민을 제외한 양인은 모두 과거시험을 보고 관리가 될 자격을 가졌지요. 그런데 농사를 지으며 생계를 이어가기에도 여념이 없는 평범한 백성이 3년마다 열리고, 열릴 때마다 전국에서 단 33명만 뽑는 과거에 합격한다는 것은 터무니없는 이야기였습니다. 이 때문에 시간이 지날수록 대대로 벼슬을 지낸 집안 출신이 아니고서는 과거에 합격하는 일이 하늘에서 별 따기처럼 어려워졌습니다.

'양반'이라는 단어는 바로 이러한 과정에서 탄생했습니다. 양반은 원래 특정한 신분을 가리키는 말이 아니었습니다. 나라에서 큰 행사를 치를 때 가운데에 선 왕을 기준으로 서쪽에는 무관이, 동쪽에는 문관이 줄을 서는데, 이 때문에 무관은 '서반', 문관은 '동반'이라고 불렀습니다. 이 서반과 동반을 통틀어 부르는 말이 바로 양반입니다. 그런데 점차 과거에 합격해 양반이 되는 사람들이 줄어들게 되자, '양반'은 점차 특권을 가진 신분을 상징하는 말로 굳게 자리 잡았습니다.

김삿갓이 살던 시대에는 여기에서 더 나아가 양반 신분을 사고파는 현상까지 나타났습니다. 앞에서 언급한 것처럼 너도나도 외척에게 줄을 서서 출세하고 싶은 사람이 많아지면서 과거시험이 제 기능을 하지 못하게 되었기 때문입니다. 조선 후기에는 상업이 크게 발달하여 큰돈을 버는 상민들도 속속 등장하기 시작했는데, 이들 역시 양반 신분을 사들이는 데 열을 올렸습니다.

양반 신분이 인기가 있었던 가장 큰 이유는 양반은 군대에 가지 않는 특권을 누렸기 때문이었습니다. 법적으로는 양반도 엄

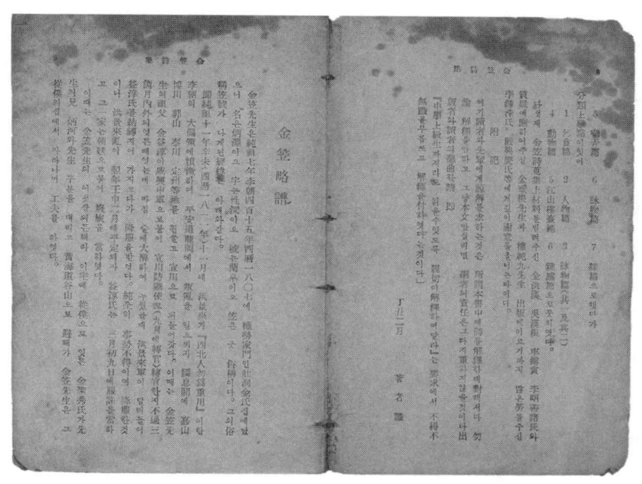

일제강점기에 출간된 김삿갓 시집(국립한글박물관)

연히 조선의 백성으로서 군대의 의무를 져야 했지만, 조선 후기에 오면서 양반의 권한이 비정상적으로 커진 것이었지요.

김삿갓은 양반 신분이 사회에 초래하는 여러 문제에는 애써 눈을 감은 채, 너도나도 양반이 되기만을 바라는 현실을 날카롭게 비판했습니다.

이 양반 저 양반 하지만

도대체 무슨 반이 양반인지 알 수가 없네.

조선의 세 개 성씨가 그 중의 양반이라고 하고

이 나라에서는 김해 김씨가 으뜸 양반이라 하네.

나는 천리 길을 찾아온 이달의 나그네 양반이요

돈이 많아 팔자 좋은 그대들은 부자 양반이네.

그대 양반들이 진짜 양반을 몰라보니
나그네 양반이 주인 양반의 정체를 알겠구료.

이 시는 모든 사람이 너나 할 것 없이 양반 신분을 산 뒤 자랑
스럽게 여기는 사회상을 우회적으로 비판하고 있습니다. 또한
양반에 이런저런 수식을 붙여 양반의 권위와 지위를 낮추어 표
현하고, 도대체 양반의 정체가 무엇인지 돌려 묻고 있지요.

이 밖에도 김삿갓은 다른 시에서 '연두색 두루마기 땅을 쓸 듯
치렁치렁', '한 권의 책 겨우 읽고 시에 능하다 하면서 돈은 천금
을 쓰고도 도리어 부족하다 하네.', '권문세가 앞에서는 하루 종
일 굽실대면서 시골뜨기 찾아오면 깔보는 모습이 대단하네.'라
며 양반 신분을 얻은 이들이 한껏 외모만을 치장한 채 강한 자에
게는 아부하고, 약한 자에게는 허세를 부리는 행태를 신랄하게
비판했습니다.

여기서 더 나아가 김삿갓은 돈이 있으면 신분을 사 권력을 누
릴 수 있지만, 가난하면 비참한 생계를 이어갈 수밖에 없는 현실
에 대해 자신만의 생각을 정리하기도 했습니다.

부자는 부로 괴롭고 가난한 자는 가난으로 괴로우니
굶주리고 배부름이 비록 다르나 괴로운 것은 매한가지라.
가난과 부는 모두 내가 원하는 바가 아니니
가난하지도 부하지도 않은 사람이 되고 싶네.

1954년에 출간된 김삿갓 소설(국립한글박물관)

　김삿갓은 돈이 많고 권세가 높은 사람이라 해도 괴롭지 않은 것은 아니라고 생각했습니다. 이에 자신은 가난한 자도, 부자도 되고 싶지 않다고 밝혔지요. 결국 진정한 행복이란 돈과 권력에 있는 것이 아니라는 말을 하고 싶었던 게 아니었을까요?

🌀 김삿갓의 다른 얼굴

　이처럼 세상에 대해 날카로운 비판을 거침없이 쏟아내던 김삿갓이었지만, 그 역시도 먹고 사는 문제에서 완전히 자유로울 수 없었습니다. 그가 전국을 방랑하며 살아남을 수 있었던 이유는 발길 닿는 곳마다 식사를 구걸하거나 하룻밤 묵기를 청했기 때문이었습니다. 하지만 이러한 방식만으로는 방랑 생활을 계속하기에 역부족이었지요.

궁지에 몰린 김삿갓이 찾은 해결 방안은 과거시험을 준비하던 이들에게 족집게 과외를 해 주고 사례를 받는 일이었습니다. 글을 잘 짓는 그에게는 그리 어려운 일도 아니었지요. 하지만 양반만을 떠받드는 풍조를 비판한 김삿갓의 시들을 생각하면, 참으로 모순적인 일이 아닐 수 없습니다.

김삿갓이 이러한 자신의 모습을 어떻게 생각했는지는 알 수 없습니다. 다만 그의 둘째 아들 익균이 방랑하던 아버지를 수소문해 여러 차례 찾아왔지만, 김삿갓이 집으로 돌아가기를 끝내 거절했다는 사실만은 전해지고 있습니다. 결국 김삿갓이 영월에 있는 가족의 품으로 돌아온 것은 긴 방황 끝에 눈을 감은 이후였습니다. 아들 익균이 전라도에서 세상을 떠난 아버지의 시신을 영월로 모셔 왔지요. 방랑길을 떠난 지 35년만의 일이었습니다.

MBTI로 살펴본 조선시대 인물
김삿갓 : ISFP

지금까지 영월의 김삿갓면 이야기를 시작으로 짧게나마 김삿갓의 삶을 돌아보았습니다. 안동김씨의 권세가에서 태어났지만 원치 않은 불행으로 세상과 연을 끊고 방랑길을 자처한 김삿갓I, 끊임없이 붓을 들어 사회 현실에 대해 날카로운 비판을 멈추지 않았던 김삿갓S, 길에서 만난 백성의 어려운 삶을 동정하며 세상을 보는 시야를 넓혔던 김삿갓F, 그렇게 흘러가는 대로 생을 보내다 결국 방랑길에서 생을 마감한 김삿갓P.

이러한 사실들로 미루어 보아 김삿갓의 MBTI는 잇프피 ISFP 가 아닐까 합니다.

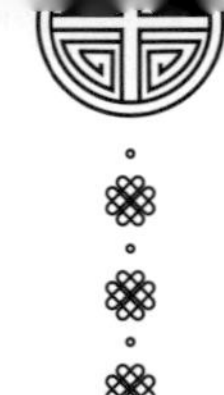

홍길동

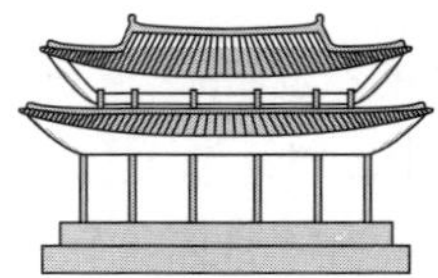

전라남도 장성에는 동에 번쩍 서에 번쩍 조선 팔도 이곳저곳에서 출몰하며 백성을 도운 의적, 홍길동을 기리는 특별한 장소, '홍길동 테마파크'가 있습니다. 푸르른 잔디밭을 끼고 넓게 조성된 테마파크에서는 종종 다양한 행사가 열려 방문객들에게 색다른 경험을 선사하기도 하지요. 테마파크 안에서 많은 이들의 이목을 끄는 장소는 단연 홍길동의 생가입니다.

생가 앞에는 홍길동과 그의 아버지 홍판서의 모습을 상상하여 복원한 인물 모형이 자리하고 있습니다. 그런데 홍길동의 자세가 범상치 않습니다. 그는 땅에 무릎을 꿇은 채 서글픈 눈으로 마루 위에 서 있는 아버지를 올려다보고 있습니다. 그런데 그런 아

홍길동 생가 전경(한국관광공사)

홍길동 인물 모형(한국관광공사)

들을 내려다보는 홍판서의 눈빛은 차갑고 매섭기만 합니다.

"아버지를 아버지라 부르지 못하고, 형을 형이라 부르지 못하니, 제가 어찌 사람이라고 할 수 있겠습니까?" 홍길동전을 읽어 본 독자라면 쉽게 떠올릴 수 있는 대사입니다. 생가 앞의 모형은 바로 이 장면을 연출한 것입니다. 신분의 벽을 넘지 못하는 자신의 처지를 비통해하던 홍길동은 얼마 지나지 않아 단호히 집을 떠났습니다. 모두가 신분의 굴레에서 벗어나 자신이 원하는 사람이 될 수 있는 세상, 홍길동은 그런 유토피아를 꿈꾸었습니다.

그런데 문득 의문이 듭니다. 홍길동은 소설 속 허구의 인물이 아니었던가요? 허구의 인물을 위해 생가까지 복원하다니, 참 흥미롭습니다.

사실 홍길동은 조선의 제10대 왕 연산군 때 실존했던 인물입니다. 다만 우리가 익히 알고 있는 홍길동은 그 실존 인물을 바탕으로 조선 후기에 쓰인 소설《홍길동전》속 주인공일 뿐이지요.

《홍길동전》이 워낙 인기가 많다 보니, 실존 인물과 소설 속 주인공이 뒤섞여 혼동을 불러일으키고 있는 것입니다. 역사와 허구의 경계에 선 홍길동, 지금부터 그 미스터리한 이야기를 함께 들여다보겠습니다.

역사와 소설의 갈림길에 선 홍길동

연산군이 왕위에 오른 지 6년째 되던 해인 1500년, 《조선왕조실록》 10월 22일 자에는 역사 속 실존 인물 홍길동에 대한 기록이 남아 있습니다.

**영의정 한치형, 좌의정 성준, 우의정 이극균이 왕에게 아뢰었다.
"강도 홍길동을 마침내 잡았다고 하니 기쁨을 이루 다 말할 수 없습니다. 백성에게 또 다른 해가 미치지 않도록 이번 기회에 홍길동의 무리를 모두 다 잡아들이도록 하소서."**

－《연산군일기》

홍길동을 수식하고 있는 말 '강도'는 강력한 도적이라는 뜻입니다. 그가 살아생전에 얼마만큼의 영향력을 가지고 있었던 인물이었는지 알 수 있는 대목입니다. 충청도를 중심으로 활동한 홍길동은 인근 지역인 경기도는 물론이고, 수도 한양에도 수시로 출몰하며 조선 조정을 위협했습니다. 도적질을 할 때는 고위 관리의 옷차림으로 변장해 지방 수령들을 제 발아래 두고 부리는 등, 매우 영리한 모습을 보이기도 했지요. 이런 까닭에 조정은 홍길동을 일반 포도청이 아닌 대역 죄인을 처벌하는 왕의 직속 기관인 의금부로 잡아들였습니다. 연산군이 직접 홍길동을 신문하려 했던 것입니다.

하지만 홍길동이 잡힌 뒤 어떤 수사가 이루어졌는지는 오늘날까지도 자세히 전해지지 않고 있습니다. 그 탓에 그가 처형되기 전 어떤 말을 남겼는지도 알 수 없지요. 이 때문에 실존 인물인 홍길동이 우리가 알고 있는 소설 속 주인공처럼 새로운 세상을 꿈꾸었는지에 대해서는 도무지 알 길이 없습니다.

그렇게 홍길동은 세상을 떠났지만, 조선 사회에서 홍길동의 인기는 식을 줄을 몰랐습니다. 조선 후기 실학자 중 한 명인 성호 이익은 홍길동을 명종 대 활동한 임꺽정, 숙종 대 이름을 떨친 장길산 등과 함께 조선의 3대 도적으로 꼽았습니다. 이익은 "세대가 멀어서 어떻게 되었는지 잘 알 수 없으나 지금까지 장사꾼들이 맹세하는 구호에 '홍길동'이라는 이름 석 자가 들어 있다."며 그 인기를 증언하고 있지요.

그에 대한 구체적인 기록이 전해지지 않는 상황에서, 홍길동은 어떻게 죽은 지 몇백 년이 지난 오늘날까지도 많은 이들의 기억 속에 남아 있는 걸까요? 그 이유는 인조 대에 여러 관직을 지낸 이식의 기록에서 단서를 찾을 수 있습니다.

허균이 《수호전》을 본떠서 《홍길동전》을 지었는데, 그와 친하게 어울리던 서양갑과 심우영 등이 소설 속 홍길동의 행동을 그대로 옮기려

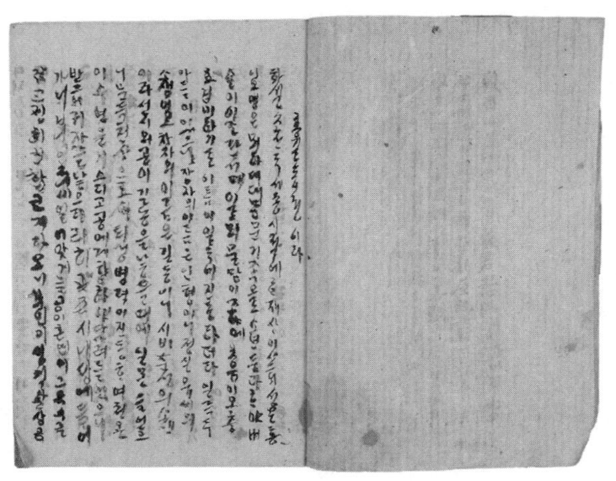

20세기 전반에 필사된 《홍길동전》(국립한글박물관)

하다가 한 마을이 쑥대밭이 되었다. 그리고 허균 자신도 반란을 도모하다가 죽었으니 결국 그 대가를 치른 것이다.

- 이식, 《택당집》

이식은 허균이 소설 《홍길동전》을 썼고, 그 소설을 읽은 지인들은 물론 저자인 허균까지 소설의 내용을 현실로 이루고자 했다가 죽음을 피하지 못했다고 증언하고 있습니다. 이는 다시 이야기하면, 실존 인물 홍길동을 바탕으로 탄생한 소설 속 홍길동이 그만큼 매력적이었다는 뜻이 됩니다.

실제로 《홍길동전》은 조선 후기에 양반은 물론이고, 일반 백성에게도 널리 읽히면서 조선의 넘버원 베스트셀러가 되었습니다. 오늘날 우리가 홍길동을 익히 알고 있는 것도 그 인기의 여파가 고스란히 전해 내려왔기 때문이겠지요.

 ## 《홍길동전》 작가를 둘러싼 논란

그런데 허균이 《홍길동전》을 쓴 작가라는 사실은 앞서 소개한 이식이 남긴 단 한 문장에만 근거하고 있습니다. 이 때문에 오늘날 일부 학자들은 허균이 아닌 다른 사람이 《홍길동전》을 창작했다고 이야기하기도 합니다. 그 근거로는 조선 후기 많은 사람들에게 읽힌 《홍길동전》이 한문이 아닌 한글로 쓰였다는 점과, 허균이 살던 시대에는 존재하지 않았던 사실들이 소설 속에 등장한다는 점을 들고 있습니다. 그러나 이러한 논란을 속 시원하게 풀어줄 자료는 지금까지 발견되지 않고 있습니다.

이와 같은 논란에도 불구하고 여전히 많은 사람들이 허균을 《홍길동전》의 작가라고 믿는 이유는 허균이 평소 갖고 있던 생각과 《홍길동전》 속 홍길동의 생각이 비슷하기 때문입니다. 만약 허균이 《홍길동전》을 한문으로 지었다면, 이후 높은 인기 덕분에 후대의 누군가가 새로운 내용을 추가하여 한글로 다시 발간했을 가능성도 충분히 생각해 볼 수 있습니다. 그리고 비록 한 문장이기는 하지만 허균과 동시대를 살았던 인물인 이식이 허균을 작가라며 증언한 사실도 쉽게 무시할 수 없습니다.

그렇다면 결국 판단은 우리 각자의 몫입니다. 허균, 그는 도대체 어떠한 삶을 살아온 인물일까요? 허균의 어떠한 점이 많은 사람들로 하여금 그를 《홍길동전》의 작가라고 믿게 만든 걸까요?

🍥 명문 허씨 가문의 막내로 태어나다

허균은 1569년 선조 2년 당대 내로라하는 명문가에서 귀한 막내 아들로 태어났습니다. 그의 아버지 허엽과 어머니가 다른 이복형인 허성은 높은 관직을 지냈고, 같은 어머니를 둔 형 허봉도 일찍이 과거시험에 합격해 명나라 학자들과 학문에 대해 자유자재로 토론할 수 있을 정도로 총명했습니다. 또한 허균과 여섯 살 터울인 친누이 허난설헌도 여성으로 태어났지만, 조선은 물론 명나라에까지 명성을 떨칠 만큼 시와 학문에 뛰어났지요.

많은 이들의 부러움을 한 몸에 받는 천재 남매들 사이에서 막내 허균은 사랑을 듬뿍 받으며 무럭무럭 자랐습니다. 형들과 누이는 태어난 지 얼마 되지 않아 부모를 모두 잃고 고아가 된 막내 허균을 안타깝게 여겨 부모의 빈자리를 자신들이 채워 주기 위해 애썼지요. 그런데 이러한 남매의 마음은 오히려 독이 되어 돌아왔습니다. 세상 무서울 것 없이 자유롭게 자란 허균의 머릿속에 점점 시대를 앞서가는 대담한 생각들이 싹트게 되었으니까요. 더군다나 총명한 머리까지 물려받았으니, 허균의 앞길을 가로막는 건 그 무엇도 없을 것만 같았습니다.

우연히 허씨 가문에 들러 허균의 학문적 재능을 목격하게 된 학자 이탁은 "훗날 이 아이가 문장이 뛰어난 선비가 되더라도, 그 재능이 장차 가문에 재앙을 불러올 것이다."라며 예견했다고 전해집니다. 이탁의 불안한 예감은 틀리지 않았습니다. 세상의 시선에 개의치 않고 오로지 자신만의 길을 걸어온 허균이 점차 과

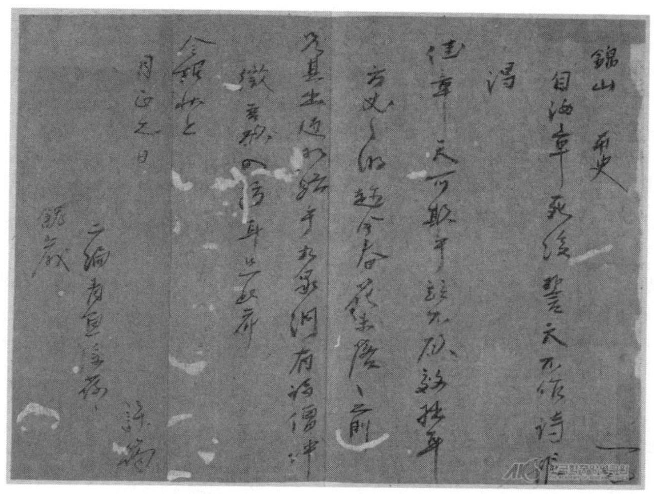

허균의 서체(한국학중앙연구원)

감하고 위험한 사상을 드러내기 시작했던 것입니다.

🌀 시대가 품지 못한 방랑자, 허균

허균이 세상 사람들과 가장 달랐던 점은 사회의 한계에 갇혀 자신의 꿈을 펼치지 못하는 사람들을 보며 마치 자신의 일처럼 깊이 마음 아파했다는 것입니다. 허균의 곁에는 출신 때문에 세상의 주목을 받지 못한 비운의 인물들이 참 많았습니다. 시와 학문에 뛰어났지만 불행한 결혼 생활 때문에 젊은 나이에 세상을 떠난 누이 허난설헌, 한 시대를 주름잡을 만큼 뛰어난 시인이었지만 서자라는 이유 때문에 세상의 외면을 받았던 허균의 스승 손곡 이달 등이 그랬습니다.

　어느덧 장성한 허균은 주변 사람들을 지켜보며 품어 온 생각들을 글로 풀어냈습니다. 그는 ‘재능을 버려두지 말자.’라는 뜻을 담아 〈유재론遺才論〉이라는 제목의 글을 지었지요.

하늘이 인재를 태어나게 한 이유는 한 시대에 쓰일 수 있도록 하기 위해서이다. 하늘은 고귀한 집에서 태어났다고 하여 그 성품을 지혜롭게 해 주지 않았고 미천한 집에서 태어났다고 하여 그 품성을 인색하게 해 주지 않았다. 우리나라는 땅이 좁기 때문에 인재를 구하기 힘들다는 말이 옛날부터 있었다. 조선이 세워진 후로는 인재를 뽑는 길이 더욱 좁아져 대대로 벼슬하는 명망 높은 집안이 아니면 높은 벼슬에 오를 수 없고, 가난한 선비는 재주가 있어도 쓰이지 못해 억울함이 쌓였다. 옛날에는 서얼 출신이라고 해서 어진 인재를 버려두지 않았다. 지금은 그렇게 하지 못하니 한탄스럽다.

– 허균,《성소부부고》,〈유재론〉

　하지만 이러한 허균의 주장은 많은 이들을 불편하게 할 뿐이었습니다. 조선은 신분제를 엄격하게 유지하며 나라의 질서를 지켜 온 나라였기에, 허균의 생각은 자칫 나라의 뿌리를 흔드는 위험한 것으로 비칠 수 있었습니다. 더군다나 타인의 시선에 개의치 않고 행동하는 허균의 자유분방한 태도 때문에 그를 달갑게 여기지 않는 사람들도 점점 늘어만 갔습니다. 서얼은 물론 승려, 기생과도 거리낌 없이 어울리는 그의 모습을 보고 손가락질하지 않는 이들은 별로 없었습니다.

허균은 스물아홉의 나이에 과거시험에서 수석으로 합격했음에도, 여러 사람들의 빈번한 탄핵으로 관직에서 쫓겨나거나 귀양을 떠나야 했습니다. 세자를 가르치는 관직을 지낸 건 물론, 명나라에도 여러 차례 다녀오며 눈부신 외교 성과를 낸 그를, 색안경 없이 공정하게 평가해 주려 했던 사람은 별로 없었던 것이지요.

결국 허균은 여러 서얼들이 반란을 도모한 사건이 일어난 지 얼마 지나지 않아 그들과 함께 한 역적으로 몰려 조선시대 가장 가혹한 형벌인 능지처사를 당하게 됩니다. 이때 그의 나이는 50살, 여전히 세상을 위해 여러 일을 할 수 있는 충분한 나이였습니다.

🌈 허균의 붓끝에서 탄생한 '율도국'이라는 유토피아

광복 이후에 제작된 만화영화〈홍길동〉
포스터(국립민속박물관)

그렇다면 허균은 어떻게 해서《홍길동전》을 쓰게 된 걸까요? 허균은 자신이 뜻한 것과는 다르게 벼슬을 내려놓고 멀리 떠나야 했을 때마다 자연을 벗 삼아 많은 글을 지었습니다. 앞서 소개한 〈유재론遺才論〉이라는 글은 물론, '세상을 바꿀 꿈을 안고 항상 기회를 엿보고 있는 호민豪民 을 두려워해야 한다.'라는 내용의 〈호민론豪民論 〉이라는 글도 썼지요.

이뿐 아니라 평소 세상의 벽에 갇혀 제 꿈을 펼치지 못하고 안타깝게 세상을 떠난 주변 인물들을 주인공 삼아 여러 한문 소설을 쓰기도 했습니다. 이 과정에서 허균은 연산군 대에 태어나 많은 신하들을 두려움 속에 벌벌 떨게 했던 실존 인물 홍길동을 발견하게 된 것이 아니었을까요?

허균이 《홍길동전》의 진짜 작가인지에 대한 논란은 잠시 뒤로하고, 이제 그 줄거리를 간략하게 살펴보겠습니다.

홍판서의 서자로 태어난 홍길동, 그는 자신의 출생을 늘 분하게 여겼습니다. 아버지에게 호소해도 통하지 않자, 마침내 그는 집을 박차고 세상에 나옵니다. 그 길로 유랑하고 있는 백성들을 모아 가난한 사람들을 돕는다는 의미인 '활빈당活貧黨'이라는 이름의 조직을 만들었지요. 이후 여러 도술과 술법을 익힌 홍길동은 조선 팔도 곳곳에서 출몰하며 탐관오리를 벌주고 백성을 도왔습니다. 조정은 동에 번쩍, 서에 번쩍 신출귀몰한 그를 잡고자 했지만 늘 허탕만 쳤습니다.

골머리를 앓던 왕과 조정의 신하들은 아버지 홍판서를 인질로 삼아 홍길동을 겁박하기에 이릅니다. 아버지와의 미운 정을 떨쳐버리지 못하고 결국 자수한 뒤 감옥으로 제 발로 들어가게 된 홍길동, 그는 자신이 어떤 세상을 만들고자 했는지 이야기합니다.

홍길동의 영향력이 두려웠던 조정은 그를 용서해 주고, 나라의 군사를 이끄는 병조판서의 벼슬을 내립니다. 그럼에도 홍길동은 만족하지 못했지요. 결국 홍길동은 바다 건너편에 있었던 작은 나라 율도국을 점령하기에 이릅니다. 그곳에서 자신이 바라고 바라던 차별 없는 세상, 새로운 유토피아를 세우지요.

이처럼 허균의 붓끝에서 탄생한 홍길동과 율도국의 이야기는 얼마 지나지 않아 수많은 이들의 마음을 사로잡았습니다. 허균의 몸은 하루아침에 형장의 이슬로 사라졌지만, 그가 평생 품어 온 대담한 꿈은 소설 속 홍길동이 대신 현실에서 이루어 준 것일지도 모릅니다. 자신이 살던 세상의 상식을 뛰어넘어 주변의 어려운 이들을 새로운 유토피아로 이끈 허균과 홍길동. 그들의 이야기는 몇 백 년이 지난 오늘날에도 여전히 큰 사랑을 받고 있습니다.

MBTI로 살펴본 조선시대 인물
홍길동 : ENFJ

지금까지 홍길동 테마파크의 이야기를 시작으로 역사 속의 홍길동과 소설 속의 홍길동 이야기를 돌아보았습니다. 출생의 한계를 극복하고 많은 이들을 제 편으로 끌어들여 활빈당을 조직한 홍길동E, 세상의 상식을 벗어나 새로운 꿈을 꾸기 시작한 홍길동N, 자신과 비슷한 처지의 백성을 힘껏 돕고자 한 홍길동F, 마침내 자신의 이상을 펼쳐 나갈 유토피아를 건설한 홍길동J.
이러한 사실들로 미루어 보아 홍길동의 MBTI는 엔프제ENFJ가 아닐까 합니다.

5장

조선을 붓에 담은 예술가들

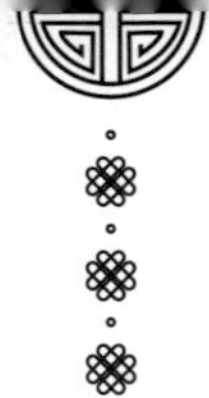

정선

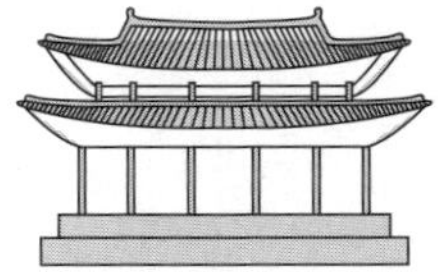

경복궁의 정문인 광화문을 지나면, 중간문인 흥례문까지 이어지는 큰 마당이 펼쳐집니다. 이 너른 마당을 둘러싸고 있는 담장 너머로는 그림 같은 산들이 길게 이어져 있습니다. 그중에서도 왼편에 보이는 산이 특히 눈길을 끕니다. 그리 높지 않은 산등성이 위로 다양한 모양의 바위가 정겹게 얹혀 있어 멋스러움을 더하고 있지요. 이 산의 이름은 인왕산입니다. 이곳에 태조 이성계가 경복궁을 수호하는 곳으로 삼았다는 '인왕사'라는 사찰이 있었기 때문에 붙여진 이름이라고 전해집니다.

다채로운 바위 사이사이로 봄에는 진달래가 피고, 가을에는 알록달록한 단풍이 물드는 인왕산, 이곳을 유독 사랑했던 인물이

정선, <인왕제색도>(국립중앙박물관)

있습니다. 그의 이름은 정선. 인왕산 부근의 작은 집에서 태어난 그는 관직 생활로 잠시 떠나 있었던 때를 제외하면 세상과 이별할 때까지 줄곧 인왕산을 벗 삼아 살았습니다.

몽당붓이 수북이 쌓일 정도로 그림 그리는 일을 사랑했던 그는 조선 후기 많은 이들이 입을 모아 칭송했던 명망 높은 화가였습니다. 그런 그가 70이 넘은 나이에 그린 〈인왕제색도〉는 오늘날까지 꾸준히 사랑받고 있습니다. 비 온 뒤 갠 인왕산의 풍경을 담은 이 그림은 신비롭고도 아름다운 분위기를 자아냅니다.

그러나 그의 명성은 하루아침에 이루어진 것이 아니었습니다. 인왕산을 거닐며 화가의 꿈을 키워온 정선, 그의 파란만장한 이야기를 지금부터 따라가 보겠습니다.

〰 가난한 양반 가문의 장남으로 태어나다

정선은 1676년숙종 2년 한양의 순화방 유란동이라는 곳에서 태어났습니다. 이곳은 오늘날 경복고등학교와 청운중학교가 자리 잡고 있는 청운동 일대입니다. 인왕산 자락이 포근히 안고 있는 이곳은 오늘날에도 고즈넉한 분위기를 한껏 자아내는 단아한 동네이지요. 정선은 광주 정씨 양반가의 장남이었습니다.

조선시대 양반가에서 태어난 장남들은 보통 집안을 책임지고 이끌어야 하는 무거운 부담을 짊어지는 것이 일반적이었습니다. 정선의 운명도 예외는 아니었습니다. 그러나 그가 감당해야 했던 삶의 무게는 다른 이들보다 훨씬 더 무거웠습니다. 그가 태어날 당시 가정 상황이 그리 좋지 못했기 때문입니다.

정선의 가문은 한 마디로 몰락해 가고 있었습니다. 증조부는 물론, 할아버지와 아버지까지 연달아 관직에 오르지 못하는 바람에 가정 형편이 무척 어려웠지요. 엎친 데 덮친 격으로 아버지 정시익은 정선이 14살 때인 1688년숙종 14년에 세상을 떠나고 말았습니다. 이로부터 5년 정도가 지난 뒤에는 정선에게 글공부를 가르쳐 주던 외할아버지 박자진마저 숨을 거두었지요. 홀로 남게 된 어머니는 정선과 그의 여동생, 남동생 세 아이를 혼자서 키워야 했습니다. 결국 가난한 형편 탓에 남동생 정유는 어쩔 수 없이 당숙 집안의 양자로 보내져야 했습니다.

이처럼 힘들었던 정선의 어린 시절은 그와 절친한 친구였던 조영석의 증언을 통해 생생하게 전해지고 있습니다.

정선은 대체로 성품이 부드럽고 평안하여 부모에게 효도하고 형제 사이의 우애가 좋았다. 또 남과 사귈 때도 겉으로 꾸밈이 없었다. 집안이 몹시 가난해서 끼니를 자주 걸러야 했는데, 옳지 않게 남에게 구걸한 적은 한 번도 없었다.

– 조영석, 《관아재고》, 〈겸재정동추애사〉

조영석의 증언대로 정선은 어려운 가정 형편에도 절망하지 않고 자신에게 주어진 운명을 묵묵히 참고 견디며 꿋꿋이 살아간 인물이었던 듯합니다. 전해지는 자료가 많지 않아 그의 청년 시절을 자세히 알 길은 없지만, 어려운 상황에서도 늘 홀어머니를 제일 먼저 생각하는 든든한 효자였다는 기록들이 적지 않게 전해지고 있지요. 모질고 힘든 나날들이 이어지는 가운데 마침내 정선이 세상의 인정과 관심을 받기 시작한 것은 그의 나이가 30대 중반에 이르러서였습니다.

독학으로 이룬 찬란한 명성

양반가에서 태어난 정선이 어째서 과거시험이 아닌 그림에 뜻을 두게 되었는지, 정확히 알 수 있는 자료는 없습니다. 다만 조영석의 다음과 같은 기록을 바탕으로 정선이 오로지 혼자만의 힘으로 그림을 공부해 왔을 것이라고 짐작해 볼 수 있을 뿐입니다.

- 조영석, 《관아재고》, 〈겸재정동추애사〉

문득 뜻이 생기면 곧바로 붓을 들고 주변의 산들을 순식간에 화폭에 옮길 정도로, 정선의 그림에 대한 열정은 남달랐습니다. 그의 집 근처에는 인왕산뿐만 아니라 그림의 소재가 되어 줄 멋진 산들이 참 많았습니다. 어려운 시절 늘 곁에서 그의 마음을 어루만져 주던 그 산들이 자연스레 그의 작품 속 풍경이 되어 갔던 것입니다.

그저 좋아하는 마음으로 흠뻑 취해 그린 그림들이었는데, 그 가치를 높게 평가해 주는 사람들도 속속 생겨났습니다. 정선의 이웃이었던 안동 김씨 가문 형제들이 바로 그들이었지요. 평소 그림 감상이 취미였던 그들은 정선의 그림 솜씨가 범상치 않다는 걸 한눈에 알아봤습니다. 그러고는 늘 경제적인 어려움에 시달리던 그를 아낌없이 후원해 주었지요.

시간이 흘러 정선이 어느덧 서른 중반의 나이가 된 어느 날, 그의 인생을 뒤바꿀 엄청난 기회가 찾아옵니다. 1711년숙종 37년 과 1712년, 두 차례나 자신을 후원해 주던 이들과 함께 금강산 여행을 떠나게 된 것입니다. 막대한 여행 경비를 모두 지원받은 정선이 맡게 된 임무는 금강산의 장엄하고도 아름다운 풍경을 화폭

정선, 《신묘년 풍악도첩》, 〈단발령에서 바라본 금강산〉(국립중앙박물관)

속에 그대로 담아오는 일이었습니다. 여행이 끝나더라도 정선이 남긴 생생한 그림이 있다면, 언제라도 아름다운 풍경을 떠올리며 추억을 마음에 되새길 수 있을 테니까요. 오늘날의 표현으로 하면 정선은 여행 예능의 촬영 감독과 비슷한 역할을 맡게 되었다고도 할 수 있겠습니다.

이 일은 정선에게도 결코 손해 보는 일이 아니었습니다. 남들은 평생 한 번 가볼까 말까 한 금강산을 두 번이나 마음 편히 여행할 수 있었고, 무엇보다도 마음껏 그림을 그릴 수 있는 기회가 주어진 것이었으니까요. 함께 여행을 떠난 이병연이라는 인물은 정선이 열정적으로 그림을 그리는 모습을 보고 크게 감탄한 나머지, 그 장면을 생생하게 묘사한 시를 남기기도 했습니다.

정선이 문득 한 번 웃고는 먹에 물을 탄다.

흥 오르자 붓을 던지고 일어나 산과 더불어 즐기기만 할 뿐

– 이병연, 《사천시초》, 〈정선이 안개 속 비로봉을 그리는 것을 보고〉

그렇게 탄생한 정선의 그림책 《신묘년풍악도첩》은 과연 어떤 평가를 받았을까요? 소문을 듣고 찾아와 그림을 감상한 이들은 깊은 감동을 받은 나머지 너도나도 앞다투어 시를 지어 그의 작품을 칭송했습니다. 이번 일을 계기로 엄청난 명성을 얻게 된 정선, 그때부터 그의 집 앞에는 날마다 그의 그림을 구하려는 사람들로 북적였습니다. 이제 정선에게는 눈부신 날들만이 펼쳐질 것 같았습니다.

〰️ 정선은 천한 기술로 이름을 얻었을 뿐입니다

엄청난 인기를 누리게 된 정선, 그의 가난한 살림살이는 좀 나아졌을까요? 1960년대 겸재 정선을 깊이 연구한 역사학자 최완수의 말에 따르면, 그의 그림값은 당시 땅값과도 맞먹을 정도였다고 합니다. 하지만 어찌 된 영문인지 정선은 생활고에서 벗어날 수 없었습니다. 이러한 사실은 조선시대 당시 그림을 그리는 화가들에 대한 대우가 얼마나 야박했는지를 잘 보여줍니다.

정선이 가까스로 생계를 유지해 나갈 수 있었던 건 그림이 아닌 뒤늦게 관직 생활을 하게 된 덕분이었습니다. 그가 언제부터, 어떻게 관직에 나아가게 되었는지는 명확한 자료가 남아 있지

388

한양 근처의 유명한 장소를 그린 그림 책《경교명승첩》(국립중앙박물관)

않아 정확히 알 수 없습니다. 다만 오랜 시간 그를 후원해 온 안동 김씨 가문의 도움을 받았을 것이라는 추측이 있을 뿐이지요. 이러한 정황은 조선 후기 정치를 주름잡았던 김조순의 증언을 통해 살펴볼 수 있습니다. 김조순 역시 안동 김씨 가문의 대표적인 인물입니다.

정선은 우리 가문 어른들의 오랜 이웃이었다. 젊을 때부터 그림을 잘 그렸으나 집이 가난하고 부모님이 늙어서 우리 가문 어른이신 충헌공 김창집에게 작은 녹봉을 부탁하니 충헌공이 도화서에 들어갈 것을 권유했다. 그 뒤에 벼슬에 나가 관직이 현감에까지 이르렀는데, 그때 그의 나이는 여든이 넘었다.

　　　　　　　　　　　　　　　　－ 김조순,《풍고집》,〈겸재화첩〉

조선 후기 유명한 그림 평론가였던 이하곤 역시 정선이 "가난

정선이 현감 시절 그린 또 다른 그림 책 《겸재사경첩》(국립중앙박물관)

한 홀어머니를 모시기 위해 십 년에 가까운 세월 동안 낮은 벼슬을 전전했다."며 증언하고 있습니다. 뒤늦게 벼슬길에 오르게 된 정선이 당시 국왕이었던 영조의 눈에 들어온 건 1729년 영조 5년 그의 나이 54살 때의 일이었습니다. 영조가 정선의 이력에 대해 친히 물었을 때 정선은 자신이 천문학을 연구하는 관직으로 처음 벼슬을 시작했다고 답했습니다. 그림뿐 아니라 우주의 원리와 인간 삶의 변화를 설명하는 학문인 《주역》에도 뛰어난 재능을 보였던 그에게는 안성맞춤인 관직이었지요.

　하지만 사실 정선이 자신이 거쳐 온 벼슬이라고 언급한 '천문학 겸교수 天文學兼敎授'라는 직책은 양반이 아닌 중인 신분의 인물들이 임명되는 관직이었습니다. 그러나 정선은 이에 개의치 않고 자신에게 주어진 책임을 묵묵히 수행해 나갔지요. 그렇게 시

정선이 72살이 되어 다시 그린 금강산의 풍경, 《해악전신첩》(국가유산청)

간이 지나면서 정선은 많은 이들 사이에서 성실하고 유능한 사람으로 인정받게 되었던 듯합니다.

영조의 눈에 띈 후로 정선은 조선의 수도 한양의 행정과 실무를 담당하는 한양부 주부, 경상도 청하현과 하양현을 다스리는 현감, 경기도 양천현을 다스리는 현령, 왕실에서 사용하는 말과 가마 등 시설을 관리하는 사도시 첨정 등 다양한 벼슬을 맡게 되었습니다. 그런데 이 벼슬들도 모두 종6품 정도의 낮은 관직이었습니다.

하지만 정선은 세상의 눈으로 자신을 바라보는 사람이 아니었습니다. 맡은 벼슬의 품계가 어떻든 그 안에서 늘 자신이 해낼 수 있는 것들을 찾았지요. 지방을 다스리는 현감과 현령의 벼슬을 지닐 때에는 자신을 아껴주는 주변 지인들을 위해 꾸준히 주변 풍경을 그려 주었습니다. 그중 양천현감을 맡고 있을 시절에 친구 이병연이 써 준 시에 따라 한강변에 있는 경치가 뛰어난 곳들을 그려 엮은 그림책인 《경교명승첩》은 오늘날에도 꾸준히 사랑을 받고 있지요.

그렇게 주어진 하루하루에 감사하며 살아가던 어느 날, 79살의 고령이 된 정선은 덜컥 종4품의 관직인 사옹원 첨정에 오르게 되었습니다. 사옹원은 왕의 식사를 관리하는 중요한 기관이었지요. 하지만 이러한 정선의 승진을 달갑지 않게 여기는 이들도 있었습니다. 정선이 사옹원으로 출퇴근한 지 한 달 남짓 되었을 무렵, 정술조라는 인물이 "정선은 천한 기술로 이름을 얻은 사람인데, 종4품 첨정 자리에 임명하는 것은 있을 수 없는 일"이라며 정선을 탄핵했던 것입니다. 정선의 입장에서는 억울한 일이었겠지만, 결국 그는 이 사건을 계기로 벼슬에서 물러나야만 했습니다.

🌊 불도 들어오지 않는 추운 방에서

그렇게 관직을 떠난 정선을 기다리고 있는 건 춥고 배고픈 세월이었습니다. 79살의 정선이 어떠한 환경에서 지냈는지는 박종여라는 인물의 기록을 통해 엿볼 수 있지요.

우리 집이 예전에 백악산 아래여서 아버지_{박윤원}**가 정선과 무척 가깝게 사귀셨다. 사람들은 정선에게 늘 그림만을 구했지만 아버지는 그림보다는 《주역》을 묻고 배웠다. ⋯⋯ 그때 정선은 나이가 79살이었**

정선이 노년기에 살았던 인왕산 근처의 풍경을 그린 그림(국립중앙박물관)

는데, 집이 심히 가난하여 바깥사랑에 나무를 때지 못했으므로 항상 안사랑에 거처했다. 나도 언젠가 《주역》 강의를 들으러 일찍이 그를 찾아 뵌 적이 있었다. 내가 왔다는 소리를 듣고 바깥사랑으로 나와 앉으셨는데, 나 때문에 노인이 찬방에 앉으신 것이 차마 도리가 아니라서 오래 강의를 들을 수 없었다.

– 박종여,《냉천유고》,〈부친 언행록〉

한겨울 집을 데울 땔감조차 마련할 수 없었던 정선의 참담했던 처지가 잘 드러납니다. 하지만 이런 정선에게도 기필코 좋은 날은 찾아왔습니다. 1755년영조 31년 새해가 밝자 영조는 나이가 많은 노인들을 예우하는 전통에 따라 81살이 된 정선에게 첨지중추부사라는 정3품의 높은 벼슬을 내려 주었던 것입니다.

소나무 아래에 서 있는 사람

그로부터 10개월 뒤, 정선은 다시 종2품의 동지중추부사同知中 樞府事에 임명되었습니다. 조선시대에는 종2품 이상의 벼슬을 받은 인물에게는 그의 조상들에게도 명예 관직을 내리는 전통이 있었습니다. 이에 따라 이미 세상을 떠난 정선의 증조할아버지, 할아버지, 그리고 아버지까지 한꺼번에 벼슬을 받게 되었지요.

긴 세월 서러운 마음을 달랠 길이 없어 오로지 붓끝에만 매달려 온 정선에게 이 소식은 뛸 듯이 기쁜 경사였을 겁니다. 하지만 세월도 무심하시지, 이미 그때는 정선이 평생을 사랑과 존경으로 모셔 온 어머니가 세상을 떠난 후였습니다. 행복한 순간을 함

정선이 노년에 그린 머리에
두건을 쓴 선인이 바다 위에
서서 멀리 하늘을 바라보는
그림(국립중앙박물관)

께 나누고 싶었던 어머니가 곁에 없다는 사실은 정선에게 더없는 쓸쓸함을 안겨 주었을 것입니다.

하지만 끝내 세상이 그를 효자라고 기억해 주었습니다. 84살의 정선이 이내 눈을 감고, 그 후 13년이 더 흐른 뒤에 영조는 "죽은 정선이 다만 그림에만 소질이 있는 줄 알았는데 효도도 지극했구나."라며 그에게 정2품의 높디높은 벼슬을 내렸습니다.

세상을 떠난 정선을, 그의 가까운 지인들은 종종 사무치게 그리워했습니다. 정선과 절친한 친구 중의 한 명인 조영석은 그의 맑은 성품을 다음과 같이 표현했지요.

"높은 관리부터 가마꾼에 이르기까지 정선의 이름을 모르는 이가 없었으며, 그의 작은 그림 한 폭을 얻으면 큰 집을 얻은 듯 집안의 보물로 삼으려 했다. 그의 성품은 고요하기가 마치 소나무 아래 서 있는 사람과 같았다."

– 조영석,《관아재고》,〈겸재정동추애사〉

거친 인생의 풍랑을 견뎌오며 꿋꿋이 그림에 대한 사랑을 지켜온 정선, 사람들은 그를 '백 대 이후에도 잊히지 않을 화가'라며 추억했습니다. 인왕산 자락이 감싸고 있는 옛집에서 세상과 이별한 정선은 그렇게 조선의 산천을 아름답게 화폭에 담아낸 명화가로 기억되며 영원히 사람들의 가슴 속에서 살게 되었습니다.

MBTI로 살펴본 조선시대 인물
정선 : INFP

지금까지 인왕산 이야기를 시작으로 정선의 삶을 짧게나마 돌아 보았습니다. 주변 지인들의 응원에 힘입어 자신의 모진 운명을 묵묵히 견뎌온 정선I, 계속되는 생활고를 벗어나고자 전국 방방 곡곡의 산들을 소재로 여러 아름다운 그림을 남긴 정선N, 장남 으로 태어나 홀어머니를 평생 지극 정성으로 모셔 온 정선F, 흘 러가는 대로 주어진 하루하루를 최선을 다해 살아내며 끝내는 높 은 관직에까지 오른 정선P.

이러한 사실들로 미루어 보아 정선의 MBTI는 인프피INFP 가 아 닐까 합니다.

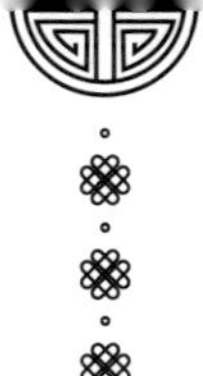

바람처럼 살다 간 천재 화가,

김홍도

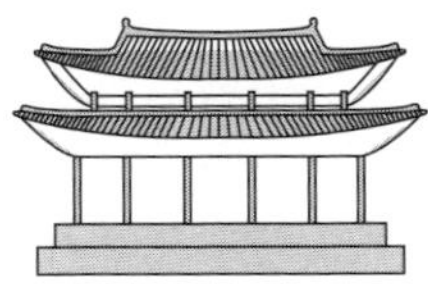

경기도 안산 성포동, 조선이 낳은 천재 화가 김홍도는 바다가 가까이 있는 이 작은 마을에서 태어났다고 알려져 있습니다. 성포동이라는 이름은 고기를 배에 가득 실은 어부들의 환호 소리가 물가포에서 자주 들려온다는 뜻이지요.

1991년에 문화체육관광부는 안산을 김홍도의 도시로 명명했습니다. 1999년부터는 김홍도를 기리기 위해 김홍도미술관을 세웠고, 그 뒤로 매년 10월 이곳에서는 '단원미술제'가 꾸준히 열리고 있습니다. '단원'은 김홍도가 30대 무렵에 스스로 지은 호입니다. 이처럼 김홍도의 예술 정신을 이어오려는 노력은 오늘날까지 면면히 이어지고 있습니다.

〰 조선의 미남 에세이스트

김홍도, 역사에 관심이 많지 않은 분들에게도 그의 이름 석 자는 참 친숙합니다. 조선 사람들의 다양한 생활상을 담은 풍속화를 그린 천재 화가로 그 명성이 자자하기 때문이지요. 김홍도의 풍속화는 오늘날 《단원 풍속도첩》이라는 이름으로 우리 곁에 남아 있습니다. 〈기와이기〉 〈주막〉 〈무동〉 〈씨름〉 〈서당〉 〈대장간〉 〈자리짜기〉 등 총 25점의 그림이 조선시대 남녀노소의 하루하루를 생생하게 보여주고 있지요. 뭐 하나 손꼽을 수 없을 정도로 각각의 그림 모두 저마다 개성 넘치고 재미있지만, 많은 분에게 잘 알려진 그림 하나만 살펴보고 넘어가 보겠습니다.

부부는 자리를 짜기에 여념이 없고, 그 옆에는 기껏해야 초등학생 정도의 나이로 보이는 아들이 막대기로 책을 짚어가며 열심히 글을 읽고 있습니다. 아들의 글 읽는 소리에 맞추어 어머니는 물레를 돌려 실을 뽑고, 아버지는 그 실로 돗자리를 짜고 있지요. 돗자리는 조선 후기의 대표적인 수공예품입니다.

아무래도 부부는 돗자리를 만들어 시장에 내다 팔며 생계를 이어가던 수공업자인 듯합니다. 그런데 부부는 아들에게 돗자리를 짜는 기술을 가르쳐주기보다는 아들에게 글공부를 시키고 있습니다. 부부는 아들이 훗날 과거시험에 합격하여 집안을 크게 일으켜 줄 것이라는 간절한 희망을 품고 있었나 봅니다.

생동감 넘치는 필치가 그리고 있는 일상의 한 장면은 이처럼 화자에게 많은 이야기를 건네고 있습니다. 이 글에서 모든 그림

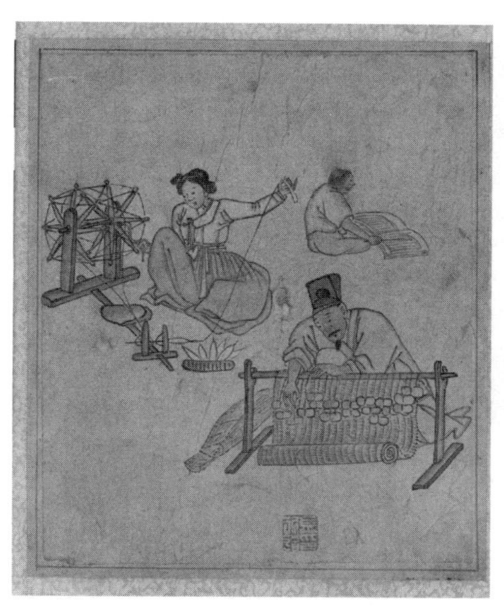

김홍도, 《단원풍속화첩》 중 <자리짜기>(국립중앙박물관)

을 하나하나 살펴볼 수는 없겠지만, 김홍도가 그린 풍속화는 모두 저마다의 다채로운 이야기를 품고 있지요. 아마 오늘날의 표현으로 말한다면, 김홍도는 조선의 에세이스트였다고 할 수 있지 않을까요?

그런데 사실 김홍도는 풍속화만 잘 그린 것이 아닙니다. 궁중 기록화, 산수화, 동물도, 신선도도교화 등 모든 분야에서 뛰어난 실력을 발휘한 천재 화가였습니다. 30대의 젊은 나이에 이미 조선 팔도에서 그의 이름을 모르는 사람이 없을 정도였습니다. "그림을 구하는 이들이 날마다 무리를 지어 오니, 잠자고 먹을 시간도 없을 지경이었다."라는 일화가 전해질 정도로 김홍도의 그림

김홍도, <투견도>(국립중앙박물관)

을 원하는 사람은 날마다 넘쳐났습니다.

　게다가 김홍도는 첫 만남에서 바로 호감을 끌어낼 수 있을 정도로 빼어난 미모의 소유자이기도 했습니다. "생김새가 맑고 키가 훤칠하게 큰 모습이 마치 이 세상 사람이 아닌 것 같다."라는 증언도 있고, "아름다운 풍채에 마음까지 넓어 사람들이 그를 신선과 같다고 한다."라는 말도 있습니다.

　또한 "꽃 피고 달 밝은 저녁이면 거문고를 한두 곡 연주하며 즐기거나 즉석에서 시를 지을 정도로 문학적 소양도 남달랐다."라는 일화는 그가 그림뿐만 아니라 음악과 문학에도 뛰어난 재능을 지녔다는 사실을 잘 보여줍니다. 잘생긴 외모에 다재다능함까지 갖춘 그는, 그야말로 존재만으로도 감사한 조선의 넘버원 예술가였습니다.

1745년 영조 21년 에 태어난 김홍도는 18살에서 19살 정도에 궁중의 모든 그림을 그리고 관리하는 관청인 도화서의 화원이 된 것으로 추정됩니다. 그런데 김홍도의 집안은 화가와는 거리가 멀었습니다. 그의 조상 중에는 무과 시험에 합격해 무인으로 이름을 남긴 이들이 적지 않았지요.

당시 대부분의 도화서 화원들은 대대로 화가 집안 출신이 많았습니다. 화가 집안 출신도 아니고, 어릴 때부터 도화서에서 교육을 받은 것도 아닌 김홍도가 도화서에 발을 들일 수 있었던 이유는 그의 스승 강세황의 추천 덕분이었다는 이야기가 전합니다. 강세황은 명문 사대부 집안 출신으로, 당대 뛰어난 학자이자 화가, 평론가이기도 했습니다.

마흔 살 무렵 벼슬 없이 경기도 안산에 거주하고 있던 강세황이 어떠한 기회로 김홍도를 만나게 되었는지는 알 수 없습니다. 김홍도가 '젖니를

강세황 자신이 그린 초상화(국립중앙박물관)

강세황이 서양의 화법을 받아들여 그린 개성 영통동의 풍경(국립중앙박물관)

갈 때부터' 강세황은 그에게 그림을 가르치기 시작했고, 그뒤로도 각별한 인연을 이어 나갔습니다.

어느덧 수년의 세월이 흘러 김홍도는 세상에 둘도 없는 훌륭한 화가로 성장했습니다. 마흔쯤이 되었을 무렵, 그는 스승 강세황에게 자신의 약력을 써 달라고 부탁합니다.

예전부터 유명한 화가들도 보통은 한 가지 그림만 잘 그리는 경우가 많았다. 그런데 김홍도는 어릴 때부터 우리나라에서 그림을 배워서 못 그리는 것이 없었다. 인물, 자연, 도교와 불교 그림, 꽃과 열매, 동물과 곤충, 물고기까지 모두 잘 그렸다. 옛날 화가들과 비교해 봐도 김홍도만큼 잘 그리는 사람은 거의 없었다.
특히 도교와 관련된 그림을 정말 잘 그려서 많은 이들의 마음을 움직

였고, 그 그림들만으로도 후세에 길이 남을 만했다. 또 풍속화를 그리는 데에도 뛰어났는데, 예를 들어 공부하는 선비, 장에 가는 장사꾼, 여행하는 나그네, 안방에서 지내는 여인, 농사짓는 농부, 누에를 치는 여인, 복잡한 집 구조나 문, 울퉁불퉁한 산과 들에 있는 나무까지 모두 어색한 부분 하나 없이 자연스럽게 잘 그렸다. 이러한 그만의 화법은 예전에는 볼 수 없었던 특별한 것이다.

- 강세황, 《표암유고》, 〈단원기〉

김홍도의 바람대로 강세황은 정성껏 제자의 약력을 써 줍니다. 이 약력에 따르면, 김홍도는 무엇이든 다 잘 그렸지만 도교화는 시대를 대표할 수 있을 만큼 뛰어났고, 인물과 풍속화에도 범상치 않은 솜씨를 보였습니다. 먼 옛날 중국에서 전해진 도교는 몸과 마음을 수련해 불로장생을 이루고, 마침내 신선이 되기를 바라는 종교입니다. 이러한 이유로 이 세상 어디에서도 찾아볼 수 없는 유토피아에서 신선이 즐겁게 지내는 모습을 그린 〈신선도〉가 많은 사람에게 큰 인기를 끌었지요. 강세황의 말처럼, 김홍도가 그린 〈신선도〉는 조선 제일이라 평가받을 정도로 유명했습니다. 그런데 왜 오늘날 우리는 김홍도의 〈신선도〉보다 풍속화를 더 특별하게 기억하고 있을까요?

조선시대 회화에 대한 본격적인 연구가 이루어진 시점은 일제강점기 때부터였습니다. 일본인들은 조선시대 그림의 가치를 낮게 평가했습니다. 이전 시대보다 특별한 점이 없다는 이유에서였지요. 이러한 평가를 뒤집기 위해 한국 학자들은 너도나도 조

403

김홍도, <파도 위를 떠다니며 노니는 신선들(파상군선도波上群仙圖)>(국립중앙박물관)

선시대 회화 자료를 모아 열심히 연구하기 시작했습니다.

이 과정에서 김홍도는 〈신선도〉가 아닌, '풍속화의 천재'로 브랜딩되기 시작합니다. 나라를 빼앗겨 설움이 가득하던 시대에 연구자들은 조선만의 개성 있는 생활 풍경을 담고 있는 풍속화의 매력에 푹 빠져버리고 말았습니다. 나아가 북한 학자들은 풍속화의 소재가 나라를 다스리는 왕이나 관리들처럼 높은 신분의 사람들이 아니라, 평범한 백성이라는 점에 주목하기도 했습니다. 신분제가 엄격하던 시대에 아무도 관심을 기울이지 않았던 평범한 사람들의 일상을 화폭 속에 모두 담아낸 김홍도를 '혁

명가'로 바라보는 색다른 해석이었지요.

이처럼 오늘날 '김홍도=풍속화'라는 공식은 나라를 빼앗긴 시대에 많은 사람의 희망과 소망 속에서 탄생한 신화였습니다. 그렇다면 이러한 평가와는 다르게 김홍도, 그는 실제로 어떠한 삶을 살았던 인물이었을까요?

정조의 꿈을 화폭에 담다

김홍도의 풍속화가 새롭게 조명받는 과정에서 많은 사람의 관

정조가 화성으로 행차할 때 건넜던 한강 위에 놓인 배다리(국립중앙박물관)

심을 끌게 된 또 하나의 사실이 있습니다. 바로 정조가 천재 화가 김홍도와 손을 잡고 세상을 바꾸려 했다는 점입니다.

오늘날 정조는 조선 후기의 사회적 혼란을 이겨내고, 여러 개혁 정치를 펼친 왕으로 평가받고 있습니다. 그런 정조가 백성의 삶을 살피기 위해 김홍도에게 풍속화를 그리도록 명령했다는 이야기가 오랫동안 입에서 입으로 전해졌습니다. 왕의 명을 받은 김홍도는 정조의 꿈을 가슴에 품은 채 백성들의 다채로운 일상을 화폭에 담았고, 정조는 그렇게 완성된 풍속화를 보며 백성을 위한 정치를 펼 수 있었다는 이야기입니다.

그런데 이 이야기를 뒷받침할 만한 확실한 자료는 거의 없습니다. 다만, 정조가 김홍도를 비롯한 여러 도화서 화원에게 조선의 아름다운 풍경을 그리도록 명령했던 사실만이 확인될 뿐입

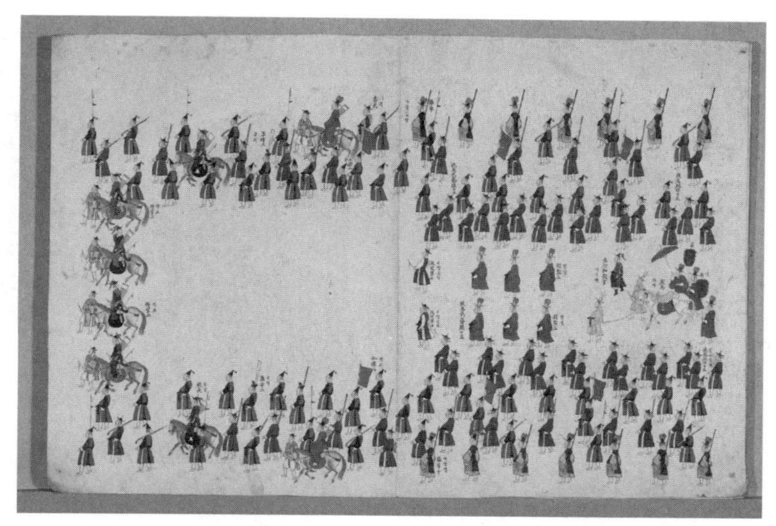

화성으로 향하는 정조의 성대한 행렬(국립중앙박물관)

니다. 아무래도 정조와 김홍도의 인연이 시간이 지날수록 크게 부풀려지면서 만들어진 이야기일 가능성이 큽니다.

그런데 김홍도가 영조와 정조에게 특별한 대우를 받았던 화가였다는 사실만큼은 분명합니다. 김홍도는 당시 화원으로서는 최고의 명예라고 할 수 있는 왕의 초상 '어진'을 그리는 화가로 두 번이나 선발되었습니다. 한 번은 영조의 어진을 그렸고, 다른 한 번은 정조의 어진을 두 차례에 걸쳐 그렸습니다. 왕의 얼굴을 그리는 주관화사가 아닌, 의복을 그리는 동참화사로 선발된 것이었지만 그 후로 정조가 김홍도를 매우 아꼈다고 전합니다.

어느 날 정조는 김홍도에게 그림을 그리는 화가로서 어떤 마음으로 살아가는지를 물어보았는데, 그때 김홍도가 한 대답이 정

김홍도가 그린 또 하나의 궁중기록화 <평안감사가 베푼 성대한 잔치
(평안감사향연도平安監司饗宴圖)>(국립중앙박물관)

평양 대동강에서 열린 뱃놀이와 환호하는 백성들(국립중앙박물관)

조의 마음을 크게 울렸다고 전해집니다. 정조는 "김홍도는 그저
그림을 잘 그리는 게 아니라 그림에 정신을 담고 있었구나."라고

잔치를 즐기고 있는 평안감사의 모습(국립중앙박물관)

그를 크게 칭찬했지요. 당시 어느 한 관리의 말을 빌리면, "김홍도는 항상 왕이 갑자기 부를 것을 기다렸기에 집보다 궁궐에 머무는 시간이 많았다."고 할 정도로, 그는 정조의 사랑을 듬뿍 받았습니다.

실제로 정조는 자신이 야심 차게 준비한 행사에 김홍도를 동참시키기도 했습니다. 1795년 정조 19년 에 정조는 어머니 혜경궁 홍씨의 환갑을 맞이하여 잔치를 베풀기 위해 수원 화성으로 행차했습니다. 아버지 사도세자의 묘를 화성 근처로 옮긴 뒤 진행된 이 행차는, 남은 여생을 자신이 만든 신도시 화성에서 개혁 정치를 펼치며 보내겠다는 선언과도 같았지요. 당시 행렬이 얼마나 성대했는지, 오늘날 한강대교가 있는 자리에 여러 척의 배를 겹겹이 놓아 다리를 만든 후 건너야 할 정도였습니다.

수많은 백성들도 왕의 행렬을 구경하기 위해 왕이 지나는 길목마다 모여들었습니다. 김홍도는 이 행차를 화폭에 생생하게 담아냈습니다. 그러나 당시 김홍도의 건강이 좋지 않았기 때문에 그가 이번 기록화를 그리는 데 얼마만큼 주도하고 관여했는지는 자세히 알 길이 없습니다. 김홍도는 영조가 왕위에 있던 시절에도 궁중 기록화를 그린 이력이 있었기 때문에 정조의 수원 행차 때에도 크게 활약하지 않았을까, 짐작해 볼 수 있을 따름입니다.

🌊 바람처럼 사라지다

이처럼 김홍도는 오늘날에도 많은 이들의 사랑을 받는 화가이지만, 살아생전에도 그 인기가 하늘을 찌를 듯했습니다. 그러나 예상 밖에도 그의 말년은 참으로 비참했습니다. 나이가 들면서 하루가 다르게 건강이 나빠진 김홍도가 돈이 없어 극심한 생활고에 시달렸다는 이야기가 여러 기록을 통해 전해지고 있습니다.

김홍도가 50대가 넘어서 그린 그림을 모아놓은 《단원유묵첩》에서는 "고질병이 더하여 거의 죽을 뻔했다."거나 "오래된 병이 더욱 심해져 힘이 없다."라는 등 그 어려움을 짐작할 수 있는 내용이 곳곳에서 확인됩니다. 나아가 김홍도의 외아들이었던 김양기와 친밀하게 지낸 문인 조희룡은 "집이 가난하여 끼니를 거를 때도 있었다."고 증언하고 있습니다. 왕의 총애를 받은 것은 물론, 당대 내로라하는 관리, 양반들과 그림으로 연을 맺어온 김홍도가 어째서 가난에 쫓기게 된 것이었을까요?

사실 조선시대 도화원에 소속된 화원들의 주머니 사정은 그리 좋지 못했습니다. 오늘날로 따지면 엄연한 공무원이었지만, 도화원 화원들 대부분은 일정한 급여를 받지 못했습니다. 고정적으로 월급을 받는 화원은 극히 소수였고, 나머지는 일당을 받으며 생계를 이어가야 했지요. 그러나 화원으로서 명성이 높아지면 이곳저곳에서 그림 의뢰가 들어왔기 때문에 과외비가 무척 쏠쏠했습니다.

김홍도 역시 급여보다는 과외비에 의존하며 생계를 이어가야 했습니다. 그림에 타고난 소질이 있었던 그에게는 다행히도 날마다 그림 의뢰가 끊이지 않았지요. "단원 김홍도는 그림 그리는 고질병이 있어 작품을 구하는 이가 나타나면 조금도 주저하지 않았다. 그런 까닭에 온 나라에 김홍도의 그림이 가득하다."라는 말이 있을 정도였습니다. 그런데 김홍도는 그렇게 돈을 벌어들였어도, 안정적인 생활을 꾸려나가는 데에는 그다지 흥미가 없었던 듯합니다. 큰돈을 받아도 며칠 새에 지인들과 술을 마시며 연회를 즐기느라 탕진했다는 일화가 전할 정도니까요.

더군다나 그에게는 돈에는 뜻을 두지 않는 예술가로서의 남다른 긍지도 있었던 듯합니다. 선금을 받고 그림을 그려주기로 약속했는데도 며칠이 지나도록 그림이 완성되지 않아 찾아가 보면, "그림이 어찌 억지로 됩니까? 나는 내 흥을 기다릴 뿐입니다."라며 태평하게 웃으며 대답했다는 이야기가 전합니다. 이뿐 아니라 김홍도를 묘사하는 글에는 "세속을 초월하여 아무 데

서나 볼 수 있는 평범한 사람이 아니다."라거나, "작은 일에 매이지 않는, 마치 신선 같은 사람"이라는 표현도 종종 등장합니다.

흘러가는 대로, 마치 바람 같은 생을 살았던 천재 화가 김홍도. 오랜 세월에 걸쳐 빛나는 명성을 쌓았음에도, 그가 언제 어디에서 어떻게 세상을 떠나게 되었는지는 오늘날까지 알려지지 않았습니다. 다만, 그의 손끝에서 탄생한 무수한 그림들이 우리 곁에 고스란히 남아 있을 뿐입니다.

MBTI로 살펴본 조선시대 인물
김홍도 : ENTP

지금까지 안산 성포동의 이야기를 시작으로 김홍도의 삶을 짧게나마 돌아보았습니다. 대대로 화원을 낸 가문 출신이 아니었는데도 뛰어난 그림 실력을 바탕으로 여러 인물과 인연을 맺으며 명성을 쌓은 김홍도E, 어떠한 소재라도 본인만의 스타일로 화폭 속에 담아낸 천재 화가 김홍도N, 성공한 예술가로서 전국에 이름을 드날렸으나 가족의 생계에는 큰 관심을 기울이지 않았던 김홍도T, 흘러가는 대로 생을 살아가 결국 바람처럼 사라져 버린 김홍도P.

이러한 사실들로 미루어 보아 김홍도의 MBTI는 아마 엔팁ENTP이 아니었을까 합니다.

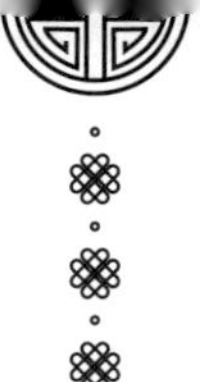

김정희

　경기도 과천에는 추사 김정희가 세상을 떠나기 직전까지 머무르던 아담한 규모의 집이 있습니다. 집의 이름은 과지초당으로, '오이와 참외가 나는 곳에 풀을 엮어 지은 집'이라는 뜻입니다. 2000년대에 새로 복원한 탓에 오늘날 남아 있는 과지초당이 김정희가 살았을 적의 모습과 얼마나 닮았을지, 알 길은 없습니다. 김정희가 손수 물을 길어 마셨다고 전해지는 우물이 평소 소박했던 그의 생활 모습을 조금이나마 간직하고 있을 뿐입니다.

　과지초당 옆에는 추사박물관이 자리 잡고 있습니다. 이곳에서는 19세기 조선의 문화와 예술을 이끌었던 김정희의 예술혼을 생생하게 보여 주는 다양한 전시가 열리고 있지요.

과지초당과 추사박물관(과천시청)

　로열패밀리에서 태어났지만, 중년에 예기치 못한 불행과 갖은 시련을 겪으며 그 속에서 자신만의 독창적인 예술 세계를 꽃피운 김정희. 그의 작품과 삶은 오늘날 우리에게 어떤 메시지를 건네고 있을까요?

장차 명필로 이름을 떨칠 아이

　김정희는 1786년 정조 10년, 조선에서 손꼽히는 명문 양반가의 장남으로 태어났습니다. 그의 증조부 김한신은 영조의 둘째 딸 화순옹주와 혼인하여 왕실과 인연을 맺고 상당한 권력을 누린 인물이었습니다. 영조는 사위 김한신에게 경복궁 영추문 맞은편, 오늘날 서울 통의동에 자리하고 있었던 저택인 월성위궁을 하사했으며, 충청남도 예산군의 일부 땅도 내려 주었습니다. 김

추사고택 전경(국가유산청)　　　　추사고택 내부(국가유산청)

정희의 생가로 알려진 추사고택이 예산에 세워지게 된 것은 이러한 배경에서 비롯된 일이었습니다.

김정희는 월성위궁에서 어린 시절의 대부분을 보냈습니다. 월성위궁에는 김한신이 평생에 걸쳐 모은 귀한 책들을 보관하던 서재 '매죽헌'이 있었지요. 일찍이 학문에 남다른 관심과 열정을 보였던 김정희는 이곳에서 마음껏 책을 볼 수 있었습니다. 김정희가 타고난 글쟁이였다는 사실은 어린 시절의 일화에서도 확인할 수 있습니다.

김정희가 7살 되던 해, 정조의 총애를 받던 명재상 채제공이 우연히 김정희의 집 앞을 지나게 되었을 때의 일이었습니다. 마침 대문에는 봄을 맞아 한 해의 안녕과 행운을 기원하는 '입춘첩立春帖'이 붙어 있었는데, 그 글씨는 다름 아닌 어린 김정희가 직접 쓴 것이었습니다. 채제공은 대담하고 유려한 필치에 크게 감탄하며 "이 아이는 장차 명필名筆, 매우 잘 쓴 글씨로 이름을 떨칠 것이다."라고 평가했습니다.

김정희의 아버지 김노경도 일찍부터 아들의 재능을 눈여겨보고 있었습니다. 이에 당시 최고의 학자로 이름나 있었던 박제가를 스승으로 모셔 왔지요. 박제가는 조선 후기 대표적인 실학자 중 한 명으로, 청나라를 오랑캐라며 업신여기지 말고 그들의 앞선 문물을 받아들여야 한다고 주장한 사상가였습니다.

사신단의 수행원으로 청나라에 다녀온 경험을 바탕으로《북학의》를 저술하며 조선이 나아가야 할 방향과 비전을 제시하기도 했지요. 이러한 스승의 영향을 받아 김정희도 어린 시절부터 조선을 넘어 청나라의 학문과 문물을 폭넓게 아우르는 열린 시각을 가질 수 있었습니다.

로열패밀리의 특권으로 청나라에 다녀오다

스승을 통해 조선보다 더 넓은 세상이 있다는 사실을 알게 된 김정희는 언젠가 청나라 땅을 직접 밟아보기를 간절히 바라고 있었습니다. 머지않아 기회는 찾아왔습니다. 1810년순조10년 아버지 김노경이 겨울이면 청나라에 보내는 사신단이었던 동지사冬至使의 일원으로 선발된 것입니다.

조선 후기에는 사신단이 연경燕京, 오늘날 베이징으로 파견될 때 그 자제들이 동행하는 경우가 많았습니다. 이렇게 특별한 기회를 얻게 된 자제들을 '자제군관'이라고 불렀지요. 오늘날에는 마음만 먹으면 비행기를 타고 손쉽게 베이징을 방문할 수 있지만,

조선시대 사람들에게는 그 여정이 평생의 자랑이 될 만큼 특별하고도 드문 경험이었습니다. 더군다나 자제군관은 사신단을 수행하면서 청나라의 여러 관리와 학자를 만나 교류할 수 있는 특권을 누렸습니다. 김정희도 24살의 나이에 그러한 행운을 거머쥐게 된 것이지요.

그렇게 청년 김정희는 부푼 가슴을 안고 조선을 떠나 약 2개월간 연경에 머물게 되었습니다. 들은 대로 연경은 없는 것이 없는 별천지 도시였지요. 이곳저곳을 돌아보며 밑 빠진 독처럼 끝없는 지적 호기심을 채우려 하던 김정희에게 별안간 특별한 만남이 찾아옵니다.

평소 김정희가 존경하고 있었던 청나라 제일의 고증학자이자 금석학자인 옹방강과 완원을 만나게 된 것이지요. 머리가 하얗게 센 석학들 앞에서도 김정희는 주눅 들지 않았습니다. 오히려 자신이 학문에 대해 품고 있던 다양한 생각들을 대학자들과 나누어 볼 수 있다는 기대로 들떠 있었지요.

이러한 김정희의 열정에 감탄한 옹방강은 "경술문장經術文章, 학문과 문장이 해동제일海東第一, 조선에서 으뜸이다"이라며 그를 치켜세워 주었습니다. 완원도 김정희에게 자신의 학통을 이을 것이라는 뜻인 '완당阮堂'이라는 애정 어린 호를 손수 지어 내려 주기도 했지요. 완당이라는 호답게, 조선으로 돌아온 김정희는 금석학의 매력에 흠뻑 취해버리고 맙니다.

북한산 순수비(국가유산청)

🔖 북한산비의 비밀을 밝혀내다

　금석학金石學은 금속과 돌에 새겨진 글씨를 연구하는 학문을 말합니다. 먼 옛날 사람들은 청동기나 비석에 자신들의 업적이나 생활상을 청동기나 비석에 생생하게 새겨 두었는데, 이를 연구하여 멀고 먼 역사를 복원할 수 있도록 돕는 공부이지요.

　청나라에서는 이러한 금석학에 대한 관심이 뜨거웠지만, 조선은 사뭇 다른 분위기였습니다. 모두가 성리학 연구에만 몰두하고 있는 상황에서 금석학은 큰 주목을 받지 못했던 것입니다. 이런 탓에 한반도 이곳저곳에 남아 있는 비석의 기록들은 단순히 감상의 용도로만 왕실과 양반가에서 수집되고 있을 뿐이었습니다.

이러한 상황에서 금석학 연구의 판도를 바꾼 인물이 바로 김정희였습니다. 그는 그저 감상의 대상으로 여겨졌던 비석의 기록들을 꼼꼼히 들여다보고, 하나하나 세심하게 고증하는 데 몰두했습니다. 다년간의 집념 끝에 김정희는 금석학에서 기념비적인 업적을 이루게 됩니다. 한양 뒤쪽에 있는 북한산에 우뚝 세워져 있던 북한산비의 비밀을 풀어낸 것입니다.

어느 날 친구와 함께 북한산 승가사를 방문한 김정희는 비봉에 외롭게 홀로 서 있는 비석을 발견하게 됩니다. 이 비석은 태조 이성계와 함께 새로운 수도의 이전을 논의했던 무학대사가 세운 것이라고 알려져 있었죠. 이후 김정희는 1년 남짓의 시간 동안 비석의 글자 하나하나를 옛 서적과 비교해 보며 치밀하게 연구했습니다. 그 결과, 비석의 주인이 무학대사가 아닌 신라 진흥왕이라는 사실을 밝혀냈지요.

김정희의 연구로, 북한산비는 진흥왕의 영토 확장을 이해하는 데 중요한 유적으로 새롭게 밝혀지게 됩니다. 자신의 연구 성과에 하늘을 나는 듯 기뻤던 김정희는 북한산비 옆 모퉁이에 "병자년 7월, 김정희가 와서 비문을 읽다."라는 글귀를 새겼습니다. 그가 남긴 이 흔적은 오늘날 북한산비에서 직접 확인해 볼 수 있습니다.

아버지의 귀양 생활로 시작된 몰락의 시작

이렇듯 로열패밀리로 유복하게 자란 김정희는 누구는 평생을

김정희 초상(국립중앙박물관)

제주 서귀포시에 복원되어 있는 김정희의
유배지(제주특별자치도)

바라도 이루기 어려운 연행燕行, 청나라 수도 연경을 다녀오는 일 도 경험
하고, 또 마음 가는 대로 원하는 공부도 실컷 할 수 있었습니다.
심지어 34살의 나이로 과거시험에 합격하여 벼슬에 나아간 이후
에는 성균관 대사성, 병조참판, 예조참의, 규장각 검교대교, 충청
우도 암행어사 등 유망한 관직을 두루 연임했지요. 심지어 순조
의 뒤를 이어 왕위에 오를 예정이었던 효명세자에게 특별한 총
애를 받기까지 했으니, 김정희의 앞날은 꽃길만이 이어질 것처
럼 보였습니다.

　그러나 인생에 오르막이 있으면, 내리막도 있는 법. 효명세자
가 급작스레 세상을 떠나고 얼마 지나지 않아 아버지 김노경에
게 청천벽력 같은 소식이 전해지고 맙니다. 사건은 당시 권력을
잡고 있었던 안동 김씨 가문이 김노경을 탄핵하면서 벌어졌습
니다. 이 사건에는 김정희가 충청우도에 암행어사로 내려가 활
동하던 중, 자신의 잘못을 들춰낸 일에 단단히 화가 나 있었던 김

우명이라는 인물이 앞장섰습니다.

결국 김노경은 1830년순조 30년 전라도 고금도로 귀양길을 떠났습니다. 이에 김정희는 직접 국왕 순조의 행차 길을 가로막고 서서 꽹과리를 치며 아버지의 억울함을 하소연했습니다. 하지만 순조는 김노경의 죄를 면해 주기는커녕, 소란을 일으켰다는 죄로 김정희를 의금부에 가두었습니다. 김노경은 3여년이 지난 뒤 가까스로 유배지에서 풀려났지만, 5년 뒤 세상을 떠나기 전까지 다시는 관직에 오를 수 없었습니다.

하루아침에 몰락의 길을 걷게 된 김정희의 가문에는 얼마 지나지 않아 또다시 불행이 닥쳐옵니다. 안동 김씨 가문이 김정희의 가문을 몰락시키고자 또 다른 사건을 빌미로 삼아 김정희까지 귀양길로 내몬 것입니다. 이에 김정희는 50이 넘은 나이에 머나 먼 제주도로 떠나게 되었습니다. 평생을 안락한 생활을 해 오던 김정희에게 이는 충격적인 일이 아닐 수 없었습니다. 김정희의 제자 중 한 명은 이 사건을 이렇게 묘사하고 있습니다.

강직한 성품과 고결한 행실 탓에 선생김정희**은 자신의 재능을 감추고 세상과 어울리며 벼슬을 보존하지 못하셨다. 이에 선생을 좋아하지 않는 자들이 그 단점을 퍼뜨리고 공격하였다. 그리하여 선생은 머나 먼 변방으로 유배를 떠나 갖은 고생과 상심을 겪으며 살아야 했다.**

- 김정희, 《완당전집》

제자의 진술대로 김정희는 다양한 사람들과 두루 어울리며 학문을 연구하는 것을 좋아했지만, 때로는 지나치게 솔직한 성품 탓에 주변 사람들의 질투와 불편함을 사기도 했습니다. 이는 훗날 김정희가 세상을 떠난 뒤, 그의 삶을 평가한 실록의 내용에서도 그대로 드러납니다.

사관은 실록에서 "김정희는 총명하여 여러 서적을 읽었으며, 금석학을 깊이 통달하여 서체 분야에서도 남다른 업적을 쌓았지만, 거침없는 솔직함 때문에 간혹 사람들의 불만을 사기도 했다."라고 기록했지요. 남부러울 것 없는 시절을 보내며 쌓아 올린 자신감 넘치는 태도가 훗날 그를 옭아매는 커다란 족쇄로 돌아오고 말았던 것입니다.

🌊 높은 산과 너른 바다가 완성해 준 서체

김정희가 유배를 온 곳은 제주 대정현이었습니다. 이곳은 바다가 바로 앞에 이웃해 있어 날마다 돌도 거뜬히 날려버릴 만큼 거센 바람이 불었고, 땅이 척박해 농사도 제대로 지을 수 없는 곳이었습니다. 게다가 물도 부족해 평생 그곳에서 살아온 주민들조차 불편을 겪을 정도로 열악한 환경이었지요.

자신에게 닥쳐올 불행을 예상하지 못한 채, 김정희는 제주로 향하는 배 위에서 걱정으로 낯빛이 어두워진 가족들을 떠올리며 위로의 편지를 적었습니다. "험한 바닷길을 하루 만에 무사히 건너게 된 것만으로도 큰 행운이며 뱃멀미도 안하고 식사도 잘 챙겨 먹었다."라는 내용이었지요.

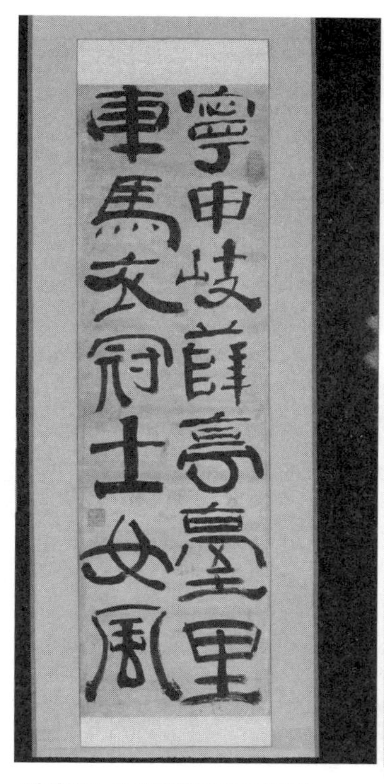

김정희가 쓴 예서(국립중앙박물관)

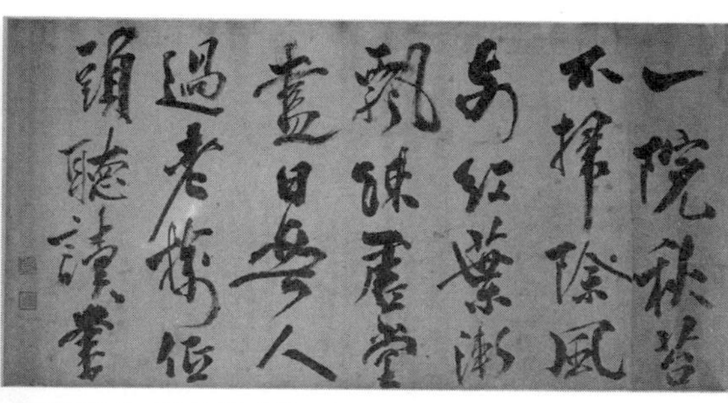

김정희가 쓴 행서(서울대학교박물관)

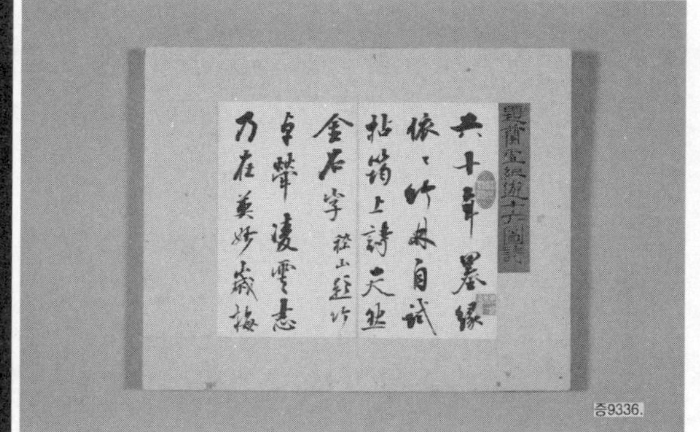

김정희의 서체를 모아 놓은 서첩(국립중앙박물관)

　　이처럼 스스로의 처지를 긍정적으로 받아들이려 애를 썼지만, 막상 유배지에 도착하고 나니 쉽지 않았습니다. 김정희는 종종 편지를 통해 가족과 지인들에게 자신의 고통스러운 상황을 전했는데, 이는 오늘날 그의 문집인 《완당전집》에 고스란히 남아 있습니다.

　　몸에 살이 온통 빠져버려서 자리에 편히 앉아 있을 수가 없어 궁둥이

에 부스럼이 생길 지경이니, 이러고도 어떻게 오래 살 수 있겠습니까? 게다가 벌레와 뱀까지 저를 괴롭힙니다. 길이가 반자^{약 15센티미터의 길이} 나 되는 지네와 손바닥만한 거미들이 침실을 누비는가 하면, 처마에는 새끼를 가진 참새가 날마다 뱀을 경계하며 지저귀는데, 이는 모두 육지에서는 보지 못하던 광경입니다.

– 김정희, 《완당전집》

이처럼 평생 듣도 보도 못한 최악의 환경 속에서 김정희는 하루빨리 귀양에서 풀려나기를 간절히 기다릴 뿐이었습니다. 그러나 시간은 덧없이 흘러갈 뿐, 풀려날 기미는 전혀 보이지 않았지요. 결국 체념한 김정희는 어떻게든 새로운 환경에 적응해 보려 합니다. 날이면 날마다 가족들에게 편지를 보내 필요한 서책들을 부탁하고, 좋아라하던 학문에 매진하고자 했던 것이지요.

그렇게 귀양 생활은 무려 8년이나 이어졌습니다. 기나긴 귀양 생활 동안 김정희가 무엇을 하며 지내왔는지는 스승 박규수의 증언을 통해 생생하게 전해지고 있습니다.

처음 김정희의 서체는 청나라 학자 옹방강의 글씨를 본받아 획이 두꺼웠는데, 만년에 바다를 건너갔다가 돌아온 다음부터는 남을 흉내 내지 않게 되었다. 마침내 대가들의 장점만을 모아 스스로 일가^{一家, 학문·예술 등의 분야에서 독자적인 경지에 오른 상태}를 이루게 되었다. 서체에는 그의 정신과 기운이 그대로 발현되어 있는 듯 했는데, 마치 바다와 초목과도 같았다.

– 박규수, 《환재집》

이러한 진술을 통해 김정희가 금석학에 대해 갖고 있었던 남다른 열정이 서체로 옮겨온 것을 확인해 볼 수 있습니다. 중국의 옛 책들과 비석은 물론, 조선의 비석까지 두루 연구하면서 서체의 기원을 끈질기게 파고든 김정희는 자신만의 개성 있는 서체를 완성하기 위해 무진 애를 썼지요.

아무리 노력해도 원하는 경지에 도달하지 못했었는데, 아이러니하게도 인생 최대의 고난을 겪으며 비로소 그 정점에 오르게 되었습니다. 귀양지에서 완성된 김정희의 서체는 그의 또 다른 호인 '추사秋史'를 딴 '추사체'라는 이름을 갖게 되었습니다.

몸은 귀양지에 있었지만, 추사체에 대한 인기는 하늘을 찔렀습니다. 당시 국왕이었던 헌종마저도 김정희의 서체를 몸소 구해 감상할 정도였지요. 김정희가 글씨를 쓰면 한라산의 냉혹한 추위 속에서도 먹이 얼지 않는다는 둥, 캄캄한 밤에 김정희의 글씨를 걸어 두면 빛이 난다는 둥의 전설 같은 소문이 돌 정도로 그의 명성은 점점 높아졌습니다.

추워진 다음에야 소나무와 잣나무의 굳센 힘을 알 수 있다

한때 나는 새도 떨어트릴 정도의 권세와 명예를 누렸지만, 하루아침에 한반도의 가장 외진 곳으로 와 갖은 고생을 하게 되었던 김정희. 그가 인생에서 깨달은 모든 것들이 만년에 완성한 추사체에 오롯이 담겨 있었습니다. 당대 그 누구도 김정희가 완성

<세한도>(국립중앙박물관)

한 추사체를 따라 할 수 없었던 이유는, 어쩌면 바로 이 때문이 아니었을까요?

훗날 김정희는 고생스러운 여정을 마다하지 않고 육지와 유배지를 오가며 자신을 위해 헌신해 준 제자 이상적에게 <세한도>라는 그림을 선물했습니다. 그 옆에는 추사체로 "추워진 다음에야 소나무와 잣나무의 굳센 힘을 알 수 있다."라고 적혀 있지요. 이 문장은 어려운 시기가 닥치고 나서야 진정한 의리가 드러난다는 뜻을 담고 있습니다. 얼핏 보면 이상적의 의리를 칭송하는 글처럼 보이지만, 동시에 고난 속에서 마침내 추사체를 완성해 낸 자신의 이야기를 암묵적으로 내비치고 있는 것처럼 느껴지기도 합니다.

추사체의 명성과는 달리, 제주에서 8년의 유배 생활을 마친 김정희의 노년은 그 뒤로도 좋지 못했습니다. 제주에서 풀려난 지 얼마 지나지 않아 또다시 다른 사건에 연루되어 함경도 북청으

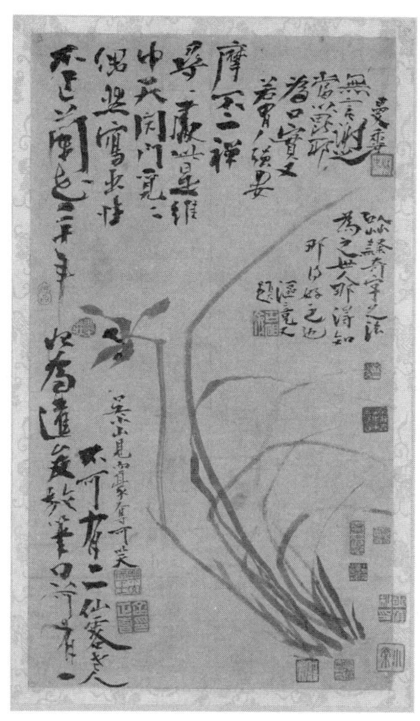

김정희가 귀양에서 풀려난 뒤 과지초당에서
완성한 <불이선란도>(국립중앙박물관)

로 유배되었던 것이지요. 함경도에서 약 1년 여 유배 생활을 마친 뒤에는 과천의 과지초당에서 한양에 있는 봉은사를 오가며 조용히 여생을 보냈습니다.

그저 흘러가는 대로 남은 운명을 담담하게 받아들이며 살아가던 김정희는, 70살의 나이에 마침내 눈을 감았습니다. 말년에 그가 남긴 "사람들이 옳다고 하는 나도 나이고, 그르다고 하는 나도 나이다. 옳다고 하는 나도 좋고, 그르다고 하는 나도 좋다."라는 시의 한 구절은 마침내 평안을 찾은 그의 마음을 고스란히 보여 주는 듯합니다.

MBTI로 살펴본 조선시대 인물
김정희 : ENFP

지금까지 과지초당의 이야기를 시작으로 짧게나마 김정희의 삶을 돌아보았습니다. 다양한 사람들과 두루 어울리며 학문을 연구하기를 즐겼던 김정희E, 당시 사람들이 주목하지 않았던 금석학을 깊이 파고들어 자신만의 개성 넘치는 서체를 완성한 김정희N, 고난을 겪는 중에도 주변의 지인과 가족을 아끼는 마음이 남달랐던 김정희F, 주어진 운명을 담담하게 받아들이며 순간순간 자신이 할 수 있는 일에 최선을 다한 김정희P.

이러한 사실들로 미루어 보아 김정희의 MBTI는 엔프피ENFP 가 아니었을까 합니다.

6장

꼿꼿이 자기 길을 찾아간 여성들

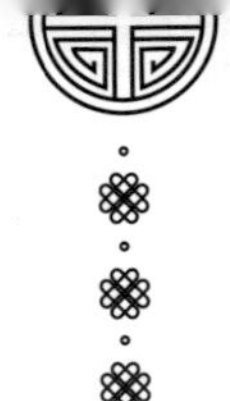

황진이

폭포로 여행을 떠나본 적이 있으신가요? 높은 절벽 위에서 물이 시원하게 곤두박질쳐 만들어지는 하얀 포말, 마음속 시름과 걱정을 싹 씻겨 주는 아름다운 광경이 아닐까 합니다. 금강산의 구룡폭포, 설악산의 대승폭포, 개성 지역의 박연폭포는 우리나라의 3대 폭포로 일컬어집니다. 안타깝게도 구룡폭포와 박연폭포는 북한에 위치하고 있어 오늘날에는 가보기가 어렵지요. 이 중에서도 박연폭포의 경치가 얼마나 훌륭했는지는 조선 후기에 이름난 화가 강세황이 남긴 박연폭포 그림을 통해 엿볼 수 있습니다.

강세황이 그린 <박연폭포>(국립중앙박물관)

조선 후기에는 중국의 영향에서 벗어나 조선만이 가지고 있는 아름다운 자연 풍경을 사실적이고도 개성 있게 그린 그림이 유행했는데요. 이러한 그림들을 '진경산수화眞景山水畵'라고 합니다. 산과 물산수의 실제로 존재하는진 풍경경을 담은 그림화이라는 뜻입니다. 강세황은 겸재 정선과 함께 진경산수화로 큰 인기를 얻었던 대표적인 화가였습니다.

시원하게 흐르는 물줄기 사이로 큼지막한 바위들이 층층이 쌓여 있습니다. 폭포 아래 자리한 작은 정자는 웅장한 폭포와 대조를 이루며, 박연폭포의 장엄한 모습을 더욱 돋보이게 합니다.

🌊 박연폭포에 남은 러브스토리

박연폭포는 조선시대를 대표하는 기생으로 오늘날에도 널리 알려진 황진이의 사연이 깃든 장소입니다. 개성에서 태어난 황진이는 박연폭포에서 자유분방한 성향의 학자 서경덕을 만나 특별한 인연을 맺게 되었습니다. 황진이와 마찬가지로 개성 출신이었던 서경덕은 조선의 이름난 성리학자 중에 드물게 스승 없이 혼자만의 힘으로 높은 학문의 경지에 오른 인물이었습니다.

가난한 집안에서 태어난 서경덕은 43살의 늦은 나이에 1차 과거시험인 생원시에 합격하여 조선의 최고 대학 성균관에 입학했습니다. 그런데 무슨 일인지 얼마 지나지 않아 돌연 고향인 개성으로 돌아왔지요. 이때부터 서경덕은 개성 송악산 자락에 '화담'이라는 작은 집을 짓고 독학에 열중했다고 전해집니다.

서경덕의 비범함에 마음이 끌렸던 걸까요. 황진이는 몸소 그를 찾아가 그에게 가르침을 구합니다. 당시 여성이라는 한계를 뛰어넘어 시와 학문에 특출난 소질을 타고났던 황진이는 그렇게 운명처럼 서경덕을 만났습니다.

서경덕을 시험해 볼 생각이었는지 어느 날 황진이는 느닷없는 질문을 던집니다. "개성에 삼절三絶, 세 개의 빼어난 것이 있는데, 무엇인지 아십니까?"라는 것이었습니다. 서경덕이 모른다고 답하자, 황진이는 웃으며 말했습니다. "박연폭포, 서경덕, 그리고 나 황진이"라는 것이었지요. 예상치 못한 대답에 서경덕은 허허 웃고 맙니다. 이후 이 이야기는 서경덕과 황진이가 세상을 떠난 뒤에도 오래도록 사람들 사이에서 회자되었습니다. 이 과정에서 박연폭 포는 조선의 이름난 명소로 자리 잡게 되었지요.

이쯤에서 황진이와 서경덕의 관계가 궁금해집니다. 이 둘은 단 지 스승과 제자의 관계에 지나지 않았을까요? 황진이에 대한 이 야기는 나라에서 공식적으로 펴낸 역사책에서는 도통 찾아볼 수 없기에 명확한 사실을 알아낼 길이 없습니다. 다만 황진이가 서 경덕을 그리며 남겼다는 시 한 편이 다음과 같이 전해지고 있습 니다.

내 언제 믿음 없이 굴어 임을 속였길래

달이 기운 깊은 밤에 오려는 뜻이 전혀 없네.

가을바람에 지는 잎 소리야 나인들 어찌하리

가을바람에 낙엽이 지는 소리가 그리고 그리던 사람이 오는 발소리인 줄 알고 가만히 귀를 기울여 본다는 무척 애틋한 시입 니다. 시의 내용을 미루어 보아 황진이와 서경덕은 서로를 깊이 사랑했던 연인 관계가 아니었을까 싶습니다.

🌈 안정적인 삶을 포기하고 기생이 되다

그런데 서경덕은 황진이의 유일한 연인이 아니었습니다. 황진 이는 평생 어느 한 남성에 얽매이지 않고 다양한 남성과 사귀며 사랑을 나누어 왔습니다. 이러한 삶 덕분에, 여성에게 특히나 엄

19세기 이후 일본인이 촬영한 평양 기생학교의 기생들(국립민속박물관)

격했던 조선 사회에서 황진이는 '자유연애'의 상징으로 많은 이들의 입에 오르내렸지요.

서경덕이 벼슬길에 아무 미련이 없었던 자유분방한 성리학자였다면, 황진이도 시대의 한계에 매이지 않는 자유로운 영혼의 소유자였던 것입니다. 황진이, 과연 그는 어떤 삶을 살아온 걸까요?

황진이 하면 가장 먼저 떠오르는 수식어는 '기생'입니다. 기생은 신분상 조선시대에서 가장 낮은 계급인 천민이었지만, 춤과 시, 그림 등 다양한 예술적 소양을 갖춘 예능인이기도 했습니다. 이렇다 보니 특별히 뛰어난 재능을 가진 기생들은 드물게 높은 평가를 받으며 인정받기도 했습니다. 어려서부터 시와 학문에 남다른 소질을 보였던 황진이 역시 여러 관리와 양반들과 교류

19세기 이후 일본인이 촬영한 검무를 추고 있는 기생들(국립민속박물관)

하며 기생으로서 명성을 쌓아 갔습니다.

황진이가 기생의 길을 선택하게 된 이유는 무엇이었을까요? 오늘날 남아 있는 자료로는 명확히 알 수 없습니다. 다만 황진이가 자신의 출신을 뛰어넘기 위해 내린 나름의 대담한 선택이었다는 이야기가 힘을 얻고 있습니다.

황진이는 연산군이 반정으로 왕위에서 쫓겨나고, 중종이 왕이 된 해인 1506년에 태어났습니다. 황진이의 어머니는 노비 출신으로 양반가의 둘째 부인이 된 인물이었습니다. 조선시대 양반가 남성은 흔히 정실부인이라고 불리는 첫째 부인 이외에도 여러 부인을 둘 수 있었습니다. 그런데 첫째 부인이 아닌 그다음에 혼인한 부인의 사이에서 출생한 자녀는 관직 진출에 제한을 두는 등 여러 사회적 차별을 받았습니다. 부인의 신분이 양인일 경

437

우에는 '서자', 천민일 경우에는 '얼자'라고 불렸지요.

황진이는 아들도 아닌 딸이었으니, 그에게 허락된 인생의 선택지는 어머니처럼 양반가의 첩이 되는 길밖에 없었습니다. 그러나 황진이는 온실 속 화초처럼 안정적이지만 갑갑한 생을 살기를 원하지 않았습니다. 선택지가 적고 적은 상황에서 황진이는 자신의 운명을 뒤바꿀 선택을 합니다. 타고난 예술적 재능을 마음껏 뽐내리라, 뜻밖에도 기생이 되기로 결심한 것입니다.

여러 기록을 통해 보아도 황진이는 다른 사람들의 시선을 전혀 신경 쓰지 않고, 스스로가 좋아 선택한 길을 꿋꿋이 걸어가는 당찬 인물이었던 것 같습니다. 황진이의 인물됨을 알 수 있는 기록은 다음과 같습니다.

"여자인데도 활달하고 큰 기량이 있어 협객의 풍모를 지녔다."
"진이는 비록 기생이라고는 하나 성품이 바른 데다 옷차림이 화려하지 않고, 관청의 술자리에 나가더라도 세수만 하고 옷을 갈아입지 않았다."
"방탕한 것을 좋아하지 않아 시정잡배_{방탕한 생활을 하는 점잖지 않은 무리}가 천만금을 주며 어울리기를 원해도 허락하지 않았다."

어느 날 고을 현감이 자신의 어머니를 위하여 큰 잔치를 열었다. 한양에 있는 기생과 노래하는 여자들을 모두 불러 모았고, 이웃 고을의 선비들과 높은 벼슬의 관리들도 한데 모였다. 붉게 분칠한 여인이 자리에 가득하고 비단옷을 입은 사람들이 무리를 이루었다. 이때 황진이

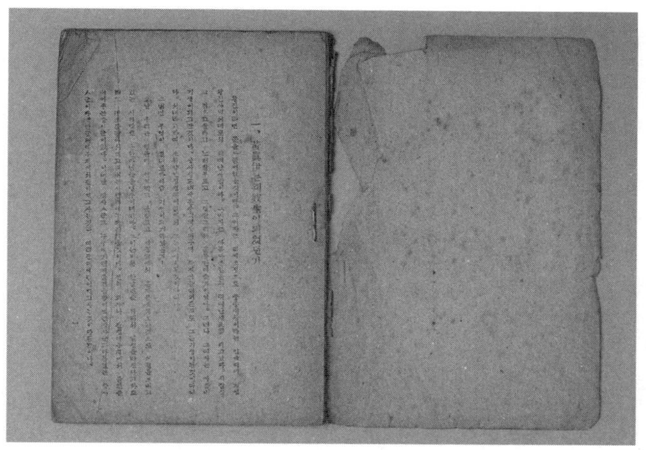

광복 이후에 출간된 황진이 역사소설,《황진이는 왜 기생이
되었는가》(국립한글박물관)

가 얼굴에 화장도 하지 않고 담담한 차림으로 자리에 나오는데, 조금
도 꾸미지 않는 태도가 사람들의 마음을 움직였다. 밤이 다 지나도록
계속되는 잔치에서 황진이를 칭찬하지 않는 이가 없었다.

– 이긍익,《연려실기술》

자신감이 넘치고, 하는 일마다 당당한 사람을 보면 나도 모르
게 동경하게 될 때가 있지 않나요? 황진이에게는 바로 그런 매력
이 있었던 것 같습니다.

황진이가 세상을 떠난 지 몇백 년이 지난 오늘날까지도 황진이
의 삶이 여러 드라마나 영화를 통해 재연되는 이유도 이러한 매
력 때문이겠지요. 황진이와 관련된 이야기는 남한뿐만 아니라
북한에서도 소설로 창작되어 큰 인기를 끌었습니다.

여러 남성의 가슴을 울린 황진이

황진이의 인기는 그가 살아 있던 당시에도 하늘을 찌를 듯했습니다. 성품뿐만 아니라 외모까지 뛰어났던 그는 수많은 남성에게 큰 인기를 누렸다고 전해집니다. 앞서 이야기한 서경덕도 황진이의 유혹에도 흔들리지 않고 학문에만 집중한 올곧은 선비로 사람들 사이에서 자주 회자되곤 했지요.

서경덕과는 반대로 황진이의 매력에 푹 빠진 남성들도 있었습니다. 세상을 등지고 부처님을 섬기기 위해 승려의 길을 선택했지만 황진이의 유혹에 넘어가 버렸다는 지족 선사, 황진이의 매력에 버선발로 뛰쳐나왔다는 개성의 관리 송공, 황진이와 단 한 달만 함께 지내고 돌아오겠다며 친구들과 내기를 벌였지만 결국 약속된 날들이 다 지나고도 황진이와 이별하지 못했다는 선비 소세양, 말을 타고 가다가 황진이가 읊은 시에 마음을 빼앗겨 그만 말에서 떨어지고 말았다는 벽계수 등.

그런데 이러한 이야기 중에는 황진이 본인의 입장에서 쓰인 이야기는 단 하나도 없습니다. 만약 황진이가 살아생전 위의 이야기들을 직접 들을 수 있는 기회가 있었다면, 어떠한 반응을 보였을까요? 아마 얼굴을 붉히며 황당해하지 않았을까요?

그 누구와도 혼인을 하지 않았던 황진이는 그저 물이 흘러가듯 자연스레 여러 남성과 인연을 맺어온 것일 수도 있습니다. 다만 황진이가 몸소 보여 준 자유연애라는 선택지가 조선 사회에서는 상상도 못 할 일이었기 때문에, 황진이의 삶은 누구에게도 온전

19세기 이후 일본인이 촬영한 기생 사진(국립민속박물관)

히 이해받지 못하고 '다양한 유혹의 이야기'로만 전해진 것은 아닐까요?

실제로 황진이가 남긴 여러 시를 읽다 보면, 황진이는 누구와 연애를 하든 항상 진심이었다는 사실이 저절로 느껴집니다.

相思相見只憑夢 그리워하고 만나고 싶어도 오직 꿈에서만 할 수 있으니

儂訪歡時歡訪儂 내가 임을 찾아갈 때 임도 나를 찾아왔나 봅니다.

願使遙遙他夜夢 언젠가 먼 날 밤, 꿈속에서 거닐다가

一時同作路中逢 우연히 길 위에서 다정하게 만나게 되기를 바랍니다.

— 상사몽相思夢, 서로를 그리는 꿈

동짓달의 긴 밤을 마치 천 조각을 자르듯 잘라서

따뜻한 봄바람이 부는 이불 속에 차곡차곡 넣어 두었다가
사랑하는 임이 찾아오는 밤이 되면 하나하나 펼쳐야지.

- 동짓달 기나긴 밤을

'상사몽'은 그리운 연인을 꿈속에서만 만날 수 있는 현실을 슬퍼하는 내용입니다. 한편 '동짓달 기나긴 밤을'은 기나긴 겨울밤을 이불 속에 감춰 두었다가 연인을 만나게 되는 날에 하나하나 펼쳐서 함께하는 시간을 한없이 늘리고 싶다는 간절한 바람을 담고 있습니다. 이처럼 황진이의 사랑 이야기는 그저 '유혹의 서사'로 풀어내기엔 너무나도 애틋한 깊은 사랑을 담고 있습니다.

황진이는 16세기 조선 사회가 품어낼 수 없었던 자유로운 영혼, 그 자체였습니다. 황진이의 당당한 발자취는 그가 30여 년의 짧은 인생을 마칠 때까지 계속되었습니다. 황진이는 당시 중국 사람들도 부러워했던 금강산 여행의 소원을 이루고자 높은 관리의 아들이었던 이생원을 친구 삼아 길을 떠나기도 하고, 자신의 음악적 성장을 위해 명창 이사종과 6년 동안 계약 동거를 하는 등 호쾌한 행보를 이어갔습니다.

매 순간을 치열하게, 또 진심으로 주어진 인생을 살아 간 황진이에게도 마침내 끝은 찾아왔습니다. 병으로 몸져누운 황진이는 "내가 죽으면 슬피 울지 말고, 관을 옮길 때 흥겨운 음악과 함께할 수 있도록 하라."는 유언을 전했다고 합니다. 마지막 소원이 이루어졌는지, 오늘날 전해지는 기록만으로는 알 길이 없습니다. 다만 이러한 유언을 남긴 황진이가 참으로 비범하고

남다른 사람이었다는 평이 남아 있을 뿐입니다.

MBTI로 살펴본 조선시대 인물
황진이 : ENTP

지금까지 박연폭포의 이야기를 시작으로 짧게나마 황진이의 삶을 돌아보았습니다. 다양한 남성들과 스스럼없이 연인의 인연을 맺어 온 황진이E, 시와 음악 등 예술적인 부문에서 남다른 재능을 보인 황진이N, 많은 이들과의 이별을 절절하게 슬퍼하면서도 훌훌 털고 일어나 다시 자신의 길을 걸어간 황진이T, 흘러가는 대로 담담히 주어진 운명을 살아 낸 황진이P.
이러한 사실들로 미루어 보아 황진이의 MBTI는 엔팁ENTP가 아니었을까 합니다.

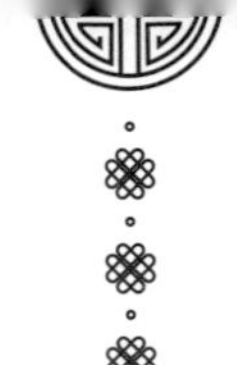

허난설헌

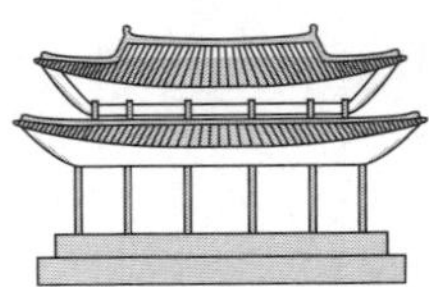

강릉 경포 해변 앞에는 구수한 두부 내음이 술술 나는 초당 두부 마을이 있습니다. 이곳 가게들에는 중화요리 대표 메뉴인 짬뽕과 콜라보한 개성 넘치는 두부 요리부터, 두부 본연의 맛을 살린 담백한 두부전골까지 다양한 메뉴가 준비되어 있지요. 강릉은 언제부터 두부가 유명했던 걸까요?

사실 '초당'이라는 이름에는 사연이 있습니다. 초당은 조선시대에 문장가로 이름난 허엽의 당호입니다. 조선시대 사람들은 본래 이름 외에도 편하게 부를 수 있는 당호를 따로 짓곤 했습니다. 허엽은 강릉 사람과 결혼했는데, 조선 전기에는 결혼 초에 처갓집에서 생활하는 풍속이 있어서 한동안 강릉에서 머무른 적

허난설헌과 허균이 태어난 곳이라고 전해지는 강릉 초당동 고택(국가유산청)

이 있었습니다. 이때 허엽은 바닷물을 길어다가 두부를 만들곤 했다고 합니다. 허엽이 지은 두부가 얼마나 맛이 있던지 마을에는 금세 입소문이 퍼졌고, 이러한 이유로 허엽의 당호를 딴 '초당 두부'라는 말이 오늘날까지 전해지게 되었다는 이야기입니다.

허엽에게는 두부 말고 또 다른 별칭도 있었습니다. 바로 '허씨 오문장'입니다. 허엽 본인을 포함하여 그의 자녀인 허성, 허봉, 허난설헌, 허균의 학문 수준이 월등히 높았고, 시와 문학에도 조예가 깊었기 때문이었지요. 이 중에는 친숙한 이름도 보입니다. 《홍길동전》의 저자로 잘 알려진 허균이 그렇습니다. 그런데 허균이 마음 깊이 동경하고 사랑했던 친누이, 허난설헌에 대해서는 고개를 갸웃하시는 분이 많을 듯합니다.

초희, 난설헌이 되다

허난설헌은 중국 명나라의 학자들과 학문을 의논할 수 있을 정도로 명민했던 허봉의 동생이자, 자유분방한 성향의 천재 작가 허균의 누이였습니다. 일찍이 과거에 합격하여 높은 벼슬을 지낸 허봉과 허균은 누이 허난설헌의 든든한 조력자가 되어 주었습니다. 특히 오빠 허봉은 허난설헌이 어릴 때부터 시문학에 특출난 재능을 보이자, 당시 시인으로 명성이 자자했던 이달을 스승으로 모셔오기까지 했지요.

여성에게 엄격한 규칙과 윤리를 강제하던 조선시대에 허봉의 이러한 행동은 매우 놀라운 것이었습니다. 유학을 통치 철학으로 내세운 조선 사회에서 여성은 '삼종지도三從之道'를 따라야 할 의무가 있었습니다. 삼종지도란 '좇아야 할 세 가지의 도리'라는 뜻으로, 그 세 가지는 첫째, 집에서는 아버지의 뜻을 따르고 둘째, 결혼하면 남편에게 순종하며 셋째, 남편이 죽으면 아들의 뜻을 따라야 한다는 것이었습니다.

유학에서는 사람마다 제 지위와 역할에 따라 책임을 다해야 한다는 뜻인 '분分'이라는 개념을 중요하게 가르쳤는데, 여성에게는 바로 이 '삼종지도'가 마땅히 지켜야 할 '분'이었습니다.

이러한 분위기 속에서 조선에서 태어난 여성은 제 이름조차 갖지 못하는 경우가 많았습니다. 아무개의 부인 모씨, 아무개의 어머니 모씨 등으로만 불리기 일쑤였지요. 여성 본인의 자아보다는 아내로서 혹은 어머니로서의 역할이 중요하게 여겨졌기

허난설헌 표준 영정(전통문화포털)

때문에 그렇습니다. 오늘날 오만 원권의 주인공인 신사임당도 그 본래 이름은 명확히 전해지지 않고 있습니다. '사임당'이라는 당호는 '중국 주나라의 태평성대를 이끌었던 문왕의 어머니처럼 뛰어난 덕을 갖추었다'라는 의미일 뿐이지요.

그런데 허난설헌은 이름뿐 아니라 보통 남성에게만 붙이던 또 다른 이름인 자字와 별칭인 당호까지 모두 갖고 있었습니다. 이름은 '초희'이고, 자는 중국 초나라 장왕을 올바른 길로 이끌고자 노력한 왕비 번희를 존경한다는 의미의 '경번', 당호는 난초의 고상하고 깨끗함을 뜻하는 '난설헌'이지요. 아버지가 지어 준 이름

외에 자와 당호는 스스로 지었다고 전해집니다. 여성으로 세상에 왔지만 조선 사회의 단단한 규범을 깨고 난초처럼 아름답게 피어나고 싶다는 간절한 바람을 당호에 담았던 걸까요?

🌊 외로운 조선의 한류스타

허난설헌은 조선보다 오히려 중국과 일본에서 더 큰 명성을 얻었습니다. 오늘날의 표현으로 하자면, '한류 스타'라고 할 수 있을 정도였지요. 이처럼 허난설헌이 시인으로서 명성을 널리 떨칠 수 있었던 이유는 앞서 언급한 대로 오빠 허봉이 훌륭한 스승을 초빙하여 그가 뛰어난 시인으로 성장할 수 있는 발판을 마련해 준 덕분도 있었지만, 동생 허균의 역할도 컸습니다.

허균은 자신의 시를 모두 불태우라는 누이의 유언을 어기고, 비상한 암기력을 바탕으로 외워 둔 누이의 시들을 초고로 써서 간직하고 있었습니다. 평소 허균은 "누님의 시와 문장은 모두 하늘이 내려 준 것이다."라며 누이를 마음 깊이 동경하고 있었지요. 하늘이 준 뛰어난 재능을 마음껏 펼쳐보지 못하고 세상을 떠난 누이가 안타까웠기 때문이었을까요?

허균은 이후 임진왜란이 일어났을 때 조선으로 온 중국 명나라의 문인들에게 누이의 시 몇 개를 전해 줍니다. 이때부터 허난설헌의 시집은 빛을 보기 시작했습니다. 명나라에서 편찬된 《조선시선》이라는 제목의 시집 안에 허난설헌의 시 몇 편이 수록된 것입니다.

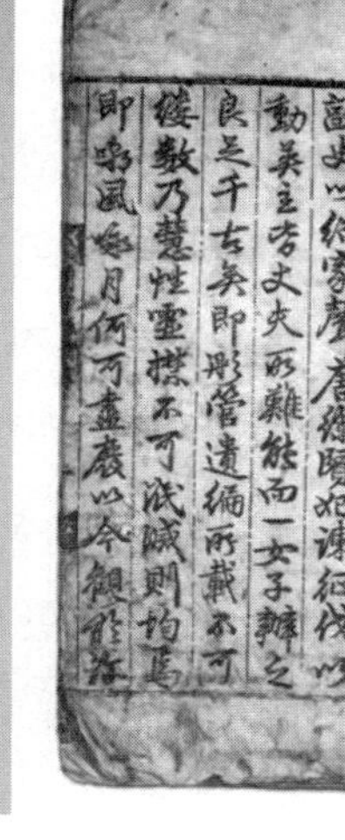

《난설헌집》(국립중앙박물관)　　　　처음으로 인쇄된 《난설헌집》(국가유산청)

　허균은 누이의 시 200여 편을 소중히 품속에 간직해 오다가, 이를 《난설헌집》이라는 이름의 시집으로 엮어 당시 명망 높은 관리였던 류성룡에게 추천서까지 받아 둔 상태였습니다. 그런데 도중에 전쟁이 터지는 바람에 출간이 하염없이 미뤄질 수밖에 없었던 것이지요. 류성룡은 허균의 친형 허봉의 친한 친구이자, 임진왜란 때는 오늘날의 국무총리라고 할 수 있는 영의정을 지낸 인물입니다.

　허균이 건넨 허난설헌의 시를 본 류성룡은 깜짝 놀라고 말았습니다. 그러고는 추천서에 "훌륭하도다. 이건 아녀자의 문장이 아니다. 어떻게 허씨의 집안에는 뛰어난 재주를 가진 사람이 이토록 많단 말인가."라며 시에서 받은 감동을 그대로 전했습니다.

그런데 왜 허난설헌은 조선보다 중국과 일본에서 더 유명해진 걸까요? 조선에서는 류성룡처럼 그의 뛰어난 문장 실력에 감탄한 이들도 있었지만, 이를 곱지 않게 바라보는 시선도 존재했습니다. 양반가에서 태어난 허난설헌이 여성으로서 제 역할을 다하지 못했다는 이유에서였지요. 앞서 이야기한 삼종지도에서 한참 벗어난 그의 행보에 많은 이들이 혀를 내둘렀습니다. "선비들의 귀를 놀라게 하는 시나 짓지 말고, 남편을 받드는 일에 더 정성을 쏟아야 한다."라는 심한 비판도 있었습니다.

조선 후기 사상의 흐름에 새로운 이정표를 세운 실학자들마저도 허난설헌의 시를 이야기할 때면 날을 세우곤 했습니다. 조선의 코페르니쿠스로 불린 실학자 홍대용은 "부인의 시는 훌륭하지만, 그가 모범적인 행동을 했다고는 볼 수 없다."라고 평가했고, 파격적인 문체로《열하일기》를 저술하며 유명해진 실학자 박지원도 허난설헌의 표절 의혹을 언급하며, "재주와 생각 있는 양반가 여성들은 본보기로 삼아 조심해야 한다."라고 비판했지요. 표절 의혹은 허난설헌의 시 대부분이 허균의 기억을 바탕으로 전해졌고, 그의 시 중 중국 시와 유사한 것이 많았기 때문에 시작되었습니다.

이처럼 조선에서 허난설헌의 시집에 대한 표절 의혹이 점점 커지고 있던 가운데, 일본에서는 뒤늦게 허난설헌 붐이 일어났습니다. 부산에 들른 일본 상인이 우연히 허난설헌의 시집을 들고 돌아갔는데, 이 시집이 일본어로 번역되어 출판된 뒤로 그 인기가 하늘을 찌를 듯 높아진 것입니다. 이처럼 허난설헌은 중국과 일본까지 널리 이름을 날린 최초의 한류 스타였지만, 아이러니 하게도 조선 안에서는 미움을 받았습니다.

자유분방한 아내와 그를 부담스러워하는 남편

허난설헌이 그린 것으로 전해지는 작약 그림(국립중앙박물관)

허난설헌에 대한 평가가 좋지 않았던 이유 중의 하나는 허난설헌과 남편의 사이가 좋지 못했기 때문이기도 했습니다. 동생 허균은 "나의 누이는 어질고 문장도 뛰어났으나, 시어머니의 사랑을 얻지 못했고, 또 두 자식까지 잃어 마침내 한을 품고 세상을 떠났다." 라며 증언하고 있습니다. 도대체 어떤 일이 있었던 걸까요?

어렸을 때부터 유달리 총명하고 아름다운 외모의 소유자였던 허난설헌은 당찬 성격을 갖고 있었던 듯합니다. 아버지 허엽은 여성으로 태어난 허난설헌에게 글을 가르치지 않으려 했지만, 허난설헌은 이에 물러서지 않고 남형제들이 글공부를 할 때 귀동냥하여 스스로 글을 익혔습니다. 그러곤 5살 때부터는 어려운 시와 산문을 척척 지어 보이니, 주변에서는 감탄이 끊이지 않았지요.

하지만 어느덧 시간이 흘러 허난설헌에게도 결혼할 시기가 다가왔습니다. 조선시대에는 아이가 보통 열다섯이나 열여섯이 되면, 어른들이 결혼할 가문을 찾느라 분주해졌습니다. 그러나 허난설헌은 아버지를 찾아가 대뜸 이렇게 말합니다. "소녀는 신랑을 직접 보지 못한다면 시집가지 않겠습니다." 당시에는 어른들이 정해 준 가문과 혼인하는 것이 당연한 일이었기에, 당찬 딸의 말에 허엽은 당황할 수밖에 없었지요.

시간이 지나 허엽이 신랑댁으로 가 결혼을 의논하던 중이었습니다. 그런데 돌연 방문이 열리더니 심부름하는 아이가 담배를 태울 때 쓰는 통을 든 채 들어왔습니다. 심상치 않은 기운을 느낀 허엽이 아이를 자세히 들여다보니 아니나 다를까, 자신의 딸 허난설헌이 남장을 하고 들어온 것이었습니다.

이렇게나 결혼에 대해 대담한 태도를 보이던 허난설헌은 결국 오빠 허봉의 추천으로 자신보다 한 살 많은 안동 김씨 김성립과 결혼하게 되었습니다. 남편 김성립은 훗날 28살의 나이에 과거에 합격하여 외교 문서를 작성하는 관청 승문원과 왕의 자문을 도맡아 하는 관청 홍문관에서 일할 정도로 뛰어난 관리가 되었지만, 자상한 남편은 아니었던 듯합니다. 오히려 '조선의 여성답지' 못하고 유난히 터프한 아내를 몹시 부담스러워했습니다.

신혼 초부터 김성립은 과거시험을 준비한다는 핑계로 외출이 잦았습니다. 하지만 허난설헌은 눈 하나 깜짝하지 않고, 글공부를 빌미로 유흥을 즐기는 남편을 비난하는 시를 보내기도 했습니다. 어느 날은 김성립의 친구들이 허난설헌에게 남편이 기방에 드나든다며 고자질한 적도 있었지요. 그러나 허난설헌은 오히려 그 친구들을 꾸짖으며 왜 남편과 자신 사이를 이간하려 드느냐며 노여워했습니다.

🌊 하늘로 올라 신선이 되다

남편에게 내조하는 아내가 아닌, 뛰어난 시인이 되고 싶었던 허난설헌은 주변의 손가락질에도 아랑곳하지 않았습니다. 오히려 자신이 지은 문학작품 안에서 현실을 잊어보겠다는 당당한 모습을 보였습니다. 어린 시절부터 허난설헌은 도교에 빠져 있었습니다. 아버지 허엽이 도교에 해박했던 서경덕의 제자였기 때문에 그 영향을 받은 탓도 있었지요.

허난설헌은 저술한 여러 작품 속에서 자신을 초자연적인 신선의 모습으로 등장시키곤 했습니다. 이러한 세계관을 엿볼 수 있는 시 하나를 살펴보겠습니다.

새를 타고 한밤중에 봉래섬에 내려와

기린이 끄는 수레를 타고 향기로운 풀잎 위를 한가롭게 거니네.

바닷바람이 불어와 푸른 복숭아꽃이 휘날리고

옥쟁반 위에는 신선들이 먹는 대추가 가득 담겨 있네.

- 〈허공을 걷는 노래〉

자신이 창조한 세계 안에서라도 자유롭고 싶었던 허난설헌의
마음이 고스란히 느껴지는 듯합니다. 한편 자신이 바라는 생을
살지 못했던 허난설헌은 자신보다 더 큰 고난과 어려움을 겪고
있던 타인에게 사랑과 관심을 쏟기도 했습니다. 이는 고된 노동
으로 고통을 겪고 있던 이들을 생각하며 쓴 시에 잘 나타나 있습
니다.

성을 쌓고 또 쌓으니
성이 높아 도적이야 막겠지요.
그러나 엄청난 도적이 쳐들어오면
쌓은 성으로도 막지 못하겠지요.

이 시에 등장하는 성으로도 막을 수 없는 도적은 누구였을까
요? 백성의 삶을 어렵게 하는 눈에 보이지 않는 모든 적을 가리
키는 말이 아니었을까요?

이처럼 시대가 품어주지 않더라도 주눅이 들기는커녕 당당하
기만 했던 허난설헌이었지만, 그에게도 극복하기 어려운 어두운
그림자가 드리우기 시작했습니다. 허난설헌은 좋지 않은 결혼
생활 중에 어렵게 얻은 두 아이를 그만 먼저 떠나보내고 말았습
니다. 부모인 자신보다도 먼저 세상과 이별한 두 아이를 사무치
게 그리워하며 시를 지었지요.

지난해에는 사랑하는 딸을 잃었는데

올해는 사랑하는 아들을 앞세웠구나.

슬프디슬픈 광릉 땅이여!

두 무덤이 마주 보고 솟아 있도다.

백양나무에는 쓸쓸한 바람이 부는데

도깨비불이 소나무와 가래나무 사이에 밝았구나.

종이를 태우며 너희 혼을 부르고

한 잔 술을 너희 무덤 앞에 놓는다.

너희 넋은 서로 오누이임을 알 테니

밤마다 서로 좇으며 어울려 놀겠지.

뱃속에 아기가 있다고 하나

어찌 장성하기를 바랄 수 있을까

울음을 삼키며 슬퍼할 뿐이다.

- 〈곡자哭子〉

　시에 나타난 허난설헌의 예감대로, 뱃속의 셋째 아이마저도 결국 얼마 지나지 않아 세상을 떠나고 말았습니다. 그런데 이러한 끝없는 슬픔 속에서 거짓말처럼 또 다른 불행이 허난설헌을 찾아왔습니다. 그의 꿈을 늘 응원해 주던 오빠 허봉의 죽음이었습니다.

　당시 조선 조정은 동인과 서인 사이의 다툼으로 혼란했습니다. 동인을 이끌고 있었던 허봉은 서인 쪽 인물인 율곡 이이를 탄핵하다가 그만 귀양길을 떠나게 됩니다. 상심이 컸던 탓인지, 허봉은 이후 귀양에서 풀려난 지 얼마 지나지 않아 끝내 집으로 돌아

경기도 광주에 위치한 허난설헌의 묘(국가유산청)

오지 못한 채 세상을 떠나고 말았습니다.

참 모진 생이었습니다. 그렇게 당당하기만 했던 허난설헌도 일상처럼 이어지던 답답한 생을 견디기가 참 힘이 들었나 봅니다. 마음의 병을 얻은 허난설헌은 결국 시에 적힌 부용꽃처럼 스물일곱의 어린 나이에 세상을 떠났습니다. 아이러니하게도 이때는 남편이 과거에 합격한 해이기도 했지요.

허난설헌이 죽기 직전에 남긴 시를 보면, 그 쓸쓸한 내용이 마치 유언처럼 느껴집니다.

푸른 바닷물이 구슬처럼 반짝이는 바다에 스며들고,
푸른 난새는 화려한 색의 다른 난새에게 몸을 기대네.

연꽃 스물일곱 송이가 붉게 지고 나니,

달빛이 서리 내린 듯 서늘하게 느껴지네.

　살아서는 행복을 누리지 못했더라도, 중국과 일본을 거쳐 오늘날까지 시인 허난설헌의 명성은 면면히 이어지고 있습니다. 이제 허난설헌은 이 세상에 없지만, 사람들의 기억 속에 영원히 남아 있는 그는 살아 있을 때 바라던 대로 신선이 되었다고 할 수 있지 않을까요?

MBTI로 살펴본 조선시대 인물
허난설헌 : INFJ

　지금까지 짧게나마 허난설헌의 삶을 돌아보았습니다. 불행한 결혼생활로 어린 시절의 천진난만한 모습을 온데간데없이 잃어버리고만 허난설헌ɪ, 남다른 상상력으로 자신이 창조한 세계 안에서 현실을 잊고자 했던 허난설헌N, 자신이 겪은 힘든 상황들을 바탕으로 타인의 어려움을 헤아리고자 했던 허난설헌F, 한 치 앞도 예상할 수 없는 삶 속에서 꿋꿋이 붓을 내려놓지 않으며 꿈을 좇았던 허난설헌J.

　이러한 사실들로 미루어 보아 허난설헌은 인프제 ɪɴғᴊ가 아니었을까 합니다.

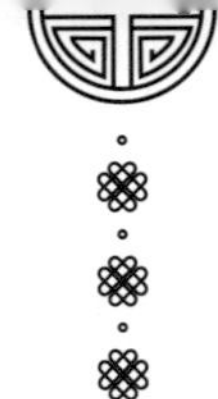

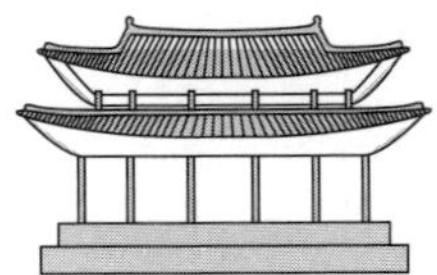

천금을 던져 백성을 구한 제주 할망,

김만덕

제주도를 달리 부르는 말, '삼다도'의 뜻을 아시나요? '삼다三多'는 '세 가지가 많다'라는 뜻으로, 여기에서 세 가지란 바람, 돌, 여성을 가리킵니다. 너른 바다로 둘러싸인 섬 제주는 예로부터 바람이 강하기로 유명했습니다. 또 화산이 폭발하여 생겨난 섬인 만큼, 땅은 모두 검은 돌로 이루어져 있지요. 이처럼 바람, 돌은 단번에 이해가 되는데, '여성' 부분에서는 고개를 갸우뚱하지 않으셨나요?

제주 사람들은 제주의 척박한 토양 때문에 반은 농사를 짓고, 반은 어업에 종사하며 생계를 꾸려야 했습니다. 그런데 배를 타고 고기잡이를 나간 남성들이 풍랑을 만나 목숨을 잃는 경우가

한라산 백록담(제주콘텐츠진흥원)

1988년에 촬영한 제주 해녀의 모습(국립수산과학원)

많았기 때문에, 제주 여성들은 일찍이 '해녀'로 활동하며 남성과 함께 생계를 책임져야 했습니다. 이러한 이유로 제주에는 생활력이 강한 여성이 많다는 이야기가 전해지게 된 것입니다.

그런데 해녀 외에도 제주의 여성으로서 이름을 널리 알린 인물이 있습니다. '거상巨商, 위대한 상인', '조선의 최초 여성 CEO' 등의 수식으로 익숙한 김만덕입니다. 김만덕은 조선시대에 태어난 여성으로서는 드물게 높디높은 명성을 얻었습니다. 당시 국왕이었던 정조의 총애를 받았을 뿐만 아니라, 여러 신하들도 김만덕을 칭찬하는 전기와 시를 지을 정도였지요. 그 명성은 오늘날까지 이어져, 제주도 동부에는 김만덕의 일생을 기리는 김만덕기념관이 세워지기에 이르렀습니다.

우리를 살린 사람은 만덕 할망

조선 후기 관리이자 유명한 학자인 이가환은 김만덕의 생애를 다음과 같이 칭송했습니다.

만덕은 제주도의 기이한 여인

나이는 60인데 얼굴은 마치 마흔 살쯤

천금을 던져 쌀을 사다 굶주린 백성을 구했네.

바다를 건너 임금님을 뵈었네.

한 번은 금강산 보기를 원했는데

금강산은 동북쪽 멀리 안개 속에 싸여 있네.

임금께서 고개를 끄덕이시며 날랜 말을 내려 주시니

천 리를 번쩍하고 강원도로 옮겨 갔네.

높이 올라 멀리 바라보며 눈과 마음 확 트이더니

손을 흔들며 바닷가 외진 곳으로 돌아갔네.
탐라제주의 옛 이름 는 아득한 옛날 고씨 부씨 양씨로부터 비롯되었는데
한양을 구경한 여자는 만덕이 처음이었네.
우렛소리 요란하게 와서는 백조처럼 홀연히 떠나고
높은 기상을 길이 남겨 세상을 씻어 주었네.
인생에 이름을 남기려면 이렇게 해야지.

'천금을 던져' 백성을 도운 공으로 한양에서 정조를 만난 뒤, 정조가 친히 내린 말을 타고 금강산을 여행했다는 김만덕의 이야기는 마치 오늘날 드라마를 방불케 할 정도로 극적입니다. 조선의 후미진 섬 제주에서 태어난 김만덕은 어떻게 '천금'을 벌었으며, 또 어떠한 사연으로 굶주린 백성을 구하게 된 걸까요?

김만덕은 1739년영조 15년 에 태어났습니다. 그런데 그만 12살이 되던 해에 기근과 전염병으로 부모를 잃고 말았습니다. 이후 한 기생의 양딸로 들어가게 된 김만덕은 자신의 의지와는 상관없이 기생의 명단 위에 이름을 올리게 됩니다. 조선시대에 기생은 천인 신분이었습니다. 김만덕의 부모는 양인이었기에 이 사건은 김만덕에게 무척 억울한 일이었지요.

열여덟에 기생이 된 김만덕이 어떠한 인생을 살았는지는 명확히 알 수 없습니다. 다만 20대 초반의 나이에 제주를 다스리는 관리였던 신광익을 찾아가 자신의 억울한 사연을 토로하고 양인 신분을 회복했다는 이야기가 전해집니다. 유려한 말솜씨만으로 관리를 설득해 원하는 바를 이룬 것을 보면, 이때부터 이미 김만

김만덕 표준 영정(전통문화포털)

덕의 비범함이 드러나기 시작한 것이 아닌가 싶습니다.

어느덧 김만덕의 나이가 중년을 바라보게 되었을 즈음, 제주에 엄청난 기근이 닥쳐옵니다. 1792년_{정조 16년} 임을년에 발생하여 1795년까지 3여 년간 계속된 '임을대기근'이었습니다. 당시 백성들이 얼마나 큰 고통을 당했는지에 대해서는 실록의 기록을 통해 잘 알 수 있습니다.

제주도는 예전부터 여러 차례 흉년이 있었지만, 이번 흉년은 추수할 게 전혀 없을 정도로 심각합니다. 겨울부터 여름까지 굶어 죽은 사람이 몇천 명에 이르는데, 올해 8월에 또 큰바람이 연일 불어서 제주의 좌면과 우면이 심한 재해를 입었으니 내년 봄은 올해보다 더 심각할 것입니다.

- 《정조실록》

기근이 닥친 와중에 태풍까지 와 제주 백성이 전에 없던 굶주림을 겪고 있다는 소식입니다. 조선 팔도 중에서도 땅이 척박하여 농사를 짓기가 굉장히 어렵다고 소문난 제주에는 이처럼 번번이 태풍까지 찾아와 극심한 피해가 생기곤 했습니다.

그러나 제주에 사는 백성은 먹고 살길을 찾아 육지로 삶의 터전을 옮길 수도 없었습니다. 1623년 인조 7년 에 조선 조정이 정한 '출륙 금지법' 때문이었지요. 조정은 제주 백성이 계속해서 육지로 이주해 정해진 세금을 거두지 못하게 되자, 이러한 엄격한 법을 만들었던 것입니다.

제주 백성들에게는 사방에서 검푸른 바다가 넘실대는 섬 제주가 영원히 탈출할 수 없는 감옥과도 같이 여겨질 수밖에 없었습니다. 그런데 어느 날, 닿을 수 없는 육지를 하염없이 바라만 보던 백성에게 기적과도 같은 일이 벌어졌습니다. 저 멀리 바다에서 쌀을 가득 실은 배가 오고 있었던 것입니다. 관아에 쌀가마니가 가득 쌓였다는 소식을 듣고 백성들은 구름처럼 몰려들었습니다. 선행의 주인공은 다름 아닌 김만덕이었습니다. 이후 제주 백성들은 남녀노소할 것 없이 "우리를 살린 사람은 만덕 할망이다."라며 김만덕을 칭송했습니다.

🌈 여인의 몸으로 왕을 만나고 금강산을 여행하다

자신의 재산을 온통 쏟아부어 백성을 구제하는 김만덕의 모습에 깊이 감명받은 제주 목사는 이 일을 상세히 적어 정조에게 보고합니다. 대기근으로 백성의 삶이 날로 어려워져 근심이 깊었

조선 후기 화가 정선이 그린 금강산의 풍경(한국학중앙연구원)

던 정조에게도 김만덕의 소식은 참 반가울 수밖에 없었습니다.

김만덕의 선행에 마음 깊이 감동한 정조는 목사를 통해 김만덕의 소원이 무엇이냐 묻습니다. 너무도 기특해서 직접 소원을 들어주고자 했던 것이지요. 김만덕은 정조가 머물고 있는 한양의 궁궐을 둘러보고, 금강산을 여행해 보는 게 평생의 꿈이라며 조심스럽게 소원을 전합니다. 앞서 이야기했듯이 제주 백성이 육지로 나오는 건 법으로 엄격하게 금지되어 있기에 망설였던 것이지요. 그런데 정조는 이를 흔쾌히 승낙합니다.

그렇게 조선이 세워진 후로 전에 없던 놀라운 일이 벌어지고야 말았습니다. 제주 출신의 남성도 아닌 여성이 제주를 벗어났다는 것만으로도 놀라운 일인데, 김만덕은 당시 양반 출신 남성조차 생애 한 번 이룰까 말까 한 꿈인 금강산 여행까지 하게 된 것입니다. 금강산은 조선 사람이라면 누구나 한 번쯤 가보기를 꿈꾸던, 조선시대 최고의 '핫플'이었습니다.

한양으로 올라온 김만덕에게 정조는 "너는 일개 아녀자의 몸으로 굶주린 백성 천여 명을 구했으니 참 기특하다."라며 크게 칭찬했습니다. 김만덕이 정조를 만나 큰 상을 받았다는 소식을 들은 관리들과 양반들도 김만덕을 만나 보고자 줄을 이었습니다. 그만큼 김만덕의 인기가 하늘을 찌를 듯했던 것이지요. 그렇게 김만덕은 반년 정도 한양에 머물다가 늦봄의 어느 날 스님들이 맨 가마를 타고 금강산으로 떠납니다.

제주에서만 살던 김만덕에게 금강산은 그야말로 별천지 새로운 세상이었습니다. 금강산에는 당시 제주에서는 보기가 힘들었던 사찰과 불상도 많았지요. 김만덕은 불상을 만날 때마다 정성을 다해 기도했습니다. 금강산의 구석구석을 돌아보고, 가끔 뱃놀이도 하며 잊을 수 없는 시간을 보낸 김만덕은 한양으로 돌아와 다시 며칠을 머물다 제주로 돌아갔습니다.

김만덕의 선행을 널리 알리고 싶어 했던 정조는 이후 김만덕의 일화를 과거시험의 주제로 출제하기까지 했습니다. 이러한 영향 덕분인지

채제공 초상화(한국학중앙연구원)

당시 많은 이들이 김만덕을 칭송하는 글을 지었지요.

그중에서도 정조의 충성스러운 신하 중의 한 명이었던 채제공이 지은《만덕전》은 당시의 상황을 구체적으로 담고 있어, 오늘날 김만덕과 관련된 연구는 대부분 이 전기를 바탕으로 하고 있습니다. 채제공은 김만덕이 제주로 돌아갈 때 몸소 작별하며 "너는 탐라에서 나고 자랐으니 한라산 백록담의 물을 마셔 보았을 것이고, 또 금강산도 두루 둘러보았으니 이름난 산을 모두 여행한 셈이다. 하늘 아래 남성 중에도 이러한 경우는 드물다."라고 김만덕의 특별함을 강조하기도 했습니다.

🌊 조선의 최초 여성 CEO

그렇다면 김만덕은 어떻게 막대한 부를 쌓을 수 있었던 걸까요? 이에 대해 채제공은 김만덕이 "돈을 불리는 데 재능이 있어 물가의 높고 낮음을 잘 짐작하여 물건을 팔거나 쌓아 놓거나 했다. 그런지 수십 년 만에 부자로 이름을 드높였다."라며 증언하고 있습니다.

조선 후기에는 전국에 시장이 등장하고, 상평통보라는 금속 화폐가 이곳저곳에서 통용될 만큼 상업이 크게 발달했습니다. 그러나 이러한 발달이 제주까지 미치지는 못했습니다. 당장 생계만 꼴몰해도 입에 풀칠하기도 힘이 들었던 제주 백성들이 상업에까지 손을 뻗을 수는 없었던 것이지요.

하지만 김만덕은 일찍이 이러한 사회의 변화상을 눈여겨보

제주 마을 사람들이 김만덕의 공을 기리며 직접 세웠다고 전해지는 김만덕
묘비(국가유산청)

고 있었습니다. 제주가 벼와 면포 등 생활필수품이 잘 나지 않는 척박한 땅이라고는 해도, 생선, 전복, 미역, 감귤 등 제주에서만 나는 다채로운 특산물을 잘만 활용한다면 오히려 기회가 될 수 있다고 본 것이지요.

이에 김만덕은 제주에서 육지로 가는 항구에 상인 전용 숙박업소를 열고 중개업을 시작했습니다. 결과는 대성공이었습니다. 김만덕은 제주의 특산물로 육지에서 온 상인이 들고 온 생필품과 사치품을 거래했습니다. 그러고는 제주 백성들에게 생필품과 사치품을 되팔았지요. 제주의 양반들과 기녀들은 육지에서 갓 배달된 최신 유행의 사치품에 열광했습니다. 그렇게 막대한 돈을 벌어들인 김만덕은 거래하는 곳을 점차 늘려 나갔고, 심지어 배까지 소유하게 되면서 제주 포구의 상권을 전부 손에 쥐게 되었습니다.

조선 조정의 공식 역사 기록인 《승정원일기》에는 조선의 최초 CEO라고 부를 수 있을 만큼 큰 성공을 거둔 김만덕에 대해 "여인이라고는 하나 항상 몸가짐이 바르고 일 처리에 능숙하여 제주의 관리들도 함부로 업신여기지 못하였다."라고 기록하고 있습니다.

MBTI로 살펴본 조선시대 인물
김만덕 : ESFJ

지금까지 삼다도의 어원을 시작으로 김만덕의 삶을 짧게나마 돌아보았습니다. 억울하게 기생의 명단에 올랐지만 유려한 말솜씨를 발휘에 원래의 신분을 되찾은 김만덕E, 누구보다 힘들고 열악한 환경 속에서 세상의 흐름을 빠르게 읽어내고 기회를 잡은 김만덕S, 어렵게 벌어들인 재산을 백성을 구제하는 데 아낌없이 쓴 김만덕F, 척박한 땅 제주의 환경을 역이용해 사업을 시작하여 차근차근 계획적으로 부를 쌓은 김만덕J.

이러한 사실들로 미루어 보아 김만덕의 MBTI는 엣프제ESFJ가 아니었을까 합니다.

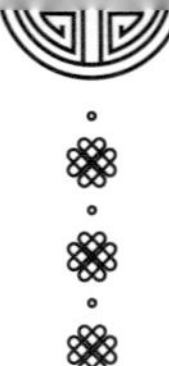

임윤지당

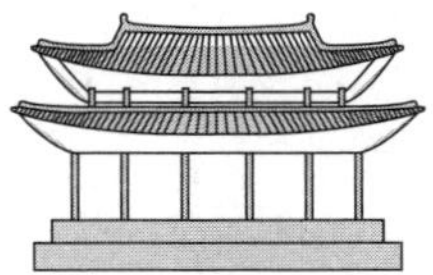

한반도의 척추라고 불리는 태백산 자락이 굽이굽이 흐르고 있는 강원도 원주, 이곳에는 한 여성의 삶을 기리고 있는 특별한 장소가 있습니다. 그의 이름은 임윤지당. 조선시대 여성 중에서는 처음으로 성리학을 연구하고, 자신의 이름으로 책을 펴낸 인물입니다. 고즈넉한 한옥 안에는 그가 어떠한 생을 살아왔는지 친근한 그림과 함께 자세히 소개되어 있습니다.

일찍이 아버지를 여의고 고향 청주에서 한양을 거쳐 원주로 여러 번 이사하며 어려운 어린 시절을 보내는 동안에도 임윤지당은 형제들과 깊은 우애를 나누며 밝게 자랐습니다. 임윤지당의 형제들은 그를 여성이라는 이유로 차별하지 않았고, 유학 경

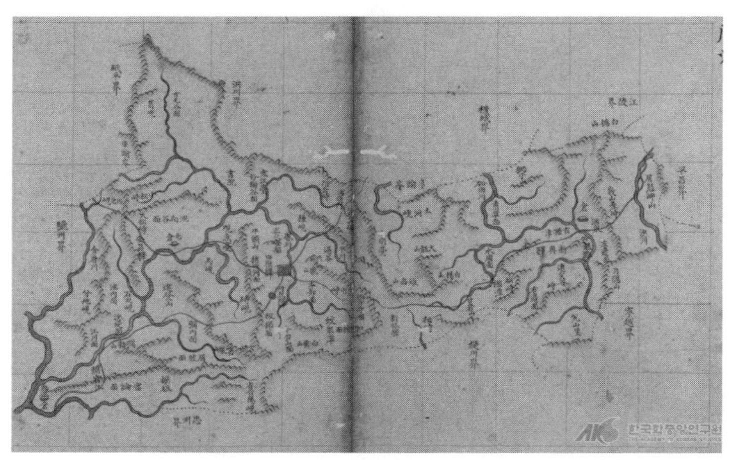

조선시대에 그려진 강원도 원주 지도(한국학중앙연구원)

전과 역사책을 함께 읽으며 토론을 즐기곤 했습니다. 이러한 가족의 배려 덕분에 임윤지당은 여성으로서는 드물게 학문에 대한 관심과 열정을 키울 수 있었고, 결혼 후에도 책을 친구 삼아 외롭고 힘든 날들을 헤쳐나갈 수 있었습니다.

독서와 강의는 남성의 일이다?

성리학을 나라를 다스리는 철학으로 삼은 조선은 남성과 여성의 역할을 엄격하게 구분했습니다. 성리학은 이理와 기氣라는 눈에 보이지 않는 관념으로 우주와 자연, 나아가 인간을 해석하고자 한 학문으로, 유학의 한 갈래라고 할 수 있습니다. 먼 옛날 공자와 맹자 등에서 시작된 유학을 성리학으로 다시 해석하고

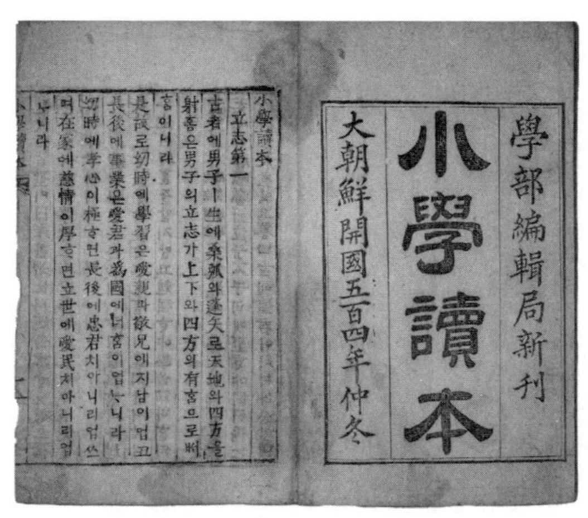

1895년에 훈민정음 해설이 포함되어 출간된《소학》(국립한글박물관)

정리한 건 송나라의 관리였던 주희 주자朱子 였습니다.

성리학에서 남성과 여성은 다른 기氣 를 타고난 존재였습니다. 남성과 여성은 타고난 기에 따라 삶의 롤모델을 다르게 삼아야 했지요. 예를 들면 남성은 중국 주나라의 태평성대를 이끈 문왕을, 여성은 그 문왕이 나라를 잘 다스리도록 옆에서 잘 보조했던 황후 태사를 본받아야 했습니다.

이러한 내용은 오늘날의 초등학교 교과서에 해당하는《소학小學》에도 잘 정리되어 있었습니다.《소학》은 역사 속에서 훌륭한 발자취를 남긴 충신, 효자, 열녀의 사례를 들어 일상생활에서 지켜야 할 성리학적 규범을 모두 담고 있는 성리학 입문서입니다. 《소학》에서 이야기하는 남녀의 역할을 한마디로 정리하면, "충신은 두 임금을 섬기지 않고 열녀烈女, 힘들고 어려운 일이 있어도 자신의 바

김홍도가 그린 서당의 풍경(국립중앙박물관)

른 생각이나 행동을 꿋꿋이 지키는 여성는 두 남편을 만들지 않는다."라고
할 수 있습니다. 남성은 나라를 경영하는 인재가 되어 임금을 잘
모시는 것이, 여성은 그러한 남성을 도와주는 것이 마땅히 지켜
야할 각자의 책임이라는 뜻이지요. 아주 어릴 때부터 이러한 가
르침 속에서 자란 조선 사람들에게 여성이 세상을 경영하는 방
법을 배우는 학문에 뜻을 둔다는 건 상상할 수 없는 일이었습
니다.

그런데 조선 후기에 와서 교육·학문 시장에 서서히 변화가 나
타나기 시작합니다. 특히 학문을 크게 장려했던 영조와 정조의
시대에 이러한 변화는 더욱 두드러졌습니다. 이 시기에는 국공

립학교인 향교와 사립학교인 서당과 서원이 크게 증가하면서 사람들의 교육에 대한 관심이 높아졌고, 여성은 물론 양반이 아닌 서민에 이르기까지 한글소설을 너도나도 즐겨 읽는 등 출판문화도 크게 발달했지요. 이러한 분위기 속에서 임윤지당을 포함한 일부 여성들이 시와 문학뿐 아니라 남성의 학문이었던 경전과 역사를 공부하는 등 새로운 경험의 기회를 가질 수 있었던 것입니다.

하지만 이러한 변화가 있었다고 해서 모두가 여성의 학문 활동을 너그럽게 받아들인 것은 아니었습니다. 사회의 변화에 따라 성리학보다는 실생활에 바로 적용할 수 있는 실용적인 학문을 연구해야 한다는 다소 급진적인 주장을 펼친 실학자들마저도 여성들에게는 엄격한 태도를 유지했지요. 대표적으로 실학의 시작을 이끈 성호 이익은 "독서와 강의는 장부丈夫, 다 자란 늠름한 남성 의 일이니 부인들은 끼니와 의복, 제사와 손님 접대에 힘써야지 어느 겨를에 책을 펴놓고 암송할 수 있겠는가?"라며 완고한 입장을 드러냈습니다.

⠿ 장부로 태어나지 못한 것이 한스럽다

사실 임윤지당도 당시 남성 학자들의 생각에 크게 반대되는 입장을 가지고 있던 인물은 아니었습니다. 다만 조선 전기보다는 여성의 사회적 책임을 강요하는 분위기가 다소 누그러졌고, 총명한 여동생을 아끼는 형제를 둔 덕분에 학문에 다가갈 수 있는

조선 후기 정치를 주름잡았던
노론의 우두머리 우암 송시열의
초상화(국립중앙박물관)

문턱이 조금 낮았던 것 뿐이었지요.

임윤지당의 학문에 대한 열정은 결혼한 이후 더욱더 커지기 시작합니다. 결혼으로 뜻하지 않은 고난과 불행을 겪으면서, 아이러니하게도 이러한 상황들이 학문을 더 가까이 할 수 있게 된 계기가 되어 준 것이지요. 임윤지당, 그는 과연 어떤 삶을 살아온 걸까요? 이제부터 차근차근 그의 이야기를 들여다보겠습니다.

임윤지당의 아버지 임적은 조선 후기의 정치와 학문에 막대한 영향력을 미쳤던 송시열의 수제자, 권상하의 아래에서 학문을 배웠습니다. 창창한 앞날을 꿈꾸며 공부에 매진했지만, 과거시험에 번번이 떨어져 결국 음서로 벼슬 생활을 시작했지요. 음서는 높은 벼슬을 지낸 관리의 자손에게 낮은 벼슬을 내려 주는 조선의 제도였습니다.

그러나 벼슬길에 오른 이후에도 그의 앞날은 순탄하지 않았습니다. 조선 북쪽 국경 지역인 함흥에서 행정을 담당하는 판관으로 근무하던 중, 원치 않는 소송에 휘말리고 만 것이지요. 결국 그는 벼슬을 내려놓고 한양으로 돌아올 수밖에 없었습니다. 당시 그가 속해 있던 붕당인 노론이 정치적으로 불리한 처지였기

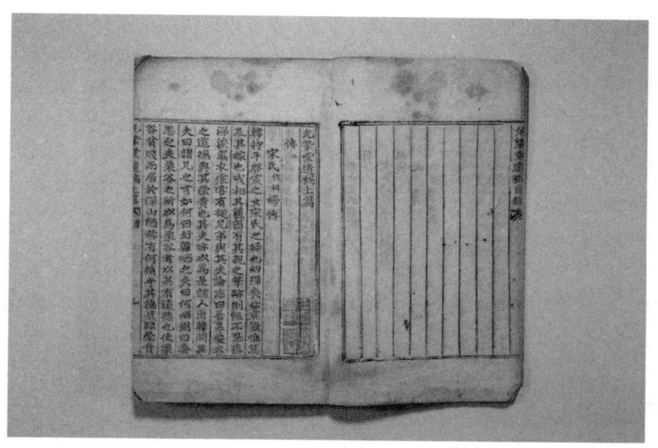

임윤지당이 세상을 떠난 뒤 친동생 임정주와 시동생 신광우가 윤지당의
글을 모아 펴낸 《윤지당유고》(원주역사박물관)

때문에 새로운 출발을 꿈꾸기에도 여건이 좋지 않았습니다. 이후 임적은 충청북도 청주의 산골 마을인 옥화에서 은퇴 후의 삶을 준비하려 했지만, 갑작스럽게 전염병에 걸려 세상을 떠나게 되면서 그마저도 이루지 못하고 말았습니다.

임적이 세상을 떠났을 때 임윤지당의 나이는 8살에 지나지 않았습니다. 아버지를 잃고 가난한 생활을 이어 갈 수밖에 없었지만, 7남매는 밝고 씩씩하게 지냈습니다. 이러한 분위기 덕분이었을까요? 임적의 자녀들은 아버지가 이루지 못한 꿈을 하나씩 이루어 갔습니다. 윤지당의 큰오빠 임명주는 당당히 과거에 합격하여 관리들의 비리를 감찰하는 사간원 정언이라는 큰 벼슬을 하게 되었고, 작은 오빠 임성주는 훗날 대학자로 불릴 정도로 성리학 연구자로서 큰 명성을 쌓았습니다. 남동생 임정주도 학문에 뛰어난 소질을 갖춘 유망한 선비로 자랐지요.

윤지당도 이러한 남형제들 못지않게 어릴 적부터 총명한 모습을 보였습니다. 글공부에 흥미를 보이는 윤지당이 기특했는지 작은 오빠 임성주는 그에게 《대학》, 《논어》, 《중용》 등 여러 성리학 경전과 역사를 가르쳐 주었습니다. 나아가 형제들과 함께 학문을 논할 때면 늘 윤지당을 옆에 두곤 했지요. 이러한 윤지당의 어린 시절을 생생하게 묘사한 남동생 임정주의 기록을 소개해 드리겠습니다.

누님임윤지당 **은 형님들을 따라 경전과 역사를 배웠고, 때때로 토론에 참여했는데 사람들을 놀라게 하는 말이 많았다. 둘째 형님 임성주께서 기특히 여기시고, 여러 책을 가르쳐 주었는데 누님이 매우 기뻐하셨다. 그러나 학식을 깊이 감춰 비운 듯이 하였기 때문에 친척들 중에서도 그러한 사실을 아는 사람이 드물었다.**

— 《윤지당유고》

이 기록에 따르면 윤지당도 공부를 무척 좋아하고 곧잘 했던 모양입니다. 하지만 윤지당은 자신의 학문에 대한 애정을 마음 놓고 드러낼 수 없었습니다. 학문을 하는 여성을 탐탁지 않게 바라보던 사회적 시선 때문에 조심스러울 수밖에 없었던 것이지요. 윤지당의 형제들도 이러한 사실을 충분히 알고 있었기에 종종 "네가 대장부로 태어나지 못한 것이 한스럽다."라며 탄식했다는 일화가 전합니다.

🌊 결혼 후에 겪은 모진 운명

어느덧 세월이 흘러 10대를 훌쩍 넘긴 나이가 된 윤지당은 언제까지나 가족의 품 안에 있을 수는 없었습니다. 윤지당은 19살이 되는 해에 한 살 아래의 신광유와 결혼했습니다. 신광유는 영의정을 지낸 평산 신씨 신중만의 친척으로, 윤지당만큼이나 명문 가문 출신이었습니다. 바깥일을 도맡는 남편을 잘 도와야 하는 아내의 의무가 요구되는 엄한 분위기 속에서 윤지당은 자신의 역할에 충실하고자 했습니다. 이러한 모습은 친동생 임정주와 남편의 동생인 신광우의 생생한 증언을 통해서도 전해지고 있습니다.

누님은 제사를 받들고 손님을 접대하는 일부터 친척 이웃 및 집안 식구들을 대하고 집안일을 처리하는 일까지 그때그때 자신의 책임과 역할을 다하셨다.

- 임정주의 증언, 《윤지당유고》

우리 가문에 시집오셔서 서책을 가까이하지 않았고, 오직 부인의 역할에만 힘을 쓰실 뿐이었다. 나이가 드신 후에는 집안일하시던 중 틈이 날 때마다 보자기에 싸 두었던 경전을 펴놓고는 낮은 목소리로 몰래 읽으셨다.

- 신광우의 증언, 《윤지당유고》

결혼 전에도 친척들 앞에서 학문에 재능이 있다는 사실을 드러내지 않으려 유독 신경을 썼던 임윤지당은, 결혼 후에는 더욱 몸가짐을 조심할 수밖에 없었습니다. 그러나 화목한 가정을 꾸려가려 했던 그의 앞날에는 서서히 짙은 그림자가 드리우기 시작합니다. 남편 사이에서 어렵게 얻은 아이가 끝내 세상을 떠나고, 결혼한 지 8년만에 남편마저 아이의 뒤를 따르게 된 것입니다.

홀로 남은 윤지당은 시동생 신광우의 집에 얹혀 지내며 그의 아들 재준을 양아들로 삼아 쓸쓸함을 달래려 했지만, 재준마저도 윤지당보다 앞서 짧은 생을 마감하고 말았습니다. 윤지당은 슬픈 일이 끊이지 않았던 자신의 기구한 운명에 대해 이렇게 말했습니다.

가만히 생각해 보니 나는 타고난 운명이 참 복이 없었다. 세상 사람들이 이야기하는 네 종류의 불쌍한 운명 중에 나는 무려 세 가지를 겪었다. 참는 것 말고 피할 수 있는 방법이 있다면 좋으련만, 달리 도리가 없으니 마음을 가다듬고 하늘의 뜻에 따를 뿐이다. 하늘이 나에게 이처럼 가혹하지만, 어찌 보면 내게 어려움이 와도 단단하게 견딜 수 있는 성품을 길러 주시고자 한 게 아닐까?

-《윤지당유고》

보통 사람들이 겪는 불행보다도 더 큰 불행을 겪었는데도, 윤지당은 하늘의 뜻을 헤아리고자 했습니다. 그가 이토록 굳세게 모진 인생을 견딜 수 있었던 힘은 어디에서 나온 걸까요? 아마도 학문에 대한 끊이지 않는 열정이 그의 단단한 버팀목이 되어 준 게 아니었을까 합니다.

🌀 하늘이 남자와 여자에게 준 성품은 다르지 않다

몰래 읽는 한이 있더라도, 윤지당은 끝내 손에서 책을 놓지 않았습니다. 그가 노년에 남긴 기록은 이러한 학문에 대한 깊은 사랑을 여과 없이 보여 주고 있습니다.

이제 나도 죽을 날이 얼마 남지 않은 것 같다. 하루아침에 죽으면 아마도 저기 저 풀과 나무처럼 썩어버릴 것이다. 그래서 집안일을 하는 틈틈이 시간이 날 때마다 글을 썼다. 이렇게 쓴 글이 내가 죽은 후 장독이나 덮는 종이가 된다면 참 슬플 것이다.
칠순이 다가와 몸과 마음이 쇠약해지니 남은 세월이 얼마 남지 않은 것 같다. 병오년 겨울에 일찍이 내가 생각하던 것들을 글로 남겨 두었다. 글을 쓴 이유는 평소의 욕구를 조금이라도 실천해 보고 싶었기 때문이다.

－《윤지당유고》

윤지당이 갈수록 쇠약해지는 몸과 싸워가며 힘들게 남긴 기록은 다행히도 그가 세상을 떠난 후 동생 임정주가 《윤지당유고》라는 책으로 엮어 주었습니다. 오늘날 우리가 윤지당의 생각을 상세하게 들여다볼 수 있게 된 이유이지요. 윤지당은 《논어》

2000년대 이후에 그려진 임윤지당의
초상화(원주역사박물관)

《중용》 등 성리학 경전에 대한 생각은 물론, 중국과 조선의 역사 인물에 대한 평가 등 다채로운 글을 남겼습니다. 그중에는 당시 조선 사회에서는 혁신적이라고 할 수 있는 남다른 생각도 있었지요.

윤지당이 애써 세상에 남기고 싶어 했던 생각은 과연 무엇이었을까요? 평소 강인한 모습을 보여 주었던 윤지당의 당당한 면모는 그의 글에도 잘 나타나 있습니다.

남자의 도는 씩씩한 것이고, 여자의 도는 순종하는 것이다. 문왕과 태사의 살아온 길이 다른 것도 서로 분수가 달랐기 때문이다. 타고난 성품대로 최선을 다하는 건 하늘의 이치이다. 그러나 두 분의 처지를 바꾸어 놓았더라면 역시 최선을 다했을 것이다.
아아! 내가 비록 여자이지만, 하늘에서 부여한 성품은 애당초 남녀가 다르지 않다.

-《윤지당유고》

윤지당은 남녀의 역할이 다르더라도 하늘이 준 성품은 동일하다고 강조하며, 여성 역시 학문에 몰두한다면 남성과 마찬가지로 성인의 경지에 이를 수 있음을 암시하고 있습니다. 이처럼 그가 남긴 글 안에는 당시 조선 사회를 넘어서는 깊은 사유와 통찰이 담겨 있지요. 그의 혁신적인 생각은 이후 많은 여성에게 막대한 영향력을 심어 주었습니다. 강정일당, 서영수합, 이사주당, 이빙허각 등 학문과 경전을 연구하는 여성들이 속속 등장하며, 윤지당처럼 자신만의 목소리를 내기 시작한 것입니다.

MBTI로 살펴본 조선시대 인물
임윤지당 : INFJ

강원도 원주의 이야기를 시작으로 지금까지 짧게나마 임윤지당의 삶을 돌아보았습니다. 모진 운명 속에서도 자신의 열정을 잃지 않으며 조용히 틈날 때마다 학문을 연구한 임윤지당I, 유학 경전과 역사서를 끊임없이 파고들어 여성에 대한 새로운 해석을 내놓은 임윤지당N, 세상에 강하게 맞서지 않으면서 주변 사람들의 마음을 얻어 끝내는 자신의 글을 세상에 한 권의 책으로 남기게 된 임윤지당F, 어려운 상황 속에서도 꾸준히 학문을 연구하여 여러 글을 남긴 임윤지당J.

이러한 사실들로 미루어 보아 임윤지당의 MBTI는 인프제INFJ가 아니었을까 합니다.

부록-용어 정리

가

간신
자신의 이익을 위하여 나쁜 꾀를 부리며 아부하는 신하

강화조약
서로 싸우던 나라끼리 전쟁의 종료와 평화의 회복, 영토, 배상금 등을 정하는 규정

절박하다
어떤 일이나 때가 가까이 닥쳐서 몹시 급하다

계승
앞선 사람의 지위나 권력 등을 이어받는 일

계유정난
1453년 단종 1에 수양대군이 그를 따르는 인물들과 함께 왕위를 장악한 사건

고증하다
유물이나 유적의 가치를 옛 문헌이나 물건을 증거 삼아 이론적으로 밝히는 것

곤룡포
조선시대 왕이 입던 붉은색 예복

과거시험
조선시대에 관리가 되기 위해 치르던 시험

과업
꼭 해야 할 일이나 임무

과오
부주의에서 비롯된 잘못이나 허물

관념
어떤 대상에 관한 인식이나 의식

《국조오례의》
예법에 맞춰 나라의 중요 행사를 치르는 방법과 절차, 형식 등을 정리한 책

굴복하다
힘이 모자라서 복종하다

궁중기록화
조선시대 나라의 중요한 행사를 기록할 용도로 그린 그림

기근

흉년으로 먹을 것이 모자라 굶주린 사람
이 많아진 상태

기상이변

지난 30년간의 기후, 날씨와 아주 다른
현상이 일어남을 이르는 말

기상천외

짐작하기가 어려울 정도로 기발하고 엉
뚱한 모양

기생

잔치나 술자리에서 노래나 춤, 시 짓기
등으로 흥을 돋우는 것을 직업으로 삼은
여성

기틀

어떤 일의 가장 중요한 계기나 조건

난무하다

엉킨 듯이 어지러운 상태를 이르는 말

난세

전쟁이나 무질서한 정치로 어지러워 살
기 힘든 세상

내조하다

아내가 남편을 돕다

내통하다

외부의 조직이나 사람과 남몰래 관계를
가지다

능지처참, 능지처사

큰 죄를 범한 사람의 머리, 몸, 팔, 다리
를 토막 내 각지에 돌려 보이는 조선시대
가장 무거운 형벌

능통하다

사물의 이치를 훤히 알고 있다

당숙

아버지의 사촌 형제

동분서주

동쪽으로 뛰고 서쪽으로 뛴다는 말로,
이리저리 몹시 바쁘게 돌아다니는 모양

등용하다

인재를 뽑아서 쓰다

마

말년
일생의 마지막 무렵

말단
맨 끄트머리

면면히
끊어지지 않고 줄곧 잇따라

명분
일을 꾀할 때 내세우는 구실이나 이유

명장
이름난 장군

명창
노래에 뛰어난 가수

맹목적이다
생각이나 일관된 원칙 없이 행동하는 모양

무뢰배
성품이 막되어 예의와 염치를 모르는 이들
을 일컫는 말

무예
무기를 다루는 재주나 능력

무색하다
본래의 특색을 드러내지 못하고 보잘것
없다

무인武人
무예를 익혀 전쟁이나 군사를 담당하는 관
직에 있는 사람

무진 애를 쓰다
매우 애를 쓰는 모양새

문인文人
글을 쓰거나 학문을 연구하는 일에 몸담은
관리 혹은 학자

문장가
글을 뛰어나게 잘 짓는 사람

문체
문장의 개성이나 특색

미륵신앙
언젠가 이 세상에 나타나 사람들을 구해
줄 부처님을 믿는 믿음

바

반기를 들다
배반하여 일어나다

반정
옳지 못한 임금을 왕위에서 끌어내리고 새

임금을 세워 나라를 바로잡는 일

병법

군사를 지휘하여 전쟁하는 방법

복원하다

원래의 모습대로 회복시키다

볼멘소리

서운하거나 성이 나서 퉁명스럽게 하는 말투

부귀영화

재산이 많고 지위가 높으며 귀하게 되어서
세상에 드러나 온갖 영광을 누리는 것을
이르는 말

부력 浮力

기체나 액체 속에 있는 물체가 위로 뜨려
고 하는 힘

부왕

임금의 아버지

부정부패

권리와 권력을 함부로 써서 자신의 이익을
좇는 것

불로장생

늙지 않고 오래 삶

불충

임금에게 충성하지 않는 상태를 이르는 말

붕당

의견이 같거나 같은 스승을 모시는 사람들
이 모여 만든 조선시대 정치집단

비범하다

보통 수준보다 훨씬 뛰어나다

비행

도덕이나 윤리에 어긋나는 행위

사

사대부

조선시대의 양반 중에서도 학문과 정치에
관여하던 상류층

사무치다

깊이 스며들거나 멀리까지 미치다

사행

사신 행차를 줄여 이르는 말

사육신

단종을 다시 왕위에 올리려 하다가 처형된
여섯 명의 충성스러운 신하

산달

아이를 임신하여 머무는 기간

산수화

자연의 아름다움을 그린 그림

《삼강행실도》
유학에서 모범으로 여기는 태도와 행동을
그림과 이야기로 쉽게 설명한 책

3사
조선시대 언론의 역할을 했던 사헌부, 사
간원, 홍문관을 통틀어 부르는 말

서원
조선시대에 선비들이 모여 학문을 공부하
고, 위대한 학자에게 제사 지내던 곳

서자 庶子
정실부인이 아닌 첩에게서 태어난 아들

석학
학식이 깊고 뛰어난 학자

선죽교
오늘날 북한의 개성 지역에 있는 돌다리,
이방원이 보낸 조영규 등이 고려의 마지막
충신 정몽주를 철퇴로 살해한 장소

『석보상절』
부처의 일대기를 훈민정음으로 풀어 쓴 책

성군
어질고 덕이 뛰어난 임금

성현 聖賢
성인과 현인을 아울러 이르는 말로, 조선
시대 뛰어난 학문적 성과를 이룬 인물을

일컫는 말.

수확하다
익거나 다 자란 농수산물을 거두어들이다

순망치한 脣亡齒寒
입술이 없으면 이가 시리다는 뜻

생활고
경제적인 어려움으로 겪는 생활의 괴로움

세자
왕위를 물려받기로 정해진 왕자

시정잡배
빈둥빈둥 놀면서 방탕한 생활을 하며 떠돌
아다니는 점잖지 못한 무리

신선도
인간 세계를 떠나 도를 닦고 자연과 벗하
며 사는 신선을 그린 그림

신하
임금을 섬기며 벼슬하는 사람

실학
조선 후기 백성의 삶에 실제로 도움을 줄
수 있는 학문을 연구해야 한다고 주장한
새로운 학문적 흐름

아

앙숙
미운 마음을 품고 서로 미워하는 사이

야심
무엇을 이루어 보겠다고 마음속에 품고 있는 욕망이나 소망

양인
국가의 의무를 짊어졌던 천민을 제외한 일반 백성을 이르는 말

양자 養子
아들이 없는 집에서 대를 잇기 위해 친척집 아이를 데려와 법적으로 아들로 삼아 기른 사람

엄혹하다
매우 엄하고 모질다

업적
어떤 사업이나 연구에서 이룬 공적이나 성과

역모
임금이 나라를 다스리는 권한을 빼앗으려 하는 음모

여의다
부모나 사랑하는 사람을 떠나보내다

역법
하늘에서 일어나는 현상을 바탕으로 계절, 날짜, 시간을 정하는 방법

역임하다
여러 직위를 두루 거쳐 지내다

연경
청나라의 수도 베이징을 낮춰 이르는 말

연마하다
학문이나 기술 등을 힘써 배우고 닦다

연좌제
범죄자와 가족 관계에 있는 자를 함께 벌하는 제도

연재하다
긴 글이나 만화 등을 여러 시리즈로 나누어 신문이나 잡지 등에 싣다

연행사
조선시대 청나라에 파견한 사신단

연회
여러 사람이 모여 베푸는 잔치

열녀
남편이 죽은 뒤에도 다시 결혼하지 않고 한결같이 남편을 그리워하며 사는 여성

예송

현종 시대에 장례 예법에 관하여 두 차례 일어났던 논쟁

5도 양계

고려 시대의 지방 행정 구역, 5도는 일반 행정 구역이며 전쟁이 자주 일어났던 변경 지역인 양계는 북계와 동계를 통틀어 부르는 말이다

외척

어머니 쪽의 친척을 이르는 말로 조선시대 왕의 외가 친척 중 큰 권력을 잡은 이들을 가리킴

왜구

13세기부터 16세기까지 우리나라 연안에 수시로 침입하여 약탈을 일삼던 일본의 해적 집단

왜성

왜란 당시 명군과 일본군 사이의 휴전 협상이 길어지자 일본군이 한반도 남해안에 쌓은 성

우여곡절

뒤얽혀 복잡해진 사정

우유부단

어물어물 망설이기만 하고 어떤 결정도 내리지 못하는 상태를 이르는 말

원자元子

아직 세자로 책봉하지 않은 임금의 맏아들

유목 민족

일정한 거처를 정하지 않고 풀밭을 찾아 옮겨 다니면서 가축을 기르는 생활을 하는 민족

유토피아

인간이 상상할 수 있는 이상적인 상태를 모두 갖춘 완전한 사회

윤슬

햇빛이나 달빛에 비쳐 반짝이는 잔물결

위용

위엄찬 모양이나 모습

위패

죽은 사람의 이름을 적은 나무패

위화도 회군

명나라의 요동 지역을 공격하러 떠난 이성계가 위화도에서 군대를 돌려 조선 건국의 계기를 만든 사건

위훈 삭제

나라에 공을 세워 상을 받은 인물들을 자세하게 조사하여 그 공을 지나치게 높이 평가한 것은 아닌지 알아보는 일

음서 제도

높은 관직을 지낸 인물의 친족에게 낮은 벼슬을 내려 주는 제도

의례

정해진 규칙이나 예법에 따라 행하는 행사나 절차

이념

이상적인 것으로 여겨지는 생각이나 의견

이시애의 난

1466년 세조 12 에 이시애가 아우 이시합과 함께 반역한 사건

자

자유연애

사회적 전통이나 관습에 얽매이지 않고 자유로이 하는 연애

자초하다

어떤 결과가 생기도록 제 스스로 끌어들이다

장원

과거시험에서 1등으로 합격한 사람

재무제표

기업의 재정이나 성과를 보고하기 위해 작성한 문서

쟁취하다

힘들게 싸워서 바라던 바를 얻다

적장자

첫째 부인이 낳은 맏아들을 이르는 말, 효도와 제사를 중시하는 조선 사회에서는 적장자가 제사를 도맡아 했다

전전하다

아무 하는 것 없이 이어지다

정실부인

법적으로 인정받은 본부인으로, 보통 처음으로 맞이한 아내를 일컫는 말

정적 政敵

정치에서 대립되는 처지에 있는 무리나 사람

조정

임금과 신하들이 나라의 일을 논하던 곳, 지금의 정부와 비슷한 개념

조바심

조마조마하며 마음을 졸이는 모양

중인

조선시대 기술직이나 행정 실무를 맡았던 계층

진경산수화

우리나라의 경치를 실제와 같이 그린 그림

차

책봉하다

왕세자, 왕세손, 왕후, 비, 빈 등의 지위에
임명하다

책략가

어떤 일을 꾸미고 이루어 나가는 교묘한
방법을 쓰는 데에 남다른 능력과 솜씨가
있는 사람

천문학

우주의 구조, 천체의 운동 등을 전문적으
로 연구하는 학문

천민

조선시대 가장 낮은 신분으로, 천한 일에
종사하던 사람

철거하다

건물이나 시설 등을 무너뜨려 없애다

첩

정실부인 외에 맞이한 아내를 일컫는 말

청렴결백

마음이 맑고 깨끗하여 탐욕이 없음

체제

국가나 사회를 조직하고 유지하는 전체적
인 틀 또는 그 상태를 이르는 말

촉망받다

앞으로 잘될 거라고 기대를 많이 받는 것

총명하다

아는 것이 많고 슬기롭고 똑똑하다

출세

사회적으로 높은 지위에 오르거나 유명하
게 됨

『칠정산』

세종 시대에 조선의 하늘을 관측하여 연월
일과 시간을 정하는 방법을 해설한 책

침략하다

정당한 이유 없이 남의 나라에 쳐들어가
약탈하다

타

탄탄대로

험하거나 가파른 곳이 없이 평평하고 넓은
큰길을 이르는 말로, 아무런 어려움 없이
순탄한 미래를 앞두고 있음을 뜻함

탐관오리

백성의 재물을 탐내고 빼앗는 행실이 깨끗
하지 못한 관리

탐라

제주도의 옛 명칭

태평성대

어진 임금이 나라를 잘 다스려 태평한
세상

토로하다

마음에 있는 것을 모조리 드러내어 말하다

파란만장하다

사람의 생활이나 일의 진행이 여러 가지
시련이 많고 변화가 심함을 이르는 말

파렴치하다

부끄러움을 모르고 뻔뻔한 모양

파견하다

일정한 임무를 준 사람을 보내다

포말

물이 다른 물이나 물체에 부딪쳐 생기는
거품

포섭하다

상대편을 자기편으로 감싸 끌어들이다

풍속화

사람들의 일상생활이나 풍습을 그린 그림

풍자하다

다른 것에 빗대어 폭로하고 비판하다

풍조

시대에 따라 변하는 세상의 모습

함흥차사

심부름을 가서 오지 않거나 늦게 오는 사
람을 이르는 말, 태조 이성계가 왕위에서
물러나 함흥에 있을 때 태종이 보낸 차사
를 죽이거나 잡아 가두어 돌려보내지 않는
데에서 유래되었다

회자되다

사람들 입에 자주 오르내리게 됨을 이르는
말, 보통 좋은 의미로 쓰인다.

혹독하다

몹시 심하다.

한양

서울의 옛 이름

행차하다

웃어른이 길을 오가는 것을 이르는 말

호소하다

억울하거나 딱한 사정을 남에게 간곡히 알
리다

후대

뒤에 오는 세대나 시대

호쾌하다
씩씩하고 쾌활하다.

현량과
어진 인재를 추천받아 관리를 뽑는 제도

혈연
같은 핏줄로 연결된 인연

화자
이야기를 하는 사람

화법
그림을 그리는 방법

해박하다
여러 방면으로 학식이 넓다

해녀
바닷속에서 해삼, 전복, 미역 등을 따는 것
을 직업으로 삼은 제주 여성

후미지다
물가나 산길이 휘어서 굽어 들어간, 으슥
하고 외진 곳에 있다

10대라면 반드시 알아야 할
조선시대 인물사

1쇄 발행 2025년 8월 30일
2쇄 발행 2026년 1월 30일

지은이 김혜민

펴낸이 박세현
펴낸곳 팬덤북스

기획 편집 곽병완
디자인 김민주
마케팅 전창열
SNS 홍보 신현아

주소 (우)14557 경기도 부천시 조마루로 385번길 92 부천테크노밸리유1센터 1110호

전화 070-8821-4312 | **팩스** 02-6008-4318
이메일 fandombooks@naver.com
블로그 http://blog.naver.com/fandombooks

출판등록 2009년 7월 9일(제386-251002009000081호)

ISBN 979-11-6169-357-6 03910